U0070674

看懂猶太教
呂冬倪——著

前言

當我的第一本拙作《看懂心經》再版，接下來的《看懂禪機》和《看懂證道歌》也有不錯的銷售成績，我就發下一個誓願：我要把我這三十幾年來，對於各大宗教的研究心得，寫成一套「看懂宗教系列叢書」，來和「有緣的讀者們」分享。

我的心願是，希望讓「讀者們」用最短的時間，看懂各大宗教的教義和內涵，讓「讀者們」可以從中選擇自己喜歡的宗教來信仰。在當今世界的政治、經濟和氣候環境，越來越惡劣的情況下，選擇一個讓自己的心靈安心的宗教來信仰，是非常重要的事情。

於是，我花了一年八個月的時間，剛好是在「新冠疫情的期間」，陸續完成《看懂猶太教》、《看懂基督教》、《看懂伊斯蘭教》、《看懂道家》、《看懂道教》、《看懂印度佛教》、《看懂中國及藏傳佛教》、《看懂一貫道》和《看懂北海老人全書》等書，總計九本探討「猶太教」、「基督教」、「伊斯蘭教」、「道家」、「道教」、「印度佛教」、「中國佛教」、「藏傳佛教」和「一貫道」這些宗教的教義和內涵。

這一本《看懂猶太教》，除了簡介「猶太教」之外，主要是探討《舊約聖經》的內涵。

當我還未閱讀「基督教」的《舊約聖經》之前，我對「基督教」的印象，來自於「神愛世人」這句話。所以，想像中的「上帝耶和華」，應該是像「釋迦牟尼佛」一樣的慈愛世人；「聖母瑪利亞」應該是像「觀世音菩薩」一樣的慈悲眾生。

沒想到當我閱讀完《舊約聖經》之後，我相當的震驚，原來「神愛世人」這句話，是有「附帶條件」的。「上帝耶和華」所愛的「世人」，必須是「信奉神的人」，對於「不信奉神的人」，就像一隻「螞蟻」一樣，「上帝耶和華」會毫不手軟的擊殺他。這個情節在《舊約聖經》裡，有如家常便飯一般，在「上帝耶和華」的眼裡，只有「以色列人」才是「上帝的選民」，其他的「外邦人」都死不足惜。

甚至在《新約聖經》的《啟示錄》第二十章第十五節裡寫道：「若有人名字沒記在生命冊上，他就被扔在火湖裡。」也就是說，在這個世上，凡是「不信奉神的人」，在「上帝耶和華」的「末日審判」時，將會被扔在硫磺的「火湖地獄」裡，永遠受苦。

看到這段經文，我才明白，我的信仰「基督教」的朋友，爲什麼會常說：「要敬畏上帝」，而不是「要敬愛上帝」，因爲「順上帝者生，逆上帝者亡」。

記得有一次，我在澳洲「布里斯本」家裡的前院打掃落葉，有二位看起來，大概二十出頭的「年輕女孩子」來我家「傳福音」，說要介紹「上帝」給我認識。

我微笑著婉拒她們說道：「上帝喔！我是佛弟子，謝謝妳們。」

住在「澳洲」，時常會有不同派別的「基督教傳教士」，來登門拜訪傳教，而且以澳洲人、韓國人和香港人居多，我已經見怪不怪了。通常我向他們表明自己是「佛弟子」之後，他們都會知難而退，但是離開之前，都會留下一張「宣傳單」給我，我也會禮貌性的收下。

這是頭一次，遇上操著一口「中國北京腔」的年輕女孩「傳教士」，我一樣表明自己「信佛」的身分，料想她們會循往例，應該很快就可以打發走了。

「沒關係！我還是想把慈愛的上帝，介紹給您認識。」這位有一雙水靈剔透雙眸的「北京姑娘」，居然還賴著不走，眞是出乎我的預料之外。

「我曾經看過《聖經》，對妳們的『上帝』略知一二，所以妳不用介紹了。」我耐著性子，邊說話，邊用眼睛盯著地上的一堆落葉，想要趕快打掃完畢。

「那太好了！我們可以談談慈愛的上帝，請問您對上帝有什麼看法？」「北京姑娘」笑盈盈的看著我，開心地說道。

「天啊！還不走！還要和我討論『上帝』！」我心裡惱怒著。

突然間，內心莫名地冒出一把「無名火」，讓我的第七識「末那識」，瞬間從「溫和模式」，轉變成「辯論模式」。我感覺到我的「腎上腺素」狂飆，全身熱血沸騰，腦海中浮現出《舊約聖經》的經文，那一幕幕「上帝」所說的話，一一浮現在我的眼前。

我兩眉一揚，以嚴肅的口氣說道：「依照《舊約聖經》的記載，我覺得上帝『耶和華』比魔鬼『撒但』更可怕。」

「什麼！」只見「北京姑娘」和她的同伴驚呆，瞬間笑容凍僵，瞠目結舌，瞪著眼睛說不出話來。

我接著問道：「請妳告訴我，在《舊約聖經》裡，有記載過魔鬼『撒但』殺過人嗎？」

「北京姑娘」和她的同伴一臉茫然，不知所措。

「這個問題，妳們回去問妳們的『牧師』。我讀《舊約聖經》時，讀得毛骨悚然，這位被『基督徒』視為『愛的化身』的『耶和華』，是多麼的可怕、可怖、可憎，人若有一點點的過錯，必欲置之於死地而後快。妳們稱爲『魔鬼』的那位『撒但』，他殘害人類的手段，跟上帝『耶和華』相比，簡直是『小巫』見『大巫』。老實說，我還蠻懷疑《舊約聖經》裡的這位上帝『耶和華』，才是眞正的魔鬼『撒但』。」

我說到這裡，只見她們兩人面面相覷，相顧失色，手足無措，不知如何是好。

我繼續說道：「這位上帝『耶和華』，殺的人實在太多了，可以說是不計其數，罄竹難書。我列出這位上帝『耶和華』的『六大殺人史』給妳們聽聽，證明我不是胡說八道，汙衊妳們的『上帝』。」

她們兩人呆若木雞，沒有任何回應。我開始列舉《舊約聖經》經文的證據：

第一、記載在《舊約聖經》的《出埃及記》裡，上帝「耶和華」透過「摩西」，殺害祭拜「金牛犢神」的百姓約有三千人。

第二、記載在《舊約聖經》的《出埃及記》裡，上帝「耶和華」在「埃及」降下「十災（血災、蛙災、虱災、蠅災、畜疫之災、瘡災、雹災、蝗災、黑暗之災、殺長子之災）」，其中以「殺長子之災」最殘忍，甚至連「牲畜」都不放過。

第三、記載在《舊約聖經》的《民數記》裡，僅僅因爲有一個「以色列人」帶了一個「米甸女人」的「外邦人」，到弟兄那裡去，違反上帝「耶和華」的旨意，上帝「耶和華」就大發雷霆，在「以色列人」中散播「瘟疫」，死掉了二萬四千人。

第四、記載在《舊約聖經》的《撒母耳記下》裡，就只因爲「大衛王」吩咐手下去做「全國人口普查」，就惹怒了上帝「耶和華」，就降下「瘟疫」殺死七萬人。

第五、記載在《舊約聖經》的《創世記》裡，「所多瑪」和「蛾摩拉」這兩座城市的居民，不信奉上帝「耶和華」又喜好淫亂，上帝「耶和華」認爲他們罪惡甚重。最後，上帝「耶和華」將「硫磺與火」、從天上降與這兩座城市，把這兩座城市的所有居民，連地上生長的植物，都毀滅了。

第六、記載在《舊約聖經》的《創世記》裡，「挪亞方舟」的故事，上帝「耶和華」降了四十天的大雨在地上，水勢比山高過十五肘，山嶺都淹沒了。全世界陸地上的「動物」和「植物」，無一倖免於難，除了「挪亞方舟」裡的人和野生動物之外，全部都死光。

我嘆了一口氣對她們說道：「這眞是太可怕、太恐怖了，這種幾乎『滅絕』的『殺生手法』，連魔鬼『撒但』都自嘆不如。所以，我才會說上帝『耶和華』比魔鬼『撒但』更可怕，妳們說對不對？」

她們兩人睜大眼睛，張大嘴巴，一句話都答不出來。

我再問道：「上帝『耶和華』做事會後悔嗎？」

「北京姑娘」驚魂未定的回答道：「不會！萬能的『上帝』，能夠知道過去、現在、未來的事情，『上帝』能夠預知未來，他當然不會後悔。」

我斬釘截鐵地回答道：「錯！上帝『耶和華』會後悔，而且常常後悔。妳回去閱讀《舊約聖經》裡的《創世記》第六章第六節：『耶和華就後悔造人在地上、心中憂傷。』，還有許多次的後悔，妳仔細閱讀《舊約聖經》，就會看到。」

「北京姑娘」一時語塞，說不出話來。只見她們兩人一陣交頭接耳，然後「北京姑娘」陪著笑臉對我說：「先生！您的這些問題，我們回去請教『牧師』之後，再來回覆您。」

我微笑地點點頭，她們兩人就連忙轉身倉皇的逃逸。

之後，好幾年到現在，我再也沒見到這兩位「北京姑娘」來我家拜訪。

我寫這本《看懂猶太教》，用意不是在批評上帝「耶和華」，只是把我對《舊約聖經》內容的看法，提出來和「讀者們」分享，也鼓勵「讀者們」親自閱讀《聖經》，這樣才能夠眞正明白「猶太教」和「基督教」的教義。

我知道許多「基督徒」是沒有讀過《聖經》的，希望這些「基督徒」能夠好好的研讀《聖經》，他們才會眞正明白「基督教」的教義，再來重新決定，他們是否眞的要信奉這位上帝「耶和華」。

最後，「讀者們」可以掃描本書背面的QR Code，或者上網瀏覽我設立的《看懂系列叢書網頁》，可以獲得更多的資訊，網址如下：https://www.kandonbook.com/

呂冬倪

二〇二三年七月寫於 澳洲・布里斯本・家中

導讀

「基督教」的起源，來自於「猶太教」。所以，要了解「基督教」，就必須要先了解「猶太教」。

「猶太教」的經典《塔納赫》，是上帝「耶和華」頒布給「摩西」的「十誡」，是「猶太人」生活和信仰的準則，也是「猶太人」最早的法律條文。

《塔納赫》就是「希伯來語聖經」，後來的「基督教」稱之爲《舊約聖經》。《舊約聖經》講的是「猶太人」的歷史，所以本書敘述「猶太教的歷史」，就依據《舊約聖經》的經文來講解。

要看懂「猶太教」，就要研讀《舊約聖經》，但是研讀《舊約聖經》要分成「猶太教的神話」和「猶太教的歷史」二個部分來研究，因爲《舊約聖經》有一小部分是傳說的「神話」，其他大部分才是眞正的「猶太人歷史」。

所以，《看懂猶太教》的內容，就分爲第一單元「猶太教的神話」和第二單元「猶太教的歷史」來說明探討；第三單元「上帝耶和華是誰？」是專題探討上帝「耶和華」的來歷；第四單元「《舊約聖經》的內容」是探討經文內容和我的看法；第五單元「猶太教的派別」是說明「猶太教」的分支派別。

《舊約聖經》的第一卷書完稿，大約在公元前一四四〇年，直到公元前四〇〇年，才完成《舊約聖經》最後一卷書，歷時有一千年之久。到了公元七〇年，「猶太教師」才制定了《舊約聖經》的三十九卷正典。

《舊約聖經》與《新約聖經》的作者是由四十多個不同的人組成的，這些作者包括稅吏「馬太」，申言者「以賽亞」，牧人「阿摩斯」，學問淵博的法利賽人「保羅」，略通文字的漁夫「彼得」，受到當時最高教育，並在「埃及」王宮長大的「摩西」，身經百戰的將軍「約書亞」，「以色列人」一直尊敬的國王「大衛」，在外邦三朝為相的「但以理」，人類有史以來最有智慧的「所羅門王」等等。

「猶太人」把《舊約聖經》分成三個部分，第一部分是「摩西五經」，第二部分是「申言者書」，第三部分是「文章書」。在以色列王「希西家」期間，《舊約聖經》初次被編訂，包括「摩西五經」及一些「申言者書」。

大約在公元前六〇〇年，是「以色列」亡國的時期。到了公元前四五七年，有少數「以色列人」遺民回到「耶路撒冷」，其中包括經學家「以斯拉」。他與其他人組成「大會堂」，重新編訂《舊約聖經》，這就是我們今天手中《舊約聖經》的由來。

而《新約聖經》在經過三個多世紀，經由「教父們」的收集與鑑定之後，於公元三九八年，《新約聖經》的二十七卷正典，才正式被制定完成。

所以，《聖經》在公元前一千五百年前，便開始撰寫，從《舊約聖經》的第一卷書，到《新約聖經》的最後一卷書，一直到公元一世紀才逐漸完成，總共花了大約一千六百年才完成。

《舊約聖經》是「猶太教」與「基督宗教（包括新教、天主教、東正教）」的經典。「猶太教」的聖經只有《塔納赫》（被「基督教」稱為《舊約聖經》），「基督教」的《聖經》，是包含《舊約聖經》與承接的《新約聖經》兩部。

「猶太人」的《希伯來聖經》，教徒稱《塔納赫》，是從上帝「耶和華」如何創世開始，然後講述古代「猶太人」的歷史，並且記錄「先知預言」。總共二十四卷，這也是「猶太教」所承認的所有經文。

而「基督教」的《聖經》，則由《舊約聖經》和後來記錄「耶穌」與「使徒」傳道的經過，和啟示這個世界結束的《新約》兩部分所構成。「基督教」的《新約聖經》記載「耶穌」和他的「門徒」的言行，以及早期「基督教」的事件記錄、使徒「保羅」寫給「教會」或其他人的書信，或其他「使徒」寫給「教會」的書信，即神藉著人手而寫下祂的話。

不過，《聖經》經歷長時間的編輯，普遍被認為不能簡單的參照字面上的意思去理解，因為橫跨千年的撰寫，藉由不同時空背景的人物手筆，用預言和歷史講述人類所居住的地球，預言未來的世界，又經歷千年的翻譯、流傳，《聖經》的內容與隱喻，可說是十分龐雜。

「猶太教」是「不對外人傳教」的宗教，「猶太教徒」相信他們是上帝「耶和華」的「選民」，而其他要加入他們的「外邦人」，需要經歷種種考驗，才能證明他們也是上帝「耶和華」的「選民」。

「外邦人」若堅持想要「皈依猶太教」，必須在一位「拉比（老師）」的監督之下，通過對「猶太人生活」的研習和融入的考驗。「拉比（老師）」是「猶太教」的「精神領袖」和「宗教老師」，負責主持「猶太教儀式」。

最後，由「拉比（老師）」所組成的「猶太教法庭」正式確認一個「非猶太教徒」，是否滿足了

「猶太教」的改宗要求、體現出對「猶太」信仰和習俗的獻身，以及對「猶太人」族群、文化和歷史的接受。

所以，要信奉「猶太教」，必須經歷好幾年漫長的學習過程，最後還要通過考試，來決定你是否可以正式成爲一位「猶太教徒」。

目錄

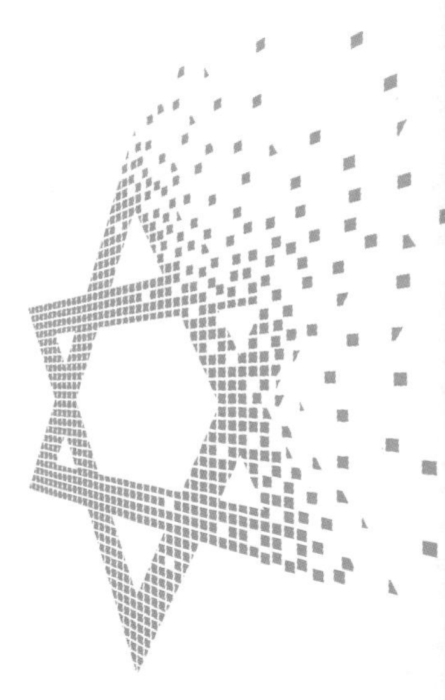

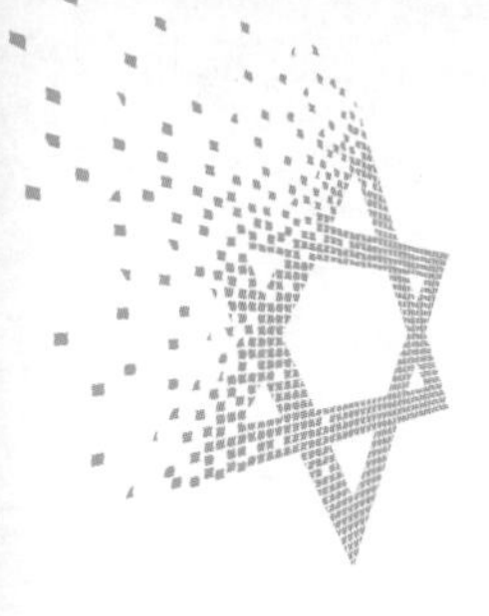

第三單元 上帝「耶和華」是誰？ 283

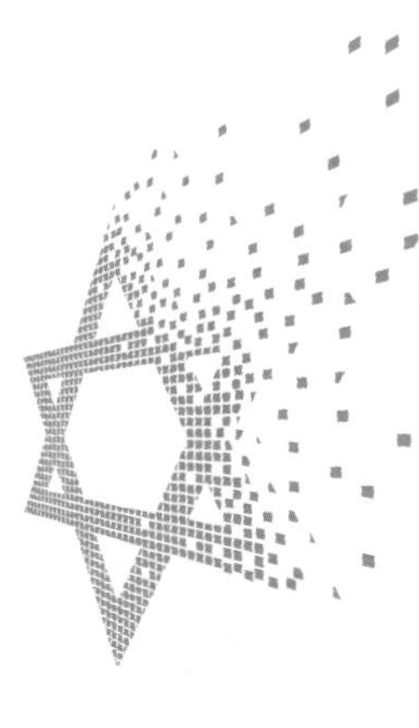

第四單元　《舊約聖經》的內容

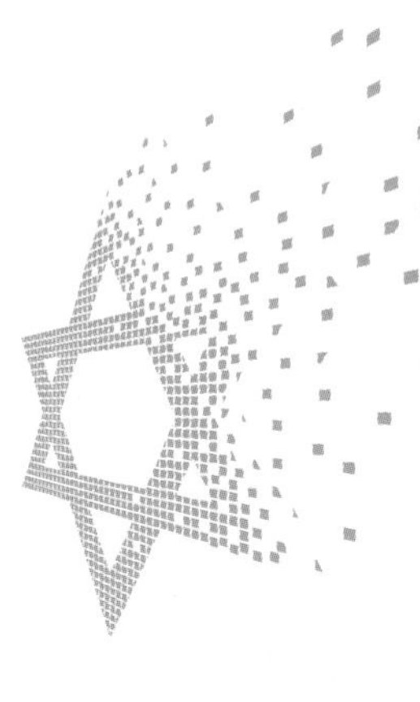

第一單元　猶太教的神話

這個單元的標題，稱爲「猶太教的神話」，並不全然是要否認「猶太教」的歷史。「神話」一般的解釋是「荒誕無稽之談」，但是在《舊約聖經》創世記的開頭，就是「神話」，是「神說的話」，比如說「1:3神說、要有光、就有了光。」

「1:6神說、諸水之間要有空氣、將水分爲上下。」、「1:9神說、天下的水要聚在一處、使旱地露出來，事就這樣成了。」等等。

另外說明，《舊約聖經》的經文編排，例如：「1:1起初　神創造天地。」前面的「1:1」，是指「第1章：第1節」，下面的經文以此類推。

一、上帝「耶和華」創造天地萬物

●《舊約聖經》創世記：

1:1　起初　神創造天地。

1:2　地是空虛混沌．淵面黑暗，「神的靈」運行在「水面」上。

1:3　神說、要有光、就有了光。

1:4　神看光是好的、就把光暗分開了。

1:5 神稱光爲晝、稱暗爲夜。有晚上、有早晨、這是頭一日。
1:6 神說、諸水之間要有空氣、將水分爲上下。
1:7 神就造出「空氣」、將「空氣」以下的水、「空氣」以上的水分開了，事就這樣成了。
1:8 神稱「空氣」爲「天」，有晚上、有早晨、是第二日。
1:9 神說、天下的水要聚在一處、使「旱地」露出來，事就這樣成了。
1:10 神稱「旱地」爲「地」、稱「水的聚處」爲「海」，神看著是好的。
1:11 神說、地要發生青草、和結種子的菜蔬、並結果子的樹木、各從其類、果子都包著核，事就
這樣成了。
1:12 於是地發生了青草、和結種子的菜蔬、各從其類、並結果子的樹木、各從其類、果子都包著
核。　神看著是好的。
1:13 有晚上、有早晨、是第三日。
1:14 神說、天上要有光體、可以分晝夜、作記號、定節令、日子、年歲。
1:15 並要發光在天空、普照在地上，事就這樣成了。
1:16 於是　神造了兩個大光、大的管晝、小的管夜，又造衆星。
1:17 就把這些光擺列在天空、普照在地上、
1:18 管理晝夜、分別明暗，　神看著是好的。
1:19 有晚上、有早晨、是第四日。
1:20 神說、水要多多滋生有生命的物，要有雀鳥飛在地面以上、天空之中。

1:21神就造出大魚、和水中所滋生各樣有生命的動物、各從其類・又造出各樣飛鳥、各從其類・
神看著是好的。
1:22神就賜福給這一切、說、滋生繁多、充滿海中的水，雀鳥也要多生在地上。
1:23有晚上、有早晨、是第五日。
1:24神說、地要生出活物來、各從其類・牲畜、昆蟲、野獸、各從其類，事就這樣成了。
1:25於是 神造出野獸、各從其類，牲畜、各從其類，地上一切昆蟲、各從其類， 神看著是好
的。
1:26神說、「我們」要照著「我們的形像」、按著「我們的樣式」造人、使他們「管理」海裡的
魚、空中的鳥、地上的牲畜、和全地、並地上所爬的一切昆蟲。
1:27神就照著「自己的形像」造人、乃是照著他的形像造男造女。
1:28神就賜福給他們、又對他們說、要生養眾多、遍滿地面、治理這地・也要管理海裡的魚、空
中的鳥・和地上各樣行動的活物。
1:29神說、看哪、我將遍地上一切結種子的菜蔬、和一切樹上所結有核的果子、全「賜給你們作
食物」。
1:30至於地上的走獸、和空中的飛鳥、並各樣爬在地上有生命的物、我將「青草賜給他們作食
物」，事就這樣成了。
1:31神看著一切所造的都甚好・有晚上、有早晨、是第六日。
2:1 天地萬物都造齊了。

2:2 到第七日、　神造物的工已經完畢、就在第七日歇了他一切的工、安息了。
2:3 神賜福給第七日、定為聖日、因為在這日　神歇了他一切創造的工、就安息了。
2:4 創造天地的來歷、在「耶和華」　神造天地的日子、乃是這樣。
2:5 野地還沒有草木、田間的菜蔬還沒有長起來、因為「耶和華」　神還沒有降雨在地上、也沒有人耕地。
2:6 但有霧氣從地上騰、滋潤遍地。

上面的經文，就是《舊約聖經》創世記裡，描述上帝「耶和華」創造天地萬物的過程。但是，眾多「非基督教」的學者和科學家，卻有許多的疑問。大家最常問的問題是：「上帝創造天地萬物，那上帝是誰創造的呢？」

二、上帝「耶和華」是自有永有的嗎？

「基督教徒」深信上帝「耶和華」是「自有永有的」，既然是「創造者」，就不能「被創造」。「基督徒」所信靠的這一位「上帝」，是「自有永有的」、萬物的「創造者」。「上帝」曾經「獨自存在」過，他不可能是「被創造的」，沒有任何東西或個體比祂先存在，並把祂創造出來。因此，「永恆」的特性，可說是「上帝」的本質。

「基督教徒」堅信上帝「耶和華」是「自有永有」的，也舉出《舊約聖經》和《新約聖經》裡的經文，來證明沒有人創造「上帝」，祂一直都存在。

《舊約聖經》的執筆者「摩西」說：

●《舊約聖經》詩篇：

90:1 〔神人「摩西」的祈禱。〕主阿、你世世代代作我們的居所。
90:2 諸山未曾生出、地與世界你未曾造成、從亙古到永遠、你是 神。

另一位執筆者「以賽亞」先知也說：

●《舊約聖經》以賽亞書：

40:28 你豈不曾知道麼、你豈不曾聽見麼、永在的 神「耶和華」、創造地極的主、並不疲乏、也不困倦．他的智慧無法測度。

「耶穌基督」的門徒「猶大」在信上寫道：

●《新約聖經》猶大書：

1:25 願榮耀、威嚴、能力、權柄、因我們的主「耶穌基督」、歸與他、從萬古以前、並現今、直到永永遠遠。阿們。

「耶穌」的門徒「約翰」在「啟示錄」中說：

●《新約聖經》啟示錄：

4:11 我們的主、我們的 神、你是配得榮耀尊貴權柄的，因爲你創造了萬物、並且萬物是因你的旨意被創造而有的。

上帝「耶和華」自己也說：

●《舊約聖經》出埃及記：

3:13 「摩西」對 神說、我到「以色列人」那裡、對他們說、你們祖宗的 神打發我到你們這裡來，他們若問我說、他叫甚麼名字、我要對他們說甚麼呢？

3:14神對「摩西」說、我是「自有永有的」．又說、你要對「以色列人」這樣說、那「自有的」打發我到你們這裡來。

●《新約聖經》啟示錄：

1:8 主 神說、我是「阿拉法」、我是「俄梅戛」（「阿拉法俄梅戛」乃希臘字母首末二字）是「昔在今在以後永在」的全能者。

甚至，有些「基督教徒」引用科學的概念，來證明上帝「耶和華」是「自有永有的」，沒有人創造「上帝」，祂一直都存在。一般科學家相信「時間」和「空間」是在「宇宙大爆炸」發生那一刻才出現的，所以如果上帝「耶和華」創造了宇宙的話，祂必定是超越時空的，不受「時間」和「空間」所限制的。

《舊約聖經》亦多次提到上帝「耶和華」是「無始無終」，超越「時間」的：

●《舊約聖經》詩篇：

90:2 諸山未曾生出、地與世界你未曾造成、從亙古到永遠、你是 神。

●《舊約聖經》詩篇：

93:2 你的寶座從太初立定，你從亙古就有。

「基督教徒」對於「上帝」是「無始無終」的這個概念，爲什麼一般人那麼難以理解？「基督教徒」認爲原因是，一般人的「時間觀念」受到人類「有限的生命」所影響。而上帝「耶和華」跟我們完全不同，祂的生命「無始無終」，對祂來說，千年有如一日。

●《新約聖經》彼得後書：

3:8 親愛的弟兄阿、有一件事你們不可忘記、就是「主看一日如千年、千年如一日」。

「基督教徒」認爲上帝「耶和華」是「時間」的創造者，超越「時間」之外，祂沒有「時間」意義上的開端，祂是永遠存在的，祂沒有「開始」，因此不需要「起因」。

「基督教徒」認爲上帝「耶和華」自己的存在，是超越宇宙之外，不依賴於「時間」，是從「永遠」到「永遠」的。

如果上帝「耶和華」不被局限於「時間」之內，祂便沒有「開始」，祂一直存在於「永恆」之中。因此，祂的存在，不需要任何原因，也不需要任何「創造者」。換句話說，「誰造了上帝？」這個問題便沒有意義。

以上這些「基督教徒」的說詞和理由，乍聽之下，似乎很有道理。但是，實際上是說不通的。因爲，這些「基督教徒」的辯解，都是依據《舊約聖經》和《新約聖經》裡的經文來說明和推論，並沒有其他的證據，來證明上帝「耶和華」是「自有永有的」。

《舊約聖經》創世記，是上帝「耶和華」吩咐「摩西」所撰寫的。這件事情有二個爭議：

(1)假如眞的是上帝「耶和華」吩咐「摩西」所撰寫的，上帝「耶和華」說：「我是自有永有的。」上帝「耶和華」說的話就算數，就認定有效，這有什麼證明呢？

(2)有沒有可能是「摩西」在「西奈山」上，自己杜撰的呢？因爲，上帝「耶和華」吩咐「摩西」這件事情，沒有其他人看見，也是「摩西」說的話就算數，就認定有效，這有什麼證明呢？

三、「大梵天王」也自認爲是「造物者」

其實，自稱爲「造物者」的「神明」，上帝「耶和華」不是唯一的一個，在「佛教」裡，也有一個「神明」，自認爲是「造物者」。

這位自認爲「造物者」的「神明」，就是「大梵天王」，也就是大家所熟知的「四面佛」。

在《大悲經》卷第一「梵天品第一」裡，有一段「釋迦牟尼佛」與「大梵天王」的精彩對話。

在「釋迦牟尼佛」涅盤之夜，爲了能夠再見到「釋迦牟尼佛」的最後一面，三千大千世界之主「大梵天王」來到「人間」，到了「佛所」頂禮後，對佛說道：「希望世尊教我如何修行？云何而住。」

「釋迦牟尼佛」卽問「大梵天王」道：「梵天！你是否曾經說過我是三千大千世界的主人，一切衆生都不如我，我勝過一切衆生。天下萬物和衆生都是我創造作的，都是我化現的呢？」

「大梵天王」回答說道：「是的！世尊，我是這麼說的。」

「釋迦牟尼佛」又反問道：「梵天！你又是誰創造的呢？又是誰變現的呢？」

「大梵天王」默然無語，回答不上來。

「釋迦牟尼佛」又問道：「當那三千大千世界整個被劫火焚燒，一片火海。這也是你創作的嗎？也是你化現的嗎？」

「大梵天王」回答說道：「世尊！這不是我創作的，也不是我化現的。」

「釋迦牟尼佛」又問道：「梵天！這山河大地依水聚住，水依風住，風依虛空。這大地厚度達六百八十萬由旬，不裂不散。梵天！這也是你創造作的嗎？也是你化現的嗎？」

「大梵天王」回答說：「不是的，世尊。」

「釋迦牟尼佛」又問道：「在這三千大千世界裡，有百億個太陽和月亮，他們都按照各自的軌跡有條不紊地運行著。梵天！這也是你創作的嗎？也是你化現的嗎？」

「大梵天王」回答說：「不是，世尊。」

（中間經文省略）……。

「釋迦牟尼佛」問道：「那你爲什麼要說這些衆生和世界是你創作的？是你化現的？是你增加的呢？

「大梵天王」回答說：「世尊！我因爲缺少智慧，邪見未斷，心顚倒的緣故。世尊常常說法，我也不來聽受，所以才有這些說法。如今我請教世尊，這一切世界，是誰創造的？是誰化現的？」

「釋迦牟尼佛」說道：「所有的世界和一切衆生都是『業力』所作，『業力』化現的。

爲什麼呢？梵天！因爲『無知』才會有『行』，因爲有『行』才會有『識』，有『識』則生『名色』，有『名色』才有『六入（眼耳鼻舌身意）』，有『六入』才會有『觸』，有『觸』則有『受』，有『受』則有『愛』，有『愛』則『取』，有『取』則『有』，有『有』則生，有『生』則有『老、病、死、憂悲苦惱』，所以才有『大苦』聚集。

梵天！『無明』滅，所有『苦惱』也就自動消失，根本就沒有『原作者』，也沒有『安置者』。唯有『業』有『法』，『和合因緣』就會有『衆生』，如果能遠離這些『業力』，『法和合』，這個人也就遠離『生死流轉』。」

（中間經文省略）……。

聽完「釋迦牟尼佛」的開示，這位三千大千世界之主「大梵天王」，這才如夢初醒，「大梵天王」當下皈依為「佛弟子」。

因為，「大梵天王」有個「妄念」，自認為是「造物主」的「上帝」，才會自以為是，自己創造了天地萬物。

四、上帝「耶和華」是「外星人」嗎？

有「學者」和「科學家」，根據《舊約聖經》創世記的經文描述，認為上帝「耶和華」是「外星人」。

下面是「外星人版」的「創世記」推測，雖然是一種「推測」，但是超有邏輯的。

●《外星人版》創世記：

在遙遠的一顆「高科技星球」上，「科學家們」想找一顆星球，當做他們高科技生物「克隆（cloning）」的試驗場。在「耶和華指揮官」的領軍下，他們的「太空船艦隊」浩浩蕩蕩的出發。

「克隆（cloning）」是指利用「生物技術」，由「無性生殖」產生與「原個體」有完全相同「基因組」之後代的過程；另外，也指任何自然或人工，產生具有相同或幾乎相同 DNA 後代的過程。

有一天，他們來到我們的「太陽系」，發現第三顆星球「地球」都被水覆蓋，「大氣層」濛濛一片，太陽光照不進「地球」表面，「地球」上一片黑暗，沒有任何生物的存在。

「耶和華指揮官」認為，這應該是一顆適合做生物「克隆（cloning）」試驗的星球，但是先要探測和收集「地球」上的各種數據，然後再創造試驗的場所（神創造天地）。

於是「耶和華指揮官」先放下一個稱爲「靈」的「無人探測器」，使它飛行在水面上運行，進行探測分析，收集各種數據。當時，「地球」上是空虛混沌，淵面黑暗，這艘稱爲「靈」的「無人探測器」，運行在水面上執行任務。

「耶和華指揮官」和其他的「外星科學家」分析研究代號「靈」的「無人探測器」，所帶回來的資料後，確定「地球」這顆星球的環境，的確適合做生物「克隆（cloning）」的試驗。於是，開始進行第一階段的工作「創造天地」，創造一個適合生物生長的環境。

首先，「耶和華指揮官」下令「外星工作人員」偵測「地球」上，太陽光的輻射線含量，看看適不適合孕育生命的條件。因爲，生物的成長「要有光」。結果發現「太陽光輻射線」的含量很適合。所以，「耶和華指揮官」滿意的說：「光是好的」。

接下來，「耶和華指揮官」下令「外星工作人員」使用「氣象科技」，把濛濛一片，厚厚的雲層散開，讓太陽光可以照上到地面，「就把光暗分開了」。讓「地球」原本「空虛混沌，淵面黑暗」的自然環境改變，變成有「白天」和「黑夜」。

「耶和華指揮官」下令「外星工作人員」測量「白天」和「黑夜」的長度，因爲必須要建立「地球」的「氣候標準」。「耶和華指揮官稱光爲晝，稱暗爲夜，有晚上、有早晨，這是頭一日」，這是第一天做的事情。

隔天，「耶和華指揮官」下令「外星工作人員」說：「諸水之間要有空氣，將水分爲上下。」「外星工作人員」就再度運用「氣象科技」，使大氣中充滿適合孕育生物的空氣，再使大氣中的濃厚水氣，凝結成雨降落到地面上，將水分爲上下，分開成「天空雨雲層」與「地面水層」。「耶和華指揮官」把充滿空氣的部分稱爲「天」，從此「地球」有晚上，有早晨，這是第二天做的事情。

「耶和華指揮官」又下令「外星工作人員」說：「天下的水要聚在一處，使旱地露出來。」「外星工作人員」發射「反物質炸彈」，極具強大威力的「反物質爆炸波」，將地面陸地炸爆了五個超大的凹洞，水便匯在一起，露出乾旱地來。

我們知道「核彈」爆炸的原理是「核裂變」，「核裂變」會產生「放射性汙染」。「氫彈」的威力要比「核彈」大上一千倍，而「氫彈」的爆炸原理則是「核聚變」，但是「核聚變」卻不會產生「放射性汙染」，所以「氫彈」的爆炸對於環境則沒有「核汙染」。

「反物質炸彈」比「氫彈」爆炸的威力更強大，但是爆炸時只產生「電磁波」，也不會產生「核輻射」，不會對生物和植物造成巨大輻射傷害，是一種「乾淨的氫彈」。

引爆「反物質炸彈」的地方，就是當今的「太平洋、大西洋、印度洋、南冰洋、北冰洋」，而當時爆炸的震波威力，到現在仍然還在作用著，那就是現今「大陸漂移理論」所說的「陸地移動」。

「乾旱地」露出來之後，「耶和華指揮官」便「稱旱地爲地，稱水的聚處爲海。」，「耶和華指揮官」看著這個結果是好的。

有「陸地」之後，「太空船艦隊」降落到地面上，「太空船」裡的「外星工作人員」，便在地面上建造「超大型實驗室」，命名爲「伊甸園」。

「耶和華指揮官」下令「外星工作人員」說：「地要發生青草和結種子的菜蔬，並結果子的樹木，各從其類，果子都包著核。」「外星工作人員」就聽命行事，一一完成，事情就這樣成了。

於是地發生了青草和結種子的菜蔬，各從其類，並結果子的樹木，各從其類，果子都包著核。

「耶和華指揮官」看著結果，滿意的說：「這是好的。」這是第三天做的事情。

「耶和華指揮官」下令「外星工作人員」說：「天上要有光體，可以分晝夜、作記號，定節令、日子、年歲，並要發光在天空，普照在地上。」太陽和月亮原本就存在，不是「外星工作人員」製造的。

這段話的意思是指，「耶和華指揮官」命令「外星工作人員」分別測量太陽、月亮和星辰的時序，因爲要制定在「地球」上適用的曆法，「外星工作人員」便展開訂定年月季節等的測量工作，這是第四天做的事情。

當他們造完了各式各樣的植物之後，「耶和華指揮官」便命令「外星工作人員」開始「克隆（clone）」比較簡單的水中生物，以及飛鳥。「外星工作人員」從最簡單的「浮游生物」開始，再「克隆（clone）」小魚，然後是大魚。「克隆（clone）」魚類之後，便開始「克隆（clone）」空中的鳥類，這是第五天做的事情。

接著，「耶和華指揮官」命令「外星工作人員」「克隆（clone）」大地上各式各樣的動物、昆蟲。任務完成之後，「耶和華指揮官」檢視完畢，認爲做得很好。

緊接著，「耶和華指揮官」命令「外星科學家」說：「我們要照著我們的形像，按著我們的樣式造人，使他們管理海裡的魚、空中的鳥、地上的牲畜、和全地，並地上所爬的一切昆蟲。」於是，「外星工作人員」照著「自己的形像」造人，照著「他們的形像」造男造女。

我們都知道「上帝」只有一位，但是在《舊約聖經》創世記裡，「上帝」創造人類時，「上帝」卻說：「『我們』要照著『我們』的形像，按著『我們』的樣式造人。」可見，這是「耶和華指揮官」在交代參與「克隆（clone）」複製人類的「外星科學家」的一段對話。他們千里迢迢來到地球，最終的目的就是要「造人」。

在《舊約聖經》創世記裡，原譯爲「『我們』要照著『我們』的形像、按著『我們』的樣式造人」，這也是最有爭議的一段經文，「上帝」只有一位，爲何祂自己要造人時，還要說三次「我們」呢？

在《舊約聖經》經文裡提到「我們」三次，按照「古猶太經師」的解釋，是指「天主和天使們」，所以使用複數，這也明白指出當時造人的不只是「上帝」一人而已。

但是，後來的「神學家」解釋認爲，這是表示「三位一體（聖父、聖子、聖神）」的複數。然而，這都是後人一廂情願而沒有證據的辯解法。

「外星科學家」又「克隆（clone）」複製二個「人類」，有男有女。「耶和華指揮官」對這二個茫然無知的第一批「地球人」說：「要生養衆多，遍滿地面，治理這地，也要管理海裡的魚、空中的鳥和地上各樣行動的活物。」

「耶和華指揮官」又交代他們說：「看哪！我將遍地上一切結種子的菜蔬，和一切樹上所結有核的果子，全賜給你們作食物。至於地上的走獸，和空中的飛鳥，並各樣爬在地上有生命的物，我將青草賜給他們作食物。」事情就這樣成了。

這裡要注意的是，此時的「地球人」是「素食者」，因爲「上帝」說：「我供給五穀和各種果子作你們的食物。」並沒有交待可以吃肉，「地球人」只是「動物園」的「管理員」，這是第六天做的事情。

「天地萬物」都造齊了，到了第七日，「耶和華指揮官」造物的任務已經完畢，就在第七日歇息了。「耶和華指揮官」把第七日定爲「聖日」。因爲在這天，「耶和華指揮官」完成他造物的工作，就安息了。上面的推測，就是「創造天地」的過程。

以上是「外星人版」的《創世記》，是不是很符合經文的描述呢？

五、人類的始祖「亞當」和「夏娃」

繼續往下看經文，就提到人類的始祖「亞當」和「夏娃」，被創造的過程。

●《舊約聖經》創世記：

2:7 「耶和華」 神用地上的「塵土」造人、將「生氣」吹在他「鼻孔」裡、他就成了有靈的活人、名叫「亞當」。

2:8 「耶和華」 神在東方的「伊甸」立了一個園子、把所造的人安置在那裡。

2:9 「耶和華」 神使各樣的樹從地裡長出來、可以悅人的眼目、其上的果子好作食物．園子當中又有「生命樹」、和「分別善惡的樹」。

2:10 有河從「伊甸」流出來滋潤那園子、從那裡分爲四道。

2:11 第一道名叫「比遜」、就是環繞「哈腓拉」全地的，在那裡有「金子」、

2:12 並且那地的「金子」是好的，在那裡又有「珍珠」和「紅瑪瑙」。

2:13 第二道河名叫「基訓」，就是環繞「古實」全地的。

2:14 第三道河名叫「希底結」，流在「亞述」的東邊。第四道河就是「伯拉河」。

2:15「耶和華」 神將那人安置在「伊甸園」，使他修理看守。
2:16「耶和華」 神吩咐他說、園中各樣樹上的果子、你可以隨意喫。
2:17只是「分別善惡樹」上的果子，你不可喫，因爲你喫的日子必定死。
2:18「耶和華」 神說，那人獨居不好，我要爲他造一個「配偶」幫助他。
2:19「耶和華」 神用土所造成的野地各樣走獸、和空中各樣飛鳥，都帶到那人面前看他叫甚麼，那人怎樣叫各樣的活物，那就是他的名字。
2:20那人便給一切牲畜、和空中飛鳥、野地走獸都起了名，只是那人沒有遇見「配偶」幫助他。
2:21「耶和華」 神使他沉睡，他就睡了，於是取下他的一條「肋骨」，又把肉合起來。
2:22「耶和華」 神就用那人身上所取的「肋骨」，造成一個「女人」，領他到那人跟前。
2:23那人說，這是我骨中的骨、肉中的肉，可以稱他爲「女人」，因爲他是從「男人」身上取出來的。
2:24因此，人要離開父母，與妻子連合，二人成爲一體。
2:25當時夫妻二人、赤身露體，並不羞恥。

對以上的經文，我有一些疑惑。

⑴上帝「耶和華」爲什麼要在「伊甸園」裡，栽種「生命樹」和「分別善惡的樹」呢？因爲，若沒有種植「分別善惡的樹」，人類的始祖「亞當」和「夏娃」，就不會被「撒但的靈」附身的「蛇」所誘使，違背上帝「耶和華」的命令，去摘取「分別善惡的樹」的果實來吃，因而犯下「原罪」。

(2)上帝「耶和華」也會「撒謊」，祂恐嚇欺騙「亞當」，吩咐他說：「園中各樣樹上的果子，你可以隨意喫。只是『分別善惡樹』上的果子，你不可喫，因爲你喫的日子必定死。」可是，經文說「亞當」和「夏娃」摘取「分別善惡的樹」的果實來吃，並沒有死亡，而是被上帝「耶和華」趕出「伊甸園」。

(3)上帝「耶和華」爲什麼不同樣用地上的「塵土」創造「夏娃」呢？反而要大費周章，先使「亞當」沉睡（應該是全身麻醉），然後用「外科手術」，開刀取下他的一條「肋骨」，再把肉縫合起來。

另外，上帝「耶和華」用地上的「塵土」造人這件事情，讓我聯想到，在「中國」的神話故事中，「女媧」是一位女神，她創造了「人類」。「女媧」先用黃土「仿照自己的樣子」捏出「人類」，後來覺得這樣做太慢了，便用「籐條」沾上「泥漿」，揮舞起來，「泥漿」灑落在地上，每一滴「泥漿滴」都變成「人類」。

六、人類會有「原罪」的原因

繼續往下看經文，就提到爲什麼「人類」會有「原罪」。

●《舊約聖經》創世記：

3:1 「耶和華」 神所造的，惟有「蛇」比田野一切的活物更狡猾。「蛇」對「女人」說， 神
豈是眞說，不許你們喫園中所有樹上的果子麼。
3:2 「女人」對「蛇」說，園中樹上的果子我們可以喫。

3:3 惟有園當中那棵樹上的果子，　神曾說，你們不可喫，也不可摸，免得你們死。
3:4 「蛇」對「女人」說，你們不一定死。
3:5 因爲　神知道，你們喫的日子眼睛就明亮了，你們便如　神能知道「善惡」。
3:6 於是「女人」見那棵樹的果子好作食物，也悅人的眼目，且是可喜愛的，能使人有「智
慧」，就摘下果子來喫了。又給他「丈夫」，他「丈夫」也喫了。
3:7 他們二人的眼睛就明亮了，纔知道自己是赤身露體，便拿「無花果樹」的葉子，爲自己編作
裙子。
3:8 天起了涼風，「耶和華」　神在園中行走。那人和他妻子聽見　神的聲音，就藏在園裡的樹
木中，躲避「耶和華」　神的面。
3:9 「耶和華」　神呼喚那人，對他說，你在那裡。
3:10 他說，我在園中聽見你的聲音，我就害怕，因爲我赤身露體，我便藏了。
3:11 「耶和華」說，誰告訴你赤身露體呢，莫非你喫了我吩咐你不可喫的那樹上的果子麼。
3:12 那人說，你所賜給我，與我同居的「女人」，他把那樹上的果子給我，我就喫了。
3:13 「耶和華」　神對「女人」說，你做的是甚麼事呢？「女人」說，那「蛇」引誘我，我就喫
了。
3:14 「耶和華」　神對「蛇」說，你既做了這事，就必受咒詛，比一切的牲畜野獸更甚，你必用
肚子行走，終身喫土。
3:15 我又要叫你和「女人」彼此爲仇，你的後裔和「女人」的「後裔」，也彼此爲仇。「女人」

的「後裔」要傷你的頭，你要傷他的腳跟。
3:16又對「女人」說，我必多多加增你「懷胎的苦楚」，你生產兒女必多受苦楚。你必戀慕你
「丈夫」，你「丈夫」必管轄你。
3:17又對「亞當」說，你既聽從妻子的話，喫了我所吩咐你不可喫的那樹上的果子，地必爲你的
緣故受咒詛。你必終身勞苦，纔能從地裡得喫的。
3:18地必給你長出「荊棘」和「蒺藜」來，你也要喫田間的菜蔬。
3:19你必汗流滿面纔得糊口，直到你歸了土，因爲你是從土而出的。你本是「塵土」，仍要歸於
「塵土」。
3:20「亞當」給他妻子起名叫「夏娃」，因爲他是「衆生之母」。
3:21「耶和華」 神爲「亞當」和他妻子用「皮子」作衣服，給他們穿。
3:22「耶和華」 神說，那人已經與「我們」相似，能知道「善惡」。現在恐怕他伸手又摘「生
命樹」的果子喫，就永遠活著。
3:23「耶和華」 神便打發他出「伊甸園」去，耕種他所自出之土。
3:24於是把他趕出去了．又在「伊甸園」的東邊安設「基路伯」、和四面轉動發火焰的劍、要把
守「生命樹」的道路。

對以上的經文，我有許多疑惑。

⑴上帝「耶和華」爲什麼要創造狡猾的「蛇」？而不創造老實的「蛇」？那麼「蛇」就不會引誘
「夏娃」犯下「原罪」。

(2)萬能的上帝「耶和華」，應該早就知道狡猾的「蛇」，會去引誘「夏娃」犯下「原罪」這件事情，爲什麼不阻止「蛇」的行動呢？

(3)上帝「耶和華」在「伊甸園」中行走「亞當」和「夏娃」聽見　神的聲音，就藏在園裡的樹木中，躲避　神。上帝「耶和華」呼喚「亞當」說：「你在那裡？」「亞當」說：「我在園中聽見你的聲音，我就害怕因爲我赤身露體，我便藏了。」上帝「耶和華」說：「誰告訴你赤身露體呢？莫非你喫了我吩咐你不可喫的那樹上的果子麼？」

這段上帝「耶和華」和「亞當」的對話很奇怪，難道無所不知的上帝「耶和華」，不知道「亞當」藏在哪裡嗎？難道萬能的上帝「耶和華」，不知道「亞當」爲什麼要躲起來嗎？

(4)上帝「耶和華」對「蛇」說：「你既作了這事、就必受、比一切的牲畜野獸更甚、你必用肚子行走、終身喫土。」奇怪？「蛇」不都是用「肚子」行走的嗎？難道最原始的「蛇」是用「腳」行走的嗎？

(5)上帝「耶和華」分別詛咒「亞當」、「夏娃」和「蛇」，而且懲罰沒有期限，都是「無期徒刑」。難怪「基督徒」要「敬畏」上帝「耶和華」，觸怒和背叛上帝「耶和華」的下場是很淒慘的。

不過，「亞當」和「夏娃」犯下「原罪」這件事情，應該是上帝「耶和華」早就寫好的「劇本」，因爲上帝「耶和華」能夠預知未來發生的事情。我覺得「亞當」、「夏娃」、「蛇」和後代的人類都很無辜，原來所謂的「原罪事件」，實際上是上帝「耶和華」一手精心策劃的一部「戲劇」。

(6)上帝「耶和華」說：「那人已經與『我們』相似，能知道『善惡』，現在恐怕他伸手又摘『生命樹』的果子喫，就永遠活著。」

這段經文，上帝「耶和華」又說了一次「我們」。這只能用「耶和華指揮官」和其他的「外星工作人員」在對話，才能夠解釋得通。

(7)上帝「耶和華」把「亞當」和「夏娃」趕出「伊甸園」之後，又在「伊甸園」的東邊安設「基路伯」和四面轉動發火焰的劍，要把守「生命樹」的道路。

「基路伯」是有翅膀、服從上帝的「天使」。上帝「耶和華」派「天使」和設置「四面轉動發火焰的劍」當「路障」，其實這根本不需要，因爲沒有人知道「伊甸園」在哪裡？

七、「撒但」是誰？

「蛇」爲什麼會說話呢？而且還誘使「夏娃」去「分別善惡的樹」摘果子來吃，這是有原因的。因爲，這條會說話說的「蛇」，是魔鬼「撒但」的靈，附著在牠的身上。魔鬼「撒但」要利用「蛇」，誘使「夏娃」去「分別善惡的樹」摘果子來吃，導致犯下「原罪」讓上帝「耶和華」惱怒，用這種手段來報復上帝「耶和華」把他下放到「地獄」去。

而且看來，魔鬼「撒但」已經達到他的目的，上帝「耶和華」在大怒之下，把祂所愛的「亞當」和「夏娃」趕出「伊甸園」。

其實，我覺得這條會說話的「蛇」很無辜，上帝「耶和華」應該要懲罰的是魔鬼「撒但」，而不是這條會說話的「蛇」。

而且奇怪的是，當時上帝「耶和華」爲何沒有察覺「蛇」怎麼會說人話呢？難道萬能的上帝「耶和華」不知道這條「蛇」被魔鬼「撒但」附身了嗎？還是說，這一幕「原罪」的戲碼，是上帝「耶和華」早就寫好的劇本，而且上帝「耶和華」本身，還自編、自導、自演，也配合演出呢？

那「撒但」到底是誰？爲何要報復上帝「耶和華」？

「撒但（Satan）」又翻譯作「撒旦」，是「希伯來語」，源自「動語」的名詞，原意爲「敵對、反對」。

「撒但」是「亞伯拉罕宗教」中的一個「魔鬼」，會引誘「人類」犯罪或出錯。「撒但」原本是一位十分虔誠的「天使長」，但是後來反抗了上帝「耶和華」，出於狂妄，企圖篡奪獨一「上帝」的位置，而墮落成爲「魔鬼」。

但奇怪的是，上帝「耶和華」卻仍然允許他擁有超能力，去統治「墮落的世界」和「衆多的魔鬼」來對抗祂，並且引誘「人類」拋棄生命與「救贖之路」而走向毀滅。

儘管《創世紀》中，沒有提到「撒但」，但是他常被視爲是「伊甸園」中那條會說話的「蛇」。

如果我問「讀者」一個問題：魔鬼「撒但」平時都是遊走在「地獄」和「人間」兩處嗎？牠會不會偶而也去「天堂」，找上帝「耶和華」敍舊聊天呢？因爲，魔鬼「撒但」以前是上帝「耶和華」座下的「天使長」，上帝「耶和華」是「前老闆」。

我想，「讀者」應該會回答說：「魔鬼『撒但』當然都是遊走在『地獄』和『人間』兩處，牠和上帝『耶和華』是勢不兩立的仇敵，上帝『耶和華』怎麼會允許魔鬼『撒但』在『天堂』到處趴趴走呢？」

在還沒有閱讀《舊約聖經》的「約伯記」之前，我的想法和「讀者」是一樣的：魔鬼「撒但」怎麼可能在「天堂」到處趴趴走，「天使們」一定會阻止牠進入「天堂」的。

結果，在《舊約聖經》的「約伯記」中，居然出現魔鬼「撒但」到「天堂」去見上帝「耶和華」的情節。可見，魔鬼「撒但」不是一直待在「地獄」裡的，牠偶而也會去「天堂」，找上帝「耶和華」敍舊聊天，這眞是顚覆我的想法。

「約伯（Job）」是「亞伯拉罕諸教（包括猶太教、基督教和伊斯蘭教）」的一位「先知」，「約伯」被稱爲「外邦人的先知」。

在經文中，「約伯」是一位正直良善的富人，在經歷幾次巨大的災難中，失去了人生最珍貴的事物，包括「子女」、「財產」和「健康」。他努力想理解，遭受苦難的原因是爲什麼？爲什麼「敬畏神的人會受苦」？

當時「以色列人」深受「埃及異教神」崇拜的汙染，但是「約伯」卻謹守純眞的崇拜。上帝「耶和華」就派魔鬼「撒但」，去試驗「約伯」對祂的忠誠度。

●《舊約聖經》約伯記：

1:6 有一天，「　神的衆子」來侍立在「耶和華」面前，「撒但」也來在其中。

1:7 「耶和華」問「撒但」說，你從那裡來？「撒但」回答說，我從地上走來走去，往返而來。

1:8 「耶和華」問「撒但」說，你曾用心察看我的僕人「約伯」沒有，地上再沒有人像他完全正直、敬畏　神、遠離惡事。

1:9 「撒但」回答「耶和華」說，「約伯」敬畏　神，豈是無故呢。

1:10 你豈不是四面圈上籬笆圍護他和他的家，並他一切所有的麼，他手所作的，都蒙你賜福，他的家產也在地上增多。

1:11 你且伸手，毀他一切所有的，他必當面棄掉你。

1:12「耶和華」對「撒但」說，凡他所有的，都在你手中，只是不可伸手加害於他。於是「撒但」從「耶和華」面前退去。

●《舊約聖經》約伯記：

2:1 又有一天，「 神的眾子」來侍立在「耶和華」面前，「撒但」也來在其中。

2:2「耶和華」問「撒但」說，你從那裡來？「撒但」回答說，我從地上走來走去，往返而來。

2:3「耶和華」問「撒但」說，你曾用心察看我的僕人「約伯」沒有，地上再沒有人像他完全正直、敬畏 神、遠離惡事。你雖激動我攻擊他、無故的毀滅他，他仍然持守他的純正。

2:4「撒但」回答「耶和華」說，人以皮代皮，情願捨去一切所有的、保全性命。

2:5 你且伸手，傷他的骨頭、和他的肉，他必當面棄掉你。

2:6「耶和華」對「撒但」說，他在你手中，只要存留他的性命。

2:7 於是「撒但」從「耶和華」面前退去，擊打「約伯」，使他從腳掌到頭頂、長毒瘡。

上面這兩段章節，都提到「 神的眾子」，我本來以爲是「中文版」翻譯錯誤，就查了一下「英文版」的《舊約聖經》，沒想到原文眞的是寫「the sons of God」。奇怪！上帝「耶和華」不是只有一位獨生子「耶穌」嗎？哪來的「神的眾子」？

「約伯」通過魔鬼「撒但」的種種「迫害考驗」，仍然堅信上帝「耶和華」。「約伯記」最後的結局，上帝「耶和華」稱許「約伯」是個謹守純眞崇拜的人。

魔鬼「撒但」不但替上帝「耶和華」考驗「約伯」，後來還試探「耶穌」。在《新約聖經》馬太福音中，描述「耶穌」受魔鬼「撒但」試探的過程。

●《新約聖經》馬太福音：

4:1 當時，「耶穌」被「聖靈」引到曠野，受「魔鬼」的試探。
4:2 他禁食四十晝夜，後來就餓了。
4:3 那試探人的進前來，對他說，你若是 神的兒子，可以吩咐這些石頭變成食物。
4:4 「耶穌」卻回答說，經上記著說，「人活著、不是單靠食物、乃是靠 神口裡所出的一切
話。」
4:5 「魔鬼」就帶他進了「聖城」，叫他站在殿頂上（「頂」原文作「翅」）
4:6 對他說，你若是 神的兒子，可以跳下去．因爲經上記著說，「主要爲你吩咐他的使者，用
手托著你，免得你的腳碰在石頭上。」
4:7 「耶穌」對他說，經上又記著說，「不可試探主你的 神。」
4:8 「魔鬼」又帶他上了一座最高的山，將世上的萬國、與萬國的榮華，都指給他看。
4:9 對他說，你若俯伏拜我，我就把這一切都賜給你。
4:10 「耶穌」說，「撒但」退去罷。（「撒但」就是「抵擋」的意思乃「魔鬼」的別名）因爲經
上記著說，「當拜主你的 神、單要事奉他。」
4:11 於是「魔鬼」離了「耶穌」，有「天使」來伺候他。

在《新約聖經》路加福音裡，說明「耶穌」的門徒「猶大」，是被魔鬼「撒但」附身，操控他的心智，他才會出賣「耶穌」。

●《新約聖經》路加福音：

22:1 「除酵節」，又名「逾越節」，近了。

22:2 祭司長和「文士」，想法子怎麼纔能殺害「耶穌」，是因他們懼怕百姓。

（「文士」是與「法利賽人」相關的「猶太教派」。「文士」是研究「摩西律法（妥拉）」的專家。最初，這行業由「祭司」專任。）

22:3 這時，「撒但」入了那稱爲加略人「猶大」的心，他本是「十二門徒」裡的一個。

22:4 他去和「祭司長」並「守殿官」商量，怎麼可以把「耶穌」交給他們。

22:5 他們歡喜，就約定給他銀子。

「撒但」原來的職位是天使長「路西弗（Lucifer）」，幫上帝「耶和華」管理天下萬國，後來背叛上帝「耶和華」，率領三分之一的「天使」攻擊上帝「耶和華」。

●《新約聖經》啟示錄：

12:4 他的尾巴拖拉著天上星辰的「三分之一」、摔在地上·「龍（魔鬼「撒但」）」就站在那將要生產的婦人面前、等他生產之後、要吞喫他的孩子。

「路西弗（Lucifer）」這個名字的意思是「發光者」或「掌燈者」，這個名字在《舊約聖經》的「以賽亞書」中只出現過一次。

●《舊約聖經》以賽亞書：

14:12「明亮之星（Lucifer）」、早晨之子阿、你何竟從天墜落．你這攻敗列國的、何竟被砍倒
在地上。
14:13 你心裡曾說、我要升到天上．我要高舉我的寶座在　神衆星以上．我要坐在聚會的山上、在
北方的極處。
14:14 我要升到高雲之上．我要與至上者同等。
14:15 然而你必墜落陰間、到坑中極深之處。

上述經文中的「明亮之星」，即是「Lucifer」的中文翻譯。而現存的英語版《舊約聖經》中，只有「欽定版聖經」使用「Lucifer」，其他版本多使用「morning star」或類似的譯名。由於《舊約聖經》的作者群，尚未有所謂的「邪惡天使」的概念，因此這裡的「明亮之星（路西法）」就是指魔鬼「撒但」。

在《舊約聖經》以西結書中，有提到魔鬼「撒但」曾經在「伊甸園」中佩戴各樣寶石。後來，上帝「耶和華」察出魔鬼「撒但」的不義以致犯罪，所以上帝「耶和華」就驅逐魔鬼「撒但」。

●《舊約聖經》以西結書：

28:12 人子阿、你爲「推羅王」作起哀歌、說、主「耶和華」如此說、你無所不備、智慧充足、全
然美麗。
28:13 你曾在「伊甸」　神的園中、佩戴各樣寶石、就是紅寶石、紅璧璽、金鋼石、水蒼玉、紅瑪
瑙、碧玉、藍寶石、綠寶石、紅玉、和黃金、又有精美的鼓笛在你那裡．都是在你受造之日
預備齊全的。

28:14 你是那受膏遮掩約櫃的「基路伯（天使）」．我將你安置在　神的聖山上．你在發光如火的寶石中間往來。

28:15 你從受造之日所行的都完全．後來在你中間又察出不義。

28:16 因你貿易很多、就被強暴的事充滿、以致犯罪、所以我因你褻瀆聖地、就從　神的山驅逐你．遮掩約櫃的「基路伯（天使）」阿、我已將你從發光如火的寶石中除滅。

28:17 你因美麗心中高傲、又因榮光敗壞智慧、我已將你摔倒在地．使你倒在君王面前、好叫他們目睹眼見。

28:18 你因罪孽衆多、貿易不公、就褻瀆你那裡的聖所．故此、我使火從你中間發出、燒滅你、使你在所有觀看的人眼前、變爲地上的爐灰。

28:19 各國民中、凡認識你的、都必爲你驚奇．你令人驚恐、不再存留於世、直到永遠。

「米迦勒」是另一位「天使長」，但是他的職權比「路西弗」天使長（後來的魔鬼「撒但」）小一些，所以不敢用誹謗的話，當面斥責魔鬼「撒但」。

●《新約聖經》猶大書：

1:1 「耶穌基督」的僕人、「雅各」的弟兄「猶大」、寫信給「那被召」、在父　神裡蒙愛、爲「耶穌基督」保守的人．

1:9 天使長「米迦勒」、爲「摩西」的屍首與「魔鬼」爭辯的時候、尚且不敢用毀謗的話罪責他、只說、主責備你罷。

但是，「米迦勒」是所有天使中，最強大的戰士，最著名的「天使長」，又被稱爲「正義天使」。當「路西弗」天使長（後來的魔鬼「撒但」）煽動唆使三分之一的「天使」叛變，攻打上帝「耶和華」的時候，上帝「耶和華」就是派他帶領三分之二的「天使」迎擊對抗來犯。

「米迦勒」夥同他的「使者（天使）」與「龍（魔鬼『撒但』）」爭戰，「龍（魔鬼『撒但』）」也同它的「使者（天使）」去爭戰。最後，「龍（魔鬼『撒但』）」沒有得勝，天上再沒有它們的地方。「大龍」就是那「古蛇」，名叫「魔鬼」，又叫「撒但」，是迷惑普天下的。它被摔在地上，它的「使者（天使）」也一同被摔下去。

●《新約聖經》啟示錄：

12:7 在天上就有了爭戰．「米迦勒」同他的「使者」與「龍」爭戰．「龍」也同他的「使者」去
爭戰。
12:8 並沒有得勝、天上再沒有他們的地方。
12:9 「大龍」就是那「古蛇」、名叫「魔鬼」、又叫「撒但」、是迷惑普天下的．他被摔在地
上、他的「使者」也一同被摔下去。
12:10 我聽見在天上有大聲音說、我　神的救恩、能力、國度、並他「基督」的權柄、現在都來到
了．因為那在我們　神面前晝夜控告我們弟兄的、已經被摔下去了。
12:11 弟兄勝過他、是因「羔羊」的血、和自己所見證的道．他們雖至於死、也不愛惜性命。
12:12 所以諸天和住在其中的、你們都快樂罷．只是地與海有禍了、因為「魔鬼」知道自己的時候
不多、就氣忿忿的下到你們那裡去了。

魔鬼「撒但」和他帶領的「叛變天使們」戰敗，一同被摔下地與海的時候，當時「耶穌」也目睹

這一幕的情景。

●《新約聖經》**路加福音**：

10:18「耶穌」對他們說、我曾看見「撒但」從天上墜落、像閃電一樣。

魔鬼「撒但」和他帶領的「叛變天使們」，最後都被上帝「耶和華」丟在黑暗的地獄裡拘禁，等候「末日時的審判」。

●《新約聖經》**彼得後書**：

2:4 就是天使犯了罪、 神也沒有寬容、曾把他們丟在「地獄」、交在黑暗坑中、等候審判。

●《新約聖經》**猶大書**：

1:6 又有不守本位、離開自己住處的「天使」、主用鎖鍊把他們永遠拘留在黑暗裡、等候「大日
的審判」。

經過一千年的綑綁以後，魔鬼「撒但」與跟從他的「天使們」最後一次背叛上帝「耶和華」，那時候執行了死刑，被扔進「火湖」裡。

●《新約聖經》**啟示錄**：

20:1 我又看見一位「天使」從天降下、手裡拿著「無底坑」的「鑰匙」、和一條大鍊子。
20:2 他捉住那「龍」、就是「古蛇」、又叫「魔鬼」、也叫「撒但」、把他捆綁一千年、
20:3 扔在「無底坑」裡、將「無底坑」關閉、用「印」封上、使他不得再迷惑列國、等到那一千
年完了·以後必須暫時釋放他。
20:4 我又看見幾個寶座、也有坐在上面的、並有審判的權柄賜給他們·我又看見那些因爲給「耶

穌」作見證、並爲　神之道被斬者的靈魂、和那沒有拜過獸與獸像、也沒有在額上和手上受
過他「印記」之人的靈魂・他們都復活了、與「基督」一同作王一千年。
20:5 這是頭一次的復活。其餘的死人還沒有復活、直等那一千年完了。
20:6 在頭一次復活有分的、有福了、聖潔了・第二次的死在他們身上沒有權柄・他們必作　神和
「基督」的「祭司」、並要與「基督」一同作王一千年。
20:7 那一千年完了、「撒但」必從監牢裡被釋放、
20:8 出來要迷惑地上四方的列國、（「方」原文作「角」）就是「歌革」和「瑪各」、叫他們聚
集爭戰・他們的人數多如海沙。
20:9 他們上來遍滿了全地、圍住聖徒的營、與蒙愛的城・就有火從天降下、燒滅了他們。
20:10 那迷惑他們的「魔鬼」、被扔在硫磺的「火湖」裡、就是「獸」和「假先知」所在的地方・
他們必晝夜受痛苦、直到永永遠遠。

當年我在研讀《舊約聖經》和《新約聖經》的時候，我對於魔鬼「撒但」的由來似懂非懂。直到後來，接觸到「約翰．彌爾頓」所著作的《失樂園》，我才茅塞頓開。所以，下面我就介紹這本《失樂園》給讀者們分享。

八、《失樂園》的內容

《失樂園》（Paradise Lost）是十七世紀英國詩人「約翰．彌爾頓」以《舊約聖經》創世紀爲基礎，所創作的史詩，文體爲「無韻詩」，出版於公元一六六七年。

《失樂園》的第一版出版於公元一六六七年，共有十卷和一萬行以上的詩文。第二版出版於公元一六七四年，內容被編排成十二卷，也做了些微的修改和增加註解。《失樂園》被認爲是「彌爾頓」最著名的作品，「彌爾頓」因此被公認爲該時代最著名的英國詩人之一。

《失樂園》內容，取材於《舊約聖經》，講述「人類墮落」的故事：墮落天使「撒但」誘惑「亞當」和「夏娃」犯罪，導致他們被逐出「伊甸園」。而「彌爾頓」在第一卷中表示，他的宗旨是爲了「辯證神對人類的態度」，和闡明「神的預見」與人類的「自由意志」之間的衝突。

根據《失樂園》的敘述，天使長「路西法」在未墮落之前，由於過度的驕傲而忘記他是一個「天使」的身分，意圖與上帝「耶和華」同等。

有一天，上帝「耶和華」帶「聖子」巡遊天界，讓眾「天使」向「聖子基督」下跪參拜。「路西法」因爲不滿上帝「耶和華」讓他向「聖子基督」下跪，就率領天界三分之一的「天使」於天界北境起兵叛變，「路西法」極端驕傲和自信他可以推翻上帝「耶和華」。

不過，「路西法」和他的「天使」軍隊都失敗了，經過三天的天界戰鬥，「路西法」的叛軍被「聖子基督」擊潰，在渾沌中墜落了九個晨昏才落到「地獄」。「路西法」和他的「天使」軍隊，因而被放逐，並且失去了過去所擁有的榮耀，被逐出「天堂」，墮落到「地獄」成爲魔鬼「撒但」。「路西法」在「地獄」重新建立一個新世界，在那裡他成爲了「魔王撒但」，而跟隨他的「墮落天使們」則成爲「惡魔」。

此後，上帝「耶和華」創造了「新天地」和「人類」。「路西法」爲了復仇兼奪取「新天地」，就化爲「蛇」潛入「伊甸園」，引誘「夏娃」食用了禁忌的「知善惡樹」的果實，再利用她引誘「亞當」也犯下了這違抗上帝「耶和華」的罪。

於是「路西法」如願使上帝「耶和華」的新造物「人類」一同墮落，而且爲「諸魔鬼」開啟了通往這個「新世界（地球）」的大門。自此以後，「罪、病、老、死」就遍布在「地球」上。

《失樂園》的目錄如下：

第一卷　「撒但」在「地獄」召集軍隊，號召復仇。

第二卷　大會作出決議，由「撒但」親赴「伊甸園」，偵察「人類」的樂園。

第三卷　「神子」聲稱願爲「人類」贖罪；「撒但」向「伊甸園」飛進。

第四卷　「撒但」進入「伊甸園」，被捕。

第五卷　敵人「撒但」的來路。

第六卷　在「天界」，三天大戰。

第七卷　上帝「耶和華」創造「天地萬物」。

第八卷　上帝「耶和華」創造「人類始祖」。

第九卷　「夏娃」受「蛇」引誘食「禁果」。

第十卷　違抗禁令，震驚「天界」；建築「大橋」，橫貫「混沌界」。

第十一卷　預示「人類未來」。

第十二卷　繼續「預示未來」；「亞當」和「夏娃」被逐出「伊甸園」。

《失樂園》全詩共分十二卷，大意如下：

第一卷：「路西弗」因爲拒絕向「聖子基督」臣服，率領三分之一的「叛變天使」，於「天界北境」舉起反旗，「天使」與「叛變天使」征戰，「叛變天使」輸了，全部墮入「地獄」，變成「惡魔」。「天庭之戰」慘敗後，「撒但」在「地獄」裡，重振「殘兵敗將」的士氣。

第二卷：「惡魔們」召開會議，決定接受「撒但」的「復仇計劃」，亦即使上帝「耶和華」「新創世界」中的「人類」墮落。

第三卷：「天庭」的會議；「撒但」開始復仇之旅。

第四卷：「撒但」開始沉思「新創世界」之美；「夏娃」的美麗純潔使其自覺慚愧。「撒但」剛開始僞裝成一隻「蟾蜍」，向沉睡的「夏娃」低聲說出其誘惑。

第五卷：「天使」警告「亞當」和「夏娃」即將來臨的誘惑。

第六卷：回溯上帝「耶和華」與「叛變天使」在「天庭」之戰。

第七卷：回溯上帝「耶和華」起初創造世界。

第八卷：回溯上帝「耶和華」創造「人類」的始祖「亞當」和「夏娃」。

第九卷：最後「撒但」僞裝成一條「蛇」，「夏娃」禁不住「蛇」的誘惑，違背上帝「耶和華」的命令，偷嚐禁果，「亞當」爲了陪「夏娃」一起面臨後果，也吃了果子，「人類」開始墮落。

第十卷：上帝「耶和華」派「基督」來宣告審判。「亞當」和「夏娃」爭執，相互指責，怪罪對方。「撒但」與「魔鬼們」慶功。

第十一卷：「天使」將「亞當」和「夏娃」逐出「伊甸園」。預示「人類的歷史發展」至「洪水毀滅大地」。

第十二卷：預示自「洪水後」到「基督」的第二次來臨和「審判世界」。「亞當」和「夏娃」離開「伊甸園」。

子。

九、人類的第一宗「謀殺案」

「亞當」和「夏娃」離開「伊甸園」之後，就懷孕生子，前後生下「該隱」和「亞伯」二個兒

●《舊約聖經》創世記：

4:1 有一日、那人和他妻子「夏娃」同房、「夏娃」就懷孕、生了「該隱」、（就是「得」的意思）便說、「耶和華」使我得了一個男子。

4:2 又生了「該隱」的兄弟「亞伯」。「亞伯」是牧羊的．「該隱」是種地的。

4:3 有一日、「該隱」拿地裡的出產爲供物獻給「耶和華」。

4:4 「亞伯」也將他羊群中頭生的、和羊的脂油獻上．「耶和華」看中了「亞伯」和他的供物。

4:5 只是看不中「該隱」和他的供物．「該隱」就大大的發怒、變了臉色。

4:6 「耶和華」對「該隱」說、你爲甚麼發怒呢、你爲甚麼變了臉色呢。

4:7 你若行得好、豈不蒙悅納、你若行得不好、罪就伏在門前．他必戀慕你、你卻要制伏他。

4:8 「該隱」與他兄弟「亞伯」說話、二人正在田間、「該隱」起來打他兄弟「亞伯」、把他殺了。

4:9 「耶和華」對「該隱」說、你兄弟「亞伯」在那裡．他說、我不知道、我豈是看守我兄弟的嗎。

4:10「耶和華」說、你作了甚麼事呢、你兄弟的血、有聲音從地裡向我哀告。

4:11 地開了口、從你手裡接受你兄弟的血・現在你必從這地受咒詛。

4:12 你種地、地不再給你效力・你必流離飄蕩在地上。

4:13「該隱」對「耶和華」說、我的刑罰太重、過於我所能當的。

4:14 你如今趕逐我離開這地、以致不見你面・我必流離飄蕩在地上、凡遇見我的必殺我。

4:15「耶和華」對他說、凡殺「該隱」的必遭報七倍。「耶和華」就給「該隱」立一個記號、免得人遇見他就殺他。

4:16 於是「該隱」離開「耶和華」的面、去住在「伊甸」東邊「挪得」之地。

4:17「該隱」與妻子同房、他妻子就懷孕、生了「以諾」、「該隱」建造了一座城、就按著他兒子的名將那城叫作「以諾」。

4:18「以諾」生「以拿」、「以拿」生「米戶雅利」、「米戶雅利」生「瑪土撒利」、「瑪土撒利」生「拉麥」。

4:19「拉麥」娶了兩個妻、一個名叫「亞大」、一個名叫「洗拉」。

4:20「亞大」生「雅八」、「雅八」就是住帳棚牧養牲畜之人的祖師。

4:21「雅八」的兄弟名叫「猶八」・他是一切彈琴吹簫之人的祖師。

4:22「洗拉」又生了「土八該隱」、他是打造各樣銅鐵利器的、（或作「是銅匠鐵匠的祖師」）「土八該隱」的妹子是拿瑪。

4:23「拉麥」對他兩個妻子說、「亞大」、「洗拉」、聽我的聲音、「拉麥」的妻子細聽我的話語、壯年人傷我、我把他殺了、少年人損我、我把他害了·（或作「我殺壯士卻傷自己我害幼童卻損本身」）

4:24若殺「該隱」、遭報七倍、殺「拉麥」、必遭報七十七倍。

4:25「亞當」又與妻子同房、他就生了一個兒子、起名叫「塞特」、意思說、 神另給我立了一個兒子代替「亞伯」、因爲「該隱」殺了他。

4:26「塞特」也生了一個兒子、起名叫「以挪士」。那時候人纔求告「耶和華」的名。

5:1「亞當」的後代、記在下面。當 神造人的日子、是照著自己的樣式造的、

5:2 並且造男造女、在他們被造的日子、 神賜福給他們、稱他們爲「人」。

5:3「亞當」活到一百三十歲、生了一個兒子、形像樣式和自己相似、就給他起名叫「塞特」。

5:4「亞當」生「塞特」之後、又在世八百年·並且生兒養女。

5:5「亞當」共活了九百三十歲就死了。

看完這段經文，我有很多疑問和感觸。

⑴「該隱」殺弟弟「亞伯」的悲劇，本來是可以避免的，只要上帝「耶和華」一視同仁，公平歡喜的收下「該隱」的「農作物」和「亞伯」的「羊肉」和「羊脂油」就沒事了。因爲，上帝「耶和華」表現出偏愛的舉動，才導致「該隱」變臉發怒，動了殺機。

⑵能預知未來的上帝「耶和華」，應該早就知道祂對「亞伯」的偏愛，會導致「該隱」殺弟弟「亞伯」的悲劇。可是，上帝「耶和華」還是讓這個悲劇發生了。詢問信仰「基督教」的朋友這件事，他說：「這是上帝的安排，我們是凡人，不能理解聖意。」這種說法，我實在無法接受。

⑶上帝「耶和華」要處罰「該隱」，詛咒他說：「你種地，地不再給你效力，你必流離飄蕩在地上。」而「該隱」居然沒有懺悔之心，還跟上帝「耶和華」討價還價說：「我的刑罰太重，過於我所能當的。」。

「該隱」殺了弟弟「亞伯」，不但沒有「懺悔之心」，還抱怨上帝「耶和華」的刑罰太重，而他最擔心的事情是「凡遇見我的必殺我。」而上帝「耶和華」居然回答「該隱」說：「凡殺『該隱』的必遭報七倍。」還給「該隱」立一個記號，免得人遇見他就殺他。這太可笑了，上帝「耶和華」居然極力的保護殺人兇手？

⑷上帝「耶和華」接受「羊肉」，不接受「農作物」。「神」需要食用「羊肉」嗎？當然不需要。但若是一位「外星球」來的「指揮官」，「外星人」也是需要食物的。

⑸還有一件奇怪的事情，「亞當」和「夏娃」不是只有生下「該隱」和「亞伯」兩個兒子嗎？當時，地球上的人類總計才三個人，爲什麼「該隱」會擔心「凡遇見我的必殺我」？「該隱」會遇見誰？上帝「耶和華」還給「該隱」立一個記號，免得人遇見他就殺他。這些人哪來的？

⑹還有一件更奇怪的事情，「該隱」與「妻子」同房，他的「妻子」就懷孕，生了「以諾」。試問，「該隱」的「妻子」是哪來的？誰生的？而「該隱」居然還建造了一座「以諾城」，就「亞當」、「夏娃」、「該隱」和「該隱」的妻子，四個人住在這座「以諾城」？而且「該隱」自己一個人，就能夠建造一座「以諾城」，這也太扯了吧？

⑺「該隱」的兒子生「以諾」，「以諾」生「以拿」，「以拿」生「米戶雅利」，「米戶雅利」生「瑪土撒利」，「瑪土撒利」生「拉麥」。「拉麥」還娶了兩個妻、一個名叫「亞大」，一

個名叫「洗拉」試問這些歷代的「妻子」，這些「女人」是哪來的？

⑻另外，還有一個嚴重的問題。當時地球上就只有「亞當」和「夏娃」兩個男女，那要繁衍下一代，就一定是「兄弟姊妹」之間通婚，這不是家庭「亂倫」嗎？兄弟姊妹之間「亂倫」生下的子女，現代醫學不是說會出現許多天生的疾病嗎？「優生學」認爲，近親性交，其後代「畸形」與「智能障礙」的機率偏高。我詢問信仰「基督教」的朋友這個「兄弟姊妹」之間通婚的問題，他居然回答我說：「剛開始是可以的，人多了以後就禁止。」這種答案眞的無法讓人信服。

⑼「拉麥」對他兩個妻子說：「壯年人傷我，我把他殺了；少年人損我，我把他害了。若殺『該隱』、遭報七倍、殺『拉麥』、必遭報七十七倍。」這是什麼意思？不就是同一家人嗎？「拉麥」在擔心誰要殺『該隱』？誰要殺『拉麥』？哪來的外人？眞是奇怪？

⑽「亞當」活到一百三十歲時，才和「夏娃」又生了一個兒子「塞特」，意思是說，神另給我立了一個兒子，代替「亞伯」，因爲「該隱」殺了他。「亞當」生「塞特」之後，又在世八百年，並且生兒養女。「亞當」共活了九百三十歲，眞是長壽。

十、超長壽的「史前人類」

我本來以爲「亞當」活了九百三十歲，只有他最長壽。結果往下繼續看經文，才發現「史前人類」的平均壽命，都是「八百歲」到「九百多歲」之間。

● 《舊約聖經》創世記：

5:6「塞特」活到一百〇五歲、生了「以挪士」。
5:7「塞特」生「以挪士」之後、又活了八百〇七年・並且生兒養女。
5:8「塞特」共活了九百一十二歲就死了。
5:9「以挪士」活到九十歲、生了「該南」。
5:10「以挪士」生「該南」之後、又活了八百一十五年・並且生兒養女。
5:11「以挪士」共活了九百〇五歲就死了。
5:12「該南」活到七十歲、生了「瑪勒列」。
5:13「該南」生「瑪勒列」之後、又活了八百四十年・並且生兒養女。
5:14「該南」共活了九百一十歲就死了。
5:15「瑪勒列」活到六十五歲、生了「雅列」。
5:16「瑪勒列」生「雅列」之後、又活了八百三十年・並且生兒養女。
5:17「瑪勒列」共活了八百九十五歲就死了。
5:18「雅列」活到一百六十二歲、生了「以諾」。
5:19「雅列」生「以諾」之後、又活了八百年・並且生兒養女。
5:20「雅列」共活了九百六十二歲就死了。
5:21「以諾」活到六十五歲、生了「瑪土撒拉」。
5:22「以諾」生「瑪土撒拉」之後、與　神同行三百年・並且生兒養女。
5:23「以諾」共活了三百六十五歲。

5:24「以諾」與　神同行、　神將他取去、他就不在世了。
5:25「瑪土撒拉」活到一百八十七歲、生了「拉麥」。
5:26「瑪土撒拉」生「拉麥」之後、又活了七百八十二年．並且生兒養女。
5:27「瑪土撒拉」共活了九百六十九歲就死了。
5:28「拉麥」活到一百八十二歲、生了一個兒子。
5:29給他起名叫「挪亞」、說、這個兒子必爲我們的操作、和手中的勞苦、安慰我們．這操作勞苦是因爲「耶和華」咒詛地。
5:30「拉麥」生「挪亞」之後、又活了五百九十五年．並且生兒養女。
5:31「拉麥」共活了七百七十七歲就死了。
5:32「挪亞」五百歲生了「閃、含、雅弗」。

以上這些經文有四個重點：

⑴「史前人類」都超長壽的。

⑵「以諾」與上帝「耶和華」同行三百年之久，「以諾」在三百六十五歲的時候，上帝「耶和華」將他「取去」，他就不在世了。「取去」是什麼意思？

查看英文是「And Enoch went on in God's ways: and he was not seen again, for God took him.」，這句「he was not seen again, for God took him.」，意思是「因爲上帝帶他走了，從此就不再看到他。」

奇怪！上帝「耶和華」把「以諾」帶到哪裡去了？假如用另類的推斷，原來是「耶和華指揮官」把「以諾」帶回自己的「星球」做研究。帶走「以諾」之前，「耶和華指揮官」還謹慎的與「以諾」同行三百年，觀察「以諾」三百年之久。

(3)「拉麥」生「挪亞」，這位「挪亞」，就是後來有名的「挪亞方舟」的主角。

(4)「挪亞」在五百歲時，生了三個兒子：「閃」、「含」以及「雅弗」。相傳「挪亞」的兒子「閃（Shem）」，就是「閃米特人」的祖先，也就是「猶太人」的始祖。

十一、上古英武有名的人

《舊約聖經》有提到一段經文，原來上古英武有名的人，是上帝「耶和華」的「兒子們」，和「人類女子」所生的「神人混血兒」。

● **《舊約聖經》創世記：**

6:1 當人在世上多起來、又生女兒的時候、

6:2 「神的兒子們」看見人的女子美貌、就隨意挑選、娶來爲妻。

「The sons of God」saw that the daughters of men were fair; and they took wives for themselves from those who were pleasing to them.

6:3 「耶和華」說、人既屬乎血氣、我的靈就不永遠住在他裡面、然而他的日子還可到一百二十年

6:4 那時候有「偉人」在地上、後來　「神的兒子們」、和「人的女子們」交合生子、那就是「上古英武有名的人」。

There were men of great strength and size on the earth in those days; and after that, when「the sons of God」had connection with the daughters of men, they gave birth to children: these were the great men of old days, the men of great name.

這裡有一件很奇怪的事情，那就是「神的兒子們」。我還以為中文翻譯錯誤，查看英文是「The sons of God」，還眞的是「The sons」，是複數，表示是多數。

奇怪！上帝「耶和華」不是只有一個兒子嗎？就是獨生子「耶穌基督」，我們來看下面的經文。

●《新約聖經》約翰福音：

1:14道成了肉身、住在我們中間、充充滿滿的有恩典有眞理。我們也見過他的榮光、正是「父獨生子」的榮光。

And so the Word became flesh and took a place among us for a time; and we saw his glory--such glory as is given to「an only son」by his father--saw it to be true and full of grace.

3:16神愛世人、甚至將他的「獨生子」賜給他們、叫一切信他的、不至滅亡、反得永生。

For God had such love for the world that he gave his「only Son」, so that whoever has faith in him may not come to destruction but have eternal life.

3:18信他的人、不被定罪．不信的人、罪已經定了、因爲他不信　神「獨生子」的名。

The man who has faith in him does not come up to be judged; but he who has no faith in him has been judged even now, because he has no faith in the name of「the only Son」of

God.

●《新約聖經》約翰一書：

1Jn 4:9 神差他「獨生子」到世間來，使我們藉著他得生， 神愛我們的心，在此就顯明了。

And the love of God was made clear to us when he sent his「only Son」into the world so that we might have life through him.

這裡的四段經文，明白表示，上帝「耶和華」只有一個獨生子「耶穌基督」，那其他「神的兒子」是哪來的呢？

其實，「神的兒子」這個問題，在前面的「約伯記」已經出現過一次，我們再看一次經文。

●《舊約聖經》約伯記：

1:6 有一天， 「神的衆子」來侍立在「耶和華」面前，「撒但」也來在其中。

Now there was a day when「the sons of God」came to present themselves before the LORD, and Satan came also among them.

十二、挪亞方舟

「挪亞方舟」很有名，但是這件事情讓我對上帝「耶和華」非常反感，非常憤慨。因爲，在當時的背景，只有忠誠信仰上帝「耶和華」的「挪亞家族」得以活命，其他的「人類」，還包括所有的「動物」和「植物」全部滅亡，可以說是「濫殺無辜」到極點。

上帝「耶和華」毀滅「地球」上的「萬物」，手段之兇殘，可以說是「前無古人，後無來者」，連魔鬼「撒但」都自嘆不如。這位殘暴的「耶和華」，就是「基督教徒」口中的「慈愛的上帝」，就是「神愛世人」的那位「偉大的神」，眞是有夠諷刺。

●《舊約聖經》創世記：

6:5「耶和華」見人在地上罪惡很大、終日所思想的盡都是惡．

6:6「耶和華」就「後悔造人」在地上、心中憂傷。

6:7「耶和華」說、我要將所造的人、和走獸、並昆蟲、以及空中的飛鳥、都從地上除滅、因爲「我造他們後悔了」。

6:8 惟有「挪亞」在「耶和華」眼前蒙恩。

6:9「挪亞」的後代、記在下面。「挪亞」是個「義人」、在當時的世代是個「完全人」．「挪亞」與　神同行。

6:10「挪亞」生了三個兒子、就是「閃、含、雅弗」。

6:11世界在　神面前敗壞．地上滿了強暴。

6:12神觀看世界、見是敗壞了．凡有血氣的人、在地上都敗壞了行爲。

6:13神就對「挪亞」說、凡有「血氣的人」、他的盡頭已經來到我面前、因爲地上滿了他們的強暴、我要把他們和地一併毀滅。

6:14你要用「歌斐木」造一隻「方舟」、分一間一間的造、裡外抹上「松香」。

6:15「方舟」的造法乃是這樣、要長三百肘、寬五十肘、高三十肘。

6:16「方舟」上邊要留透光處、高一肘．「方舟」的門要開在旁邊．「方舟」要分上、中、下三層。

6:17看哪、我要使「洪水」氾濫在地上、毀滅天下、凡地上有血肉、有氣息的活物、「無一不
死」。
6:18我卻要與你立約、你同你的妻、與兒子、兒婦、都要進入「方舟」。
6:19凡有血肉的活物、每樣兩個、一公一母、你要帶進「方舟」、好在你那裡保全生命。
6:20飛鳥各從其類、牲畜各從其類、地上的昆蟲各從其類、每樣兩個、要到你那裡、好保全生
命。
6:21你要拿各樣食物積蓄起來、好作你和他們的食物。
6:22「挪亞」就這樣行・凡　神所吩咐的、他都照樣行了。
7:1「耶和華」對「挪亞」說、你和你的全家都要進入「方舟」、因爲在這世代中、我見你在我
面前是「義人」。
7:2凡潔淨的畜類、你要帶七公七母・不潔淨的畜類、你要帶一公一母・
7:3空中的飛鳥、也要帶七公七母、可以留種、活在全地上、
7:4因爲再過七天、我要降雨在地上四十晝夜、把我所造的各種活物、都從地上除滅。
7:5「挪亞」就遵著「耶和華」所吩咐的行了。
7:6當洪水氾濫在地上的時候、「挪亞」整六百歲。
7:7「挪亞」就同他的妻、和兒子、兒婦、都進入「方舟」、躲避洪水。
7:8潔淨的畜類、和不潔淨的畜類、飛鳥並地上一切的昆蟲、
7:9都是一對一對的、有公有母、到「挪亞」那裡進入「方舟」、正如　神所吩咐「挪亞」的。

7:10過了那七天、洪水氾濫在地上。
7:11當「挪亞」六百歲、二月十七日那一天、大淵的泉源、都裂開了、天上的窗戶、也敞開了。
7:12「四十晝夜」降大雨在地上。
7:13正當那日、「挪亞」和他三個兒子、「閃、含、雅弗」、並「挪亞」的妻子、和三個兒婦、
都進入「方舟」。
7:14他們和百獸、各從其類、一切牲畜、各從其類、爬在地上的昆蟲、各從其類、一切禽鳥、各
從其類、都進入「方舟」。
7:15凡有血肉、有氣息的活物、都一對一對的到「挪亞」那裡、進入「方舟」。
7:16凡有血肉進入「方舟」的、都是有公有母、正如　神所吩咐「挪亞」的．「耶和華」就把他
關在「方舟」裡頭。
7:17「洪水」氾濫在地上四十天、水往上長、把「方舟」從地上漂起。
7:18水勢浩大、在地上大大的往上長、「方舟」在水面上漂來漂去。
7:19水勢在地上極其浩大、天下的高山都淹沒了。
7:20水勢比山高過十五肘、山嶺都淹沒了。
7:21凡在地上有血肉的動物、就是飛鳥、牲畜、走獸、和爬在地上的昆蟲、以及所有的人都死
了。
7:22凡在旱地上、鼻孔有氣息的生靈都死了。
7:23凡地上各類的活物、連人帶牲畜、昆蟲、以及空中的飛鳥、都從地上除滅了、只留下「挪

亞」和那些與他同在「方舟」裡的。
7:24 水勢浩大、在地上共一百五十天。
8:1 神記念「挪亞」、和「挪亞方舟」裡的一切走獸牲畜・ 神叫風吹地、水勢漸落。
8:2 淵源和天上的窗戶、都閉塞了、天上的大雨也止住了。
8:3 水從地上漸退・過了一百五十天、水就漸消。
8:4 七月十七日、「方舟」停在「亞拉臘山」上。
8:5 水又漸消、到十月初一日、山頂都現出來了。
8:6 過了四十天、「挪亞」開了「方舟」的窗戶。
8:7 放出一隻「烏鴉」去、那「烏鴉」飛來飛去、直到地上的水都乾了。
8:8 他又放出一隻「鴿子」去、要看看水從地上退了沒有。
8:9 但遍地上都是水、「鴿子」找不著落腳之地、就回到「方舟」「挪亞」那裡、「挪亞」伸手
把「鴿子」接進「方舟」來。
8:10 他又等了七天、再把「鴿子」從「方舟」放出去。
8:11 到了晚上、「鴿子」回到他那裡、嘴裡叼著一個新擰下來的「橄欖葉子」、「挪亞」就知道
地上的水退了。
8:12 他又等了七天、放出「鴿子」去、「鴿子」就不再回來了。
8:13 到「挪亞」六百〇一歲、正月初一日、地上的水都乾了・「挪亞」撤去「方舟」的蓋觀看、
便見地面上乾了。

8:14 到了二月二十七日、地就都乾了。
8:15 神對「挪亞」說。
8:16 你和你的妻子、兒子、兒婦、都可以出「方舟」。
8:17 在你那裡凡有血肉的活物、就是飛鳥、牲畜、和一切爬在地上的昆蟲、都要帶出來、叫他在
地上多多滋生、大大興旺。
8:18 於是「挪亞」和他的妻子、兒子、兒婦、都出來了。
8:19 一切走獸、昆蟲、飛鳥、和地上所有的動物、各從其類、也都出了「方舟」。
8:20 「挪亞」爲「耶和華」築了一座壇、拿各類潔淨的牲畜、飛鳥、獻在壇上爲「燔祭」。
8:21 「耶和華」聞那馨香之氣、就心裡說、我不再因人的緣故咒詛地、（人從小時心裡懷著惡
念）也不再按著我纔行的、滅各種的活物了。
8:22 地還存留的時候、稼穡、寒暑、冬夏、晝夜、就永不停息了。
9:1 神賜福給「挪亞」和他的兒子、對他們說、你們要生養衆多、遍滿了地。
9:2 地上的走獸、和空中的飛鳥、都必驚恐、懼怕你們．連地上一切的昆蟲、並海裡一切的魚、
都交付你們的手。
9:3 凡活著的動物、都可以作你們的食物、這一切我都賜給你們如同「菜蔬」一樣。
9:4 「惟獨肉帶著血」、那就是他的生命、你們不可喫。
9:5 流你們血害你們命的、無論是獸、是人、我必討他的罪、就是向各人的弟兄也是如此。
9:6 凡流人血的、他的血也必被人所流、因爲　神造人、是照「自己的形像」造的。

9:7 你們要生養眾多、在地上昌盛繁茂。
9:8 神曉諭（明白告知）（明白告知）「挪亞」和他的兒子說、
9:9 我與你們和你們的後裔立約。
9:10 並與你們這裡的一切活物、就是飛鳥、牲畜、走獸．凡從方舟裡出來的活物立約。
9:11 我與你們立約、凡有血肉的、不再被洪水滅絕、也不再有洪水毀壞地了。
9:12 神說、我與你們、並你們這裡的各樣活物所立的永約、是有記號的。
9:13 我把「虹」放在雲彩中、這就可作我與地立約的記號了。
9:14 我使雲彩蓋地的時候、必有「虹」現在雲彩中。
9:15 我便記念我與你們、和各樣有血肉的活物所立的約、水就再不氾濫毀壞一切有血肉的物了。
9:16 「虹」必現在雲彩中、我看見、就要記念我與地上各樣有血肉的活物所立的永約。
9:17 神對「挪亞」說、這就是我與地上一切有血肉之物立約的記號了。
9:18 出「方舟」「挪亞」的兒子、就是「閃、含、雅弗」．「含」是「迦南」的父親。
9:19 這是「挪亞」的三個兒子．他們的後裔分散在全地。
9:20 「挪亞」作起農夫來、栽了一個葡萄園。
9:21 他喝了園中的酒便醉了．在帳棚裡赤著身子。
9:22 「迦南」的父親「含」、看見他父親赤身、就到外邊告訴他兩個弟兄。
9:23 於是「閃」和「雅弗」、拿件衣服搭在肩上、倒退著進去、給他父親蓋上、他們背著臉就看
不見父親的赤身。

9:24「挪亞」醒了酒、知道小兒子向他所作的事。
9:25就說、「迦南」當受咒詛、必給他弟兄作奴僕的奴僕。
9:26又說、「耶和華」「閃」的 神、是應當稱頌的、願「迦南」作「閃」的奴僕。
9:27願 神使「雅弗」擴張、使他住在「閃」的帳棚裡・又願「迦南」作他的奴僕。
9:28「洪水」以後、「挪亞」又活了三百五十年。
9:29共活了九百五十歲就死了。

這段膾炙人口的「挪亞方舟」故事，有幾個重要的事情要分析一下。

⑴上帝「耶和華」見人在地上罪惡很大，終日所思想的盡都是惡。上帝「耶和華」就後悔造人在地上，心中憂傷。上帝「耶和華」說：「我要將所造的人、走獸和昆蟲，以及空中的飛鳥，都從地上除滅，因爲我造他們後悔了。」

萬能的上帝「耶和華」，能夠預知未來，早就知道結果，爲什麼會「後悔」呢？爲什麼會心中會「憂傷」呢？

⑵上帝「耶和華」觀看世界，凡有血氣的人，在地上都敗壞了行爲。上帝「耶和華」就對「挪亞」說：「凡有血氣的人，他的盡頭已經來到我面前，因爲地上滿了他們的強暴，我要把他們和地一併毀滅。」

世界上所有的人，除了「挪亞」一家人之外，都敗壞了行爲。這怎麼可能？世界上所有的種族，不管貧富，都會有「好人」和「壞人」的存在；所有剛出生的嬰兒，都沒有「善惡的觀念」，怎麼可能世界上所有的人，都敗壞了行爲呢？

而且，上帝「耶和華」能夠預知未來，卽使眞的當時世界上所有的人，除了「挪亞」一家人之外，都敗壞了行爲。那上帝「耶和華」要把他們一併毀滅，是早就寫好的劇本嗎？

⑶上帝「耶和華」要使洪水氾濫在地上毀滅天下，凡地上有血肉，有氣息的活物，無一不死。這是一種可怕「濫殺無辜」的行爲，上帝「耶和華」惱怒敗壞行爲的人類，那就應該殺掉這些「敗壞行爲的人類」就好了，爲什麼連所有剛出生，沒有「善惡觀念」的嬰兒都要殺掉，還有地球上所有的「動物」和「植物」都要毀滅掉？它們何辜？有什麼「敗壞的行爲」呢？

⑷更可笑的是，上帝「耶和華」不是說：「我要將所造的人、走獸和昆蟲，以及空中的飛鳥，都從地上除滅，因爲我造他們後悔了。」。既然上帝「耶和華」後悔造人、走獸和昆蟲，以及空中的飛鳥，要把祂所造的各種活物，都要從地上除滅，爲什麼還要「挪亞」帶潔淨的畜類七公七母，不潔淨的畜類一公一母上「方舟」呢？還要留種活在地上，這不是多此一舉嗎？

⑸上帝「耶和華」對「挪亞」說：「你和你的全家都要進入『方舟』，因爲在這世代中，我見你在我面前是『義人』。」

「義人」是什麼樣的人？成爲「義人」的條件是什麼？「義人」的標準是什麼？

在「基督教」的教義，「義人」就是有「義」的人。「義」就是指人與神有一個正確的關係，人只有滿足神的要求，人與神的關係才是正確的。

《聖經》裡面的「義」，是神的一個「屬性」；「義」的字根是「right」，就是「對的」。假如「神」看我們是個「義人」，也就是說，「神」看我們是「對的」。

●《舊約聖經》箴言：

21:2人所行的、在自己眼中都看爲正．惟有「耶和華」衡量「人心」。

這也就是說，上帝「耶和華」評定一個人是「義人」或是「罪人」，全憑藉上帝「耶和華」的衡量「人心」。

我們自認爲自己是「善良的」，做了好多好事；我們認爲自己遵守法律，不作奸犯科，沒有做壞事，達到社會認可的「道德標準」，所以我們認爲自己是個「好人」，這是沒有用的。

我們有沒有「義」，是按照上帝「耶和華」的評判標準，按照祂的眼光來看的。世人需要因爲「信仰神」才稱爲「義」，「不信仰神」只依靠「實行律法」，不能稱爲「義」。

●《新約聖經》羅馬書：

3:20所以凡有血氣的沒有一個、因「行律法」、能在　神面前稱「義」．因爲「律法」本是叫人「知罪」。

●《新約聖經》羅馬書：

4:2 倘若「亞伯拉罕」是因「行爲」稱「義」、就有可誇的．只是在　神面前並無可誇。

4:3 經上說甚麼呢．說、「亞伯拉罕信　神、這就算爲他的義。」

簡單的說，《聖經》上所說的「義人」，是因爲「信仰神」，才稱爲「義」。必須透過「信仰神」，才能夠「得永生」。上帝「耶和華」的「天堂」，只接納「義人」，而「好人」從來不是「上天堂的條件」。因此，一個人是否能夠被「神」接納，取決的要點只有「義」，只有「信仰神」。

●《舊約聖經》創世記：

15:6「亞伯蘭」信「耶和華」、「耶和華」就以此爲他的「義」。

●《新約聖經》羅馬書：

1:17因爲 神的「義」、正在這「福音」上顯明出來．這「義」是本於「信」、以致於「信」．如經上所記、「義人必因信得生」。

「基督教」認爲本來我們都是「罪人」，都沒有「義」，「神」借著「耶穌基督」的「救贖」來拯救我們，讓我們稱「義」，讓「神」看我們是對的，這個作爲是「神的義」。

●《新約聖經》羅馬書：

3:23因爲「世人」都犯了罪、虧缺了 神的「榮耀」。

3:24如今卻蒙 「神的恩典」、因「基督耶穌」的「救贖」、就白白的稱「義」。

在「創世紀」第七章，我們看見上帝「耶和華」稱「挪亞」是個「義人」，就是願意「相信」上帝「耶和華」的話。

「挪亞」的「相信」就定了他「義人」的身分，進入救贖的「方舟」之內。但是，其他人的「不信」就定了自己的「不義」。

所以，上帝「耶和華」的原則很簡單，從「創世」以來至今，相信上帝「耶和華」話語的人，就被定爲「義人」；不相信的人，就沒有「義」的地位，而你不能質疑爲什麼是這樣，因爲這是創造主上帝「耶和華」的定律。

而這也是今日「基督信仰」的核心，當一個人承認自己的「原罪」，願意悔改，並且願意相信接受「耶穌基督」成爲自己的「救世主」，那麼他就被上帝「耶和華」定爲「義人」，享有一個榮耀的身分，可以在「末日第二次審判」之後，進入「天堂」得永生。

(6)「挪亞」爲上帝「耶和華」築了一座壇，拿各類潔淨的牲畜、飛鳥、獻在壇上爲「燔祭」。上帝「耶和華」聞那馨香之氣，就心裡說：「我不再因人的緣故咒詛地，（人從小時心裡懷著惡念）也不再按著我纔行的，滅各種的活物了。」

上帝「耶和華」喜歡「牲祭燒化」，所發出的香味？上帝「耶和華」應該不需要食用「烤過的食物」吧？上帝「耶和華」是「葷食主義者（不是吃素的）」？上帝「耶和華」爲什麼會「經常後悔」祂所做的事情？

(7)上帝「耶和華」在創造「亞當」之後說過：「把蔬菜給你們作食物」，所以「亞當」和「夏娃」是「吃素的」。

●《舊約聖經》創世記：

2:15「耶和華」　神將那人安置在「伊甸園」、使他「修理看守」。

2:16「耶和華」　神吩咐他說、園中各樣樹上的果子、你可以隨意喫．

「大洪水」之後，上帝「耶和華」告訴「挪亞」說：「凡活著的動物，都可以作你們的食物。」

因爲，當時地球上所有的植物都淹爛了，「挪亞」一家人沒有「蔬菜食物」可吃。

●《舊約聖經》創世記：

9:3　凡活著的動物、都可以作你們的食物、這一切我都賜給你們如同「菜蔬」一樣。

「大洪水之前」，人類是「素食的」；「大洪水之後」，人類才開始「葷食」，這是人類飲食習慣的大改變。

可是，上帝「耶和華」雖然允許人類吃肉，卻又耐人尋味的留下一句但書：「惟獨肉帶著血，你們不可喫。」

● **《舊約聖經》創世記：**

9:4 「惟獨肉帶著血」、那就是他的生命、你們不可喫。

「惟獨肉帶著血，你們不可喫。」這是什麼意思？世界上有哪一種動物的肉是不帶著血的？我問過信仰基督教的朋友，他給我的答案是：「把肉煮熟就沒有血了。」。

其實，在《舊約聖經》利末記裡，上帝「耶和華」清楚說明了禁止吃「帶血的肉」的原因，還有如何吃「帶血的肉」？

● **《舊約聖經》利末記：**

17:10 凡「以色列」家中的人、或是寄居在他們中間的「外人」、若喫甚麼血、我必向那喫血的人變臉、把他從民中剪除。

17:11 因爲活物的生命是在血中．我把這血賜給你們、可以在壇上爲你們的生命贖罪．因「血裡有生命」、所以能「贖罪」。

17:12 因此我對「以色列人」說、你們都不可喫血、寄居在你們中間的「外人」、也不可喫血。

17:13 凡「以色列人」、或是寄居在他們中間的「外人」、若打獵得了可喫的禽獸、必「放出他的血來」、用土掩蓋。

17:14 論到一切活物的生命、就在血中、所以我對「以色列人」說、無論甚麼活物的血、你們都不可喫、因爲一切活物的血、就是他的生命．凡喫了血的、必被剪除。

17:15 凡喫自死的、或是被野獸撕裂的、無論是本地人、是寄居的、必不潔淨到晚上、都要洗衣
服、用水洗身．到了晚上、纔爲潔淨。
17:16 但他若不洗衣服、也不洗身、就必擔當他的罪孽。

⑻「挪亞」一家人出「方舟」之後，「挪亞」作起農夫來，栽了一個葡萄園。他喝了園中的酒便醉了，在帳棚裡赤著身子。「迦南」的父親「含」，看見他父親赤身，就到外邊告訴他兩個弟兄。

於是「閃」和「雅弗」，拿件衣服搭在肩上，倒退著進去，給他父親蓋上，他們背著臉就看不見父親的赤身。「挪亞」醒了酒，知道小兒子向他所作的事，就說「迦南」當受咒詛，必給他弟兄作奴僕的奴僕。又說願　神使「雅弗」擴張，使他住在「閃」的帳棚裡；又願「迦南」作他的奴僕。

這又是一件很奇怪的事情，就只因爲「挪亞」的小兒子「含」，看見他父親赤身裸體，就到外邊告訴他兩個弟兄，「挪亞」就惱怒的詛咒小兒子「含」，這件事情有那麼嚴重嗎？

十三、能夠通天的「巴別塔」

「巴別塔」也譯作「巴貝爾塔、巴比倫塔」，或意譯爲「通天塔」，是《舊約聖經》中的一個故事，這個故事解釋了「人類語言多樣的原因」。

在這個故事中，一群只說一種語言的人，在「大洪水」之後，從東方來到了「示拿地」，並決定在這裡修建一座城市和一座「能夠通天的高塔」。上帝「耶和華」見到這種情形，就把他們的語言打亂，讓他們再也不能明白對方的意思，並把他們分散到了世界各地。

●《舊約聖經》創世記：

11:1 那時、天下人的「口音言語」、都是一樣。
11:2 他們往「東邊」遷移的時候、在「示拿地」遇見一片平原、就住在那裡。
11:3 他們彼此商量說、來罷、我們要作磚、把磚燒透了。他們就拿磚當石頭、又拿石漆當灰泥。
11:4 他們說、來罷、我們要建造一座城、和一座塔、塔頂通天、爲要傳揚我們的名、免得我們分
散在全地上。
11:5 「耶和華」降臨要看看世人所建造的城和塔。
11:6 「耶和華」說、看哪、他們成爲一樣的人民、都是一樣的言語、如今既作起這事來、以後他
們所要作的事、就沒有不成就的了。
11:7 「我們」下去、在那裡變亂他們的口音、使他們的言語、彼此不通。
11:8 於是「耶和華」使他們從那裡分散在全地上‧他們就停工、不造那城了。
11:9 因爲「耶和華」在那裡變亂天下人的言語、使衆人分散在全地上、所以那城名叫「巴別」。
（就是「變亂」的意思）

在這個能夠通天的「巴別塔故事」中，有幾個不合邏輯的地方。

⑴那時候，天下人的「口音言語」都是一樣。以現在的科學知識來講，這是不可能的事情。當然，假如「亞當」和「夏娃」眞的是人類的祖先，「亞當」和「夏娃」只說一種語言，他們的後代子孫，代代相傳，當然只說同一種語言。

⑵這座能夠通天的「巴別塔」，製作材料是磚、石頭、石漆、灰泥。以現在的科學知識來講，當

堆高到一定的高度時，因爲重量太重、結構問題和高空強風等問題，「巴別塔」一定會在製造中途倒塌的。

但是，上帝「耶和華」居然會擔心「如今既作起這事來，以後他們所要作的事，就沒有不成就的了。」然後，爲了要阻止「巴別塔」的建成，改變了人類的語言。

上帝「耶和華」到底在怕什麼？一來「巴別塔」是不可能成功建造成的，二來「人類的文明」不可能超越神的。除非是外星人「耶和華指揮官」擔心他們所「複製的人類」，有一天他們的「科學知識」，會和「外星人」的科學知識水準一樣高，到時候會威脅到「外星人的文明」。

(3)這裡的經文又再度提到「我們」，上帝「耶和華」說：「『我們』下去，在那裡變亂他們的口音，使他們的言語，彼此不通。」

上帝「耶和華」到底在跟誰說話？是自言自語？是和「天使們」？還是外星人「耶和華指揮官」在「外星太空船」裡，跟其他的「外星工作人員」說話呢？

十四、「閃」的後代「亞伯拉罕」

●《舊約聖經》創世記：

11:10「閃」的後代記在下面．洪水以後二年、「閃」一百歲生了「亞法撒」。

11:26「他拉」活到七十歲、生了「亞伯蘭、拿鶴、哈蘭」。

11:27「他拉」的後代、記在下面．「他拉」生「亞伯蘭、拿鶴、哈蘭」．「哈蘭」生「羅得」。

11:28「哈蘭」死在他的本地「迦勒底」的「吾珥」、在他父親他拉之先。

11:29「亞伯蘭、拿鶴」、各娶了妻・「亞伯蘭」的妻子名叫「撒萊」・「拿鶴」的妻子名叫「密
迦」、是「哈蘭」的女兒・「哈蘭」是「密迦」和「亦迦」的父親。
11:30「撒萊」不生育、沒有孩子。
11:31「他拉」帶著他兒子「亞伯蘭」、和他孫子「哈蘭」的兒子「羅得」、並他兒婦「亞伯蘭」
的妻子「撒萊」、出了「迦勒底」的「吾珥」、要往「迦南地」去、他們走到「哈蘭」就住
在那裡。
11:32「他拉」共活了二百〇五歲、就死在「哈蘭」。

「猶太教」的「神話」傳說，就到此結束。從「亞伯蘭（亞伯拉罕）」開始，接下來的經文，才算是「猶太教」眞正的歷史。

第二單元 猶太教的歷史

一、「希伯來人」、「猶太人」和「以色列人」的關係

在聖經中常見到「希伯來人」、「猶太人」和「以色列人」的稱呼，這些不同的名稱，所指的全都是「以色列人」。名稱會不同，是因爲在歷史的發展過程中，所涵蓋的對象不同。

（一）希伯來人（Hebrew）

「希伯來人」主要是用來稱呼從「亞伯拉罕」到「摩西」時期的「古猶太人」。《舊約聖經》裡第一次出現「希伯來人」這個名稱，是在「創世記」第十四章第十三節。

●《舊約聖經》創世記：

14:13 有一個逃出來的人、告訴「希伯來人」「亞伯蘭」．「亞伯蘭」正住在「亞摩利人」「幔利」的橡樹那裡．「幔利」和「以實各」、並「亞乃」都是弟兄、曾與「亞伯蘭」聯盟。

在《舊約聖經》中，會使用「希伯來人」這個名稱，大多是在跟「外族（包括埃及人、巴比倫人、迦南人、非利士人）」相提並論的情況之下，以表示與「外族」有所區別。

（二）以色列人（Israel）

在《舊約聖經》中，「以色列人」有許多涵意，簡介如下：

(1)「希伯來人」的祖先「亞伯拉罕」生「以撒」，「以撒」生「雅各」，「雅各」在「雅博」渡口跟一位天使摔跤後，得到「神」的賜名「以色列」。「雅各」的十二個兒子，就是後來「以色列民族」分爲十二個支派的祖先，所以他是「以色列人」的始祖。

●《舊約聖經》創世記：

32:28 那人（天使）說、你的名不要再叫「雅各」、要叫「以色列」、因爲你與 神與人較力、都得了勝。

●《舊約聖經》創世記：

35:9 「雅各」從「巴旦亞蘭」回來、 神又向他顯現賜福與他．
35:10 且對他說、你的名原是「雅各」、從今以後不要再叫「雅各」、要叫「以色列」、這樣、他就改名叫「以色列」。

(2)「以色列王國」的第三任國王「所羅門王」過世後，國家分裂爲南北兩國。北方十個支派仍稱「以色列王國（北國）」，南方二個支派另外組成「猶大王國（南國）」。

公元前七二二年，「以色列王國（北國）」被「亞述帝國」所滅，十個支派被分散在異邦或被外族同化；再過一個半世紀，「猶大王國（南國）」也被「巴比侖人」滅亡。但是，這兩個支派很幸運，雖然被「巴比侖人」驅逐出境，卻保守住了他們自己的血統和宗教信仰，並且一直綿延至今。

「先知」談論到被俘擄的百姓時，又以「以色列人」指所有亡國的「南國猶大」的人民和「北國以色列」的人民。

●《舊約聖經》以西結書：

3:1 他對我說、人子阿、要喫你所得的、要喫這書卷、好去對「以色列」家講說。

●《舊約聖經》以西結書：

4:13「耶和華」說、「以色列人」在我所趕他們到的各國中、也必這樣喫不潔淨的食物。

●《舊約聖經》以賽亞書：

1:3 牛認識主人、驢認識主人的槽．「以色列」卻不認識、我的民卻不留意。

1:4 嗐、犯罪的國民、擔著罪孽的百姓、行惡的種類、敗壞的兒女．他們離棄「耶和華」、藐視「以色列」的聖者、與他生疏、往後退步。

●《舊約聖經》以賽亞書：

5:7 萬軍之「耶和華」的葡萄園、就是「以色列」家、他所喜愛的樹、就是「猶大人」．他指望的是公平、誰知倒有暴虐．（或作倒流人血）指望的是公義、誰知倒有冤聲。

●《舊約聖經》耶利米書：

2:3 那時「以色列」歸「耶和華」爲聖、作爲土產初熟的果子．凡吞喫他的、必算爲有罪．災禍必臨到他們．這是耶和華說的。

2:4 「雅各」家、「以色列」家的各族阿、你們當聽「耶和華」的話。

(3)「以色列人」這個名稱，是表明與神立約，得到神的應許和祝福的百姓。因此，「以色列人」也泛指屬於神的子民。

（三）猶太人（Jew）

(1)「南國猶大」和「北國以色列」相繼被滅亡後，「以色列人」先後被「巴比倫、瑪代、波斯、希臘、羅馬」等帝國統治。「猶太人」這個名稱，變爲泛指一切居於「巴勒斯坦」而且與「以色列」血統及宗教有關的人民，是有別於其他宗教與種族的人。

(2)在「新約時代」，「希臘人」和「羅馬人」占領「猶大地」之後，稱該地爲「猶太地」，居住該地的百姓就被稱爲「猶太人」。

(3)「保羅」在書信中常用「猶太人」作爲「以色列人」的同義詞，與「外邦人」作比對。

●**《新約聖經》羅馬書：**

1:16 我不以福音爲恥．這福音本是　神的大能、要救一切相信的、先是「猶太人」、後是「希利尼人」。

●**《新約聖經》哥林多前書：**

1:23 我們卻是傳釘十字架的「基督」、在「猶太人」爲絆腳石、在「外邦人」爲愚拙、

(4)到了今天，「猶太人」這名稱往往不再限於民族血統上的「猶太人」，更包信奉「猶太教」、持守「猶太人」傳統的人士。

二、「猶太人」的起源

「猶太人（Jews）」起源於公元前二千年左右的「中東地區」，大概是現在的以色列、敘利亞和黎巴嫩一帶，歷史上這個地區被稱爲「迦南（Canaan）」。「猶太人（Jews）」的祖先爲「希伯來人（Hebrews）」，是「阿拉伯半島」的遊牧民族，原始血緣與「阿拉伯人」相近，屬於「閃米特人」的一支，是一個生活於「迦南」地區的「閃米特語部落（Semitic-speaking tribes）」。

根據《舊約聖經》創世紀的記載，人類的祖先「亞當」生了「塞特」，「塞特」生了「以挪

士」，「以挪士」生了「該南」，「該南」生了「瑪勒列」，「瑪勒列」生了「雅列」，「雅列」生了「以諾」，「以諾」生了「瑪土撒拉」，「瑪土撒拉」生了「拉麥」，「拉麥」生了「挪亞」。

「挪亞」在五百歲時，生了三個兒子：「閃」、「含」以及「雅弗」。相傳「挪亞」的兒子「閃（Shem）」，就是「閃米特人」的祖先，也就是「猶太人」的始祖。

●《舊約聖經》創世記：

9:18 出方舟「挪亞」的兒子、就是「閃、含、雅弗」．「含」是「迦南」的父親。

●《舊約聖經》創世記：

9:26 又說、「耶和華」「閃」的 神、是應當稱頌的、願「迦南」作「閃」的奴僕。

三、「以色列人」的始祖「亞伯拉罕」

繼續往下看「閃」的族譜，「閃」生了「亞法撒」，「亞法撒」生了「沙拉」，「沙拉」生了「希伯」，「希伯」生了「法勒」，「法勒」生了「拉吳」，「拉吳」生了「西鹿」，「西鹿」生了「拿鶴」，「拿鶴」生了「他拉」，「他拉」生了「亞伯蘭」、「拿鶴」、「哈蘭」。

上帝「耶和華」非常疼愛「亞伯蘭」，「耶和華」指示「亞伯蘭」到「迦南地」，並且許下諾言，讓「亞伯蘭」的後代子孫成爲大國。

●《舊約聖經》創世記：

12:1 「耶和華」對「亞伯蘭」說、你要離開本地、本族、父家、往我所要指示你的地去。

12:2 我必叫你成爲大國．我必賜福給你、叫你的名爲大、你也要叫別人得福。

「亞伯蘭」遵循上帝「耶和華」的指示，帶著家族的人沿著「幼發拉底河」朝西北方遷移。之後，他們來到了「迦南（今以色列／巴勒斯坦一帶）」。不過，當時在「迦南」這個地方，已經有土著民族存在了。當時的「迦南人」，把外來的這些「閃米特人」叫做「希伯來人」，意思是「從幼發拉底河那邊來的人」。

●《舊約聖經》創世記：

12:5 「亞伯蘭」將他妻子「撒萊」、和姪兒「羅得」、連他們在「哈蘭」所積蓄的財物、所得的人口、都帶往「迦南地」去．他們就到了「迦南地」。

12:6 「亞伯蘭」經過那地、到了「示劍」地方「摩利橡樹」那裡．那時「迦南人」住在那地。

在這裡先簡介一下「亞伯蘭」，因為他是一位非常重要的古代歷史人物，「猶太人」、「基督徒」和「穆斯林」都公認他是「以色列人的始祖」。

上帝「耶和華」不只疼愛「亞伯蘭」，還和「亞伯蘭」立約，「亞伯蘭」是全人類，第一個和上帝「耶和華」立下約定的人。立約之後，上帝「耶和華」幫「亞伯蘭」改名字為「亞伯拉罕」，意思是「多國之父」。

「亞伯拉罕」有二個同父異母兒子，他的妾侍「夏甲」生下大兒子「以實瑪利」，他的元配妻子「撒拉」生下小兒子「以撒」。

大兒子「以實瑪利」是「伊斯蘭教（回教）」創始人「穆罕默德」的先祖，所以「伊斯蘭教」尊稱「亞伯拉罕」為「先知」。

小兒子「以撒」是「基督教」創始人「耶穌」的先祖，所以「基督教」也尊稱「亞伯拉罕」為

「先知」。

所以，「亞伯拉罕」就成爲「猶太教」、「基督教」和「伊斯蘭教」等宗教的共同「先知」，這三大教派又被稱爲「亞伯拉罕諸教」。

因此，當今世界三大宗教，「猶太教」、「基督教」和「伊斯蘭教」的恩怨情仇，居然源自於「亞伯拉罕」的家族史，這是非常奇特罕見的事情。

我們繼續往下看，在《舊約聖經》裡，是如何記載這段「亞伯拉罕（亞伯蘭）」家族的「恩怨情仇史」。

先簡單敘述故事的內容：「亞伯蘭」的妻子名叫「撒萊」，「撒萊」是「亞伯蘭」同父異母的妹妹。「撒萊」有一個「使女」名叫「夏甲」，是埃及人。「撒萊」不能生育，於是叫「亞伯蘭」跟他的「使女」同房。「亞伯蘭」與「夏甲」同房，「夏甲」就懷了孕，生了一個兒子「以實瑪利（Ishmael）」。

因爲「夏甲」在生下「以實瑪利」之後，母以子爲貴，就輕視主母「撒拉」，「撒拉」便虐待「夏甲」和「以實瑪利」，更要求「亞伯蘭」趕走「夏甲」母子倆。不久，「撒拉」又在上帝「耶和華」的預言下老來生子，爲「亞伯蘭」生下另一個兒子「以撒（Isaac）」。

後來，「以實瑪利」住在曠野，成爲弓箭手，受上帝「耶和華」應許成爲大國的祖先。日後的「阿拉伯人」即爲「以實瑪利」的後代，而「猶太人」則是「以撒」的後代。

●《舊約聖經》創世記：

20:12 況且他（撒萊）也實在是我（亞伯蘭）的妹子、他與我是同父異母、後來作了我的妻子。

11:29「亞伯蘭」、拿鶴、各娶了妻・「亞伯蘭」的妻子名叫「撒萊」・拿鶴的妻子名叫密迦、是
哈蘭的女兒・哈蘭是密迦和亦迦的父親。
11:30「撒萊」不生育、沒有孩子。
16:1「亞伯蘭」的妻子「撒萊」不給他生兒女・「撒萊」有一個使女名叫「夏甲」、是埃及人。
16:2「撒萊」對「亞伯蘭」說、「耶和華」使我不能生育、求你和我的使女同房、或者我可以因
他得孩子。〔得孩子原文作被建立〕「亞伯蘭」聽從了「撒萊」的話。
16:3於是「亞伯蘭」的妻子「撒萊」、將「使女」埃及人「夏甲」給了丈夫爲妾・那時「亞伯
蘭」在「迦南」已經住了十年。
16:4「亞伯蘭」與「夏甲」同房、「夏甲」就懷了孕・他見自己有孕、就小看他的主母。
16:5「撒萊」對「亞伯蘭」說、我因你受屈、我將我的「使女」放在你懷中、他見自己有了孕就
小看我、願「耶和華」在你我中間判斷。
16:6「亞伯蘭」對「撒萊」說、「使女」在你手下、你可以隨意待他・「撒萊」苦待他、他就從
「撒萊」面前逃走了。
16:7「耶和華的使者」在曠野、「書珥」路上的水泉旁遇見他、
16:8對他說、「撒萊」的使女「夏甲」、你從那裡來、要往那裡去・「夏甲」說、我從我的主母
「撒萊」面前逃出來。
16:9「耶和華的使者」對他說、你回到你主母那裡、服在他手下。
16:10又說、我必使你的後裔極其繁多、甚至不可勝數。

16:11 並說、你如今懷孕要生一個兒子、可以給他起名叫「以實瑪利」、因爲「耶和華」聽見了你的苦情。〔「以實瑪利」就是　神聽見的意思〕

16:12 他爲人必像「野驢」．他的手要攻打人、人的手也要攻打他、他必住在「衆弟兄的東邊」。

16:15 後來「夏甲」給「亞伯蘭」生了一個兒子．「亞伯蘭」給他起名叫「以實瑪利」。

16:16 「夏甲」給「亞伯蘭」生「以實瑪利」的時候、「亞伯蘭」年八十六歲。

上帝「耶和華」不只疼愛「亞伯蘭」，還和「亞伯蘭」立約。立約之後，上帝「耶和華」幫「亞伯蘭」改名字爲「亞伯拉罕（Abraham）」，意思是「多國之父」。

後來，「亞伯拉罕」果然成爲「猶太教」、「基督教」和「伊斯蘭教」等宗教的「先知」，這三大教派又被稱爲「亞伯拉罕諸教」。

● **《舊約聖經》創世記：**

17:1 年「亞伯蘭」九十九歲的時候、「耶和華」向他顯現、對他說、我是全能的　神、你當在我面前作完全人。

17:2 我就與你立約、使你的後裔極其繁多。

17:3 「亞伯蘭」俯伏在地、　神又對他說。

17:4 我與你立約、你要作「多國的父」。

17:5 從此以後、你的名不再叫「亞伯蘭」、要叫「亞伯拉罕」、因爲我已立你作「多國的父」。

17:6 我必使你的後裔極其繁多、國度從你而立、君王從你而出。

17:7 我要與你並你世世代代的後裔堅立我的約、作永遠的約、是要作你和你後裔的　神。

17:8 我要將你現在寄居的地、就是「迦南全地」、賜給你和你的後裔、永遠爲業・我也必作他們的 神。

17:9 神又對「亞伯拉罕」說、你和你的後裔必世世代代遵守我的約。

17:10 你們所有的男子、都要受「割禮」、這就是我與你、並你的後裔所立的約、是你們所當遵守的。

「割禮」就是「包皮切割」，是一種宗教儀式，通常是指對男孩施行的「割禮」，方法是「把陰莖上的包皮割去」。

其實在「古埃及時代」，就已經有關於「割禮」的描述，中東的不少宗教，也有施行「割禮」。「猶太教」則視「割禮」爲上帝「耶和華」吩咐的命令，是必須遵行的宗教行爲。「猶太人」的男孩，在出生後第八天，要進行「割禮」，至今大部分的「猶太人」都遵從這個規則。

●《舊約聖經》創世記：

17:15 神又對「亞伯拉罕」說、你的妻子「撒萊」、不可再叫「撒萊」、他的名要叫「撒拉」。

17:16 我必賜福給他、也要使你從他得一個兒子、我要賜福給他、他也要作多國之母、必有百姓的君王從他而出。

17:17 「亞伯拉罕」就俯伏在地喜笑、心裡說、一百歲的人、還能得孩子麼・「撒拉」已經九十歲了、還能生養麼。

17:18 「亞伯拉罕」對 神說、但願「以實瑪利」活在你面前。

17:19 神說、不然、你妻子「撒拉」要給你生一個兒子、你要給他起名叫「以撒」、我要與他堅定所立的約、作他後裔永遠的約。
17:20至於「以實瑪利」、我也應允你、我必賜福給他、使他昌盛極其繁多、他必生十二個族長、
我也要使他成爲大國。
17:21到明年這時節、「撒拉」必給你生「以撒」、我要與他堅定所立的約。

後來，上帝「耶和華」果然實現祂的括諾言。有一天，上帝「耶和華」帶二位天使來找「亞伯拉罕」。

●《舊約聖經》創世記：

18:1「耶和華」在「幔利橡樹」那裡、向「亞伯拉罕」顯現出來・那時正熱、「亞伯拉罕」坐在
帳棚門口。
18:2舉目觀看、見有三個人在對面站著・他一見、就從帳棚門口跑去迎接他們、俯伏在地、
18:3說、我主、我若在你眼前蒙恩、求你不要離開「僕人」往前去。
18:9他們問「亞伯拉罕」說、你妻子「撒拉」在那裡、他說、在帳棚裡。
18:10三人中有一位說、到明年這時候、我必要回到你這裡、你的妻子「撒拉」必生一個兒子・
「撒拉」在那人後邊的帳棚門口、也聽見了這話。
18:11「亞伯拉罕」和「撒拉」年紀老邁、「撒拉」的月經已斷絕了。
18:12「撒拉」心裡暗笑、說、我既已衰敗、我主也老邁、豈能有這喜事呢。
18:13「耶和華」對「亞伯拉罕」說、「撒拉」爲甚麼暗笑、說、我既已年老、果眞能生養嗎。
18:14「耶和華」豈有難成的事麼・到了日期、明年這時候、我必回到你這裡、「撒拉」必生一個

兒子。
18:15「撒拉」就害怕、不承認、說、我沒有笑．那位說、不然、你實在笑了。
21:2 當「亞伯拉罕」年老的時候、「撒拉」懷了孕．到　神所說的日期、就給「亞伯拉罕」生了
一個兒子。
21:3 「亞伯拉罕」給「撒拉」所生的兒子起名叫「以撒」。
21:5 他兒子「以撒」生的時候、「亞伯拉罕」年一百歲。
21:9 當時、「撒拉」看見埃及人「夏甲」給「亞伯拉罕」所生的兒子戲笑、
21:10就對「亞伯拉罕」說、你把這使女、和他兒子趕出去、因爲這使女的兒子、不可與我的兒子
「以撒」、一同承受產業。
21:11「亞伯拉罕」因他兒子的緣故很憂愁。
21:12神對「亞伯拉罕」說、你不必爲這童子和你的使女憂愁、凡「撒拉」對你說的話、你都該聽
從．因爲從「以撒」生的、纔要稱爲你的後裔。
21:13至於使女的兒子、我也必使他的後裔成立一國、因爲他是你所生的。
21:14「亞伯拉罕」清早起來、拿餅和一皮袋水、給了「夏甲」、搭在他的肩上、又把孩子交給
他、打發他走．「夏甲」就走了、在「別是巴」的曠野走迷了路。
21:15皮袋的水用盡了、「夏甲」就把孩子撇在小樹底下、
21:16自己走開約有一箭之遠、相對而坐、說、我不忍見孩子死、就相對而坐、放聲大哭。
21:17神聽見童子的聲音．　「神的使者」從天上呼叫「夏甲」說、「夏甲」、你爲何這樣呢、不

要害怕、 神已經聽見童子的聲音了。
21:18 起來、把童子抱在懷中、（懷原文作手）我必使他的後裔成爲大國。
21:19 神使「夏甲」的眼睛明亮、他就看見一口水井、便去將皮袋盛滿了水、給童子喝。
21:20 神保佑童子、他就漸長、住在曠野、成了弓箭手。
21:21 他住在「巴蘭」的曠野、他母親從埃及地給他娶了一個妻子。

故事看到這裡，我不禁有許多疑問。上帝「耶和華」不是能夠預知未來嗎？那爲什麼無法阻止祂的信徒們，當今世界三大宗教，「猶太教」、「基督教」和「伊斯蘭教」之間的互相敵視、排擠、攻擊和戰爭呢？

例如：「基督教」對「伊斯蘭教」發動持續將近二百年的「十字軍東征」；「伊斯蘭教」對「猶太教」發動五次的「以阿戰爭」，這是二十世紀中期，「以色列」建國後，與「埃及」、「敘利亞」等周圍阿拉伯國家，所進行的五次大規模戰爭；還有現代「伊斯蘭教」的「基地恐怖組織」發動對美國、西歐等「基督教」國家的恐怖攻擊事件，至今都還沒有停息。

上帝「耶和華」一定早知道「亞伯拉罕」的妻子「撒萊」不能生育，假如上帝「耶和華」早一點讓「撒萊」懷孕生下「以撒」，那「以撒」就不會被迫把使女「夏甲」給「亞伯拉罕」做妾，「夏甲」就不會生下「以實瑪利」，沒有「以實瑪利」，就沒有他的後代子孫「穆罕默德」，沒有「穆罕默德」，就沒有「伊斯蘭教」，那就沒有後來「基督教」和「伊斯蘭教」的戰爭，到今天都未停止。

我推測上帝「耶和華」一定早知道「亞伯拉罕」的妻子「撒萊」不能生育，「撒萊」會被迫把使女「夏甲」給「亞伯拉罕」做妾「夏甲」會生下「以實瑪利」，「以實瑪利」的後代子孫「穆罕默德」會創立「伊斯蘭教」。因為，上帝「耶和華」預言「伊斯蘭教」的誕生，會成為大國，會不斷的發動戰爭，我們再一次回顧上帝「耶和華」的預言。

●《舊約聖經》創世記：

16:6 「亞伯蘭」對「撒萊」說、使女在你手下、你可以隨意待他．「撒萊」苦待他、他就從「撒萊」面前逃走了。

16:7 「耶和華的使者」在曠野、「書珥」路上的水泉旁遇見他。

16:8 對他說、「撒萊」的使女「夏甲」、你從那裡來、要往那裡去．「夏甲」說、我從我的主母「撒萊」面前逃出來。

16:9 「耶和華的使者」對他說、你回到你主母那裡、服在他手下。

16:10 又說、我必使你的後裔極其繁多、甚至不可勝數。

16:11 並說、你如今懷孕要生一個兒子、可以給他起名叫「以實瑪利」、因為「耶和華」聽見了你的苦情。（「以實瑪利」就是　神聽見的意思）

16:12 他為人必像「野驢」．他的手要攻打人、人的手也要攻打他、他必住在眾弟兄的東邊。

16:15 後來「夏甲」給「亞伯蘭」生了一個兒子．「亞伯蘭」給他起名叫「以實瑪利」。

《聖經》中時常提到「驢」，「耶穌」就是騎驢進聖城「耶路撒冷」。

●《新約聖經》馬太福音：

21:7 牽了「驢」和驢駒來、把自己的衣服搭在上面、「耶穌」就騎上。

21:10 「耶穌」既進了「耶路撒冷」、合城都驚動了、說、這是誰。

上帝「耶和華」預言「以實瑪利」的爲人，必像「野驢」。爲什麼上帝「耶和華」會用「野驢」來形容「以實瑪利」的爲人處世態度呢？

「驢」是中東地區最常見的一種家畜，體型比馬小，主要用做馱人或物的用途。「驢」的本性十分馴良，「驢」的一生服事牠的主人，忠心順服，毫無怨言。所以，上帝「耶和華」用「野驢」來形容「以實瑪利」會一生忠心順服於祂。

可是，上帝「耶和華」又預言：「他（以實瑪利）的手要攻打人、人的手也要攻打他、他必住在衆弟兄的東邊。」

「以實瑪利」同父異母的弟弟是「以撒」，日後的「阿拉伯人」卽爲「以實瑪利」的後代，而「猶太人」則是「以撒」的後代。

翻開「中東地區」的地圖，「以色列」東邊的國家有「約旦」、「敍利亞」、「伊拉克」、「伊朗」、「科威特」、「沙烏地阿拉伯」等國家，大多是「阿拉伯人」，而且都信仰「伊斯蘭教」。

所以，上帝「耶和華」預言「以實瑪利」的後代子孫「阿拉伯人」，必住在「衆弟兄」的「東邊」，也就是「以色列」的「東邊」，這些信仰「伊斯蘭教」的國家。

可是，上帝「耶和華」預言說：「他（以實瑪利）的手要攻打人、人的手也要攻打他。」可見，上帝「耶和華」老早就知道，後代的「猶太人」和「阿拉伯人」會是世仇，世世代代，打打殺殺，沒完沒了。

而這個仇恨的根源，就從「阿拉伯人」的始祖「以實瑪利」，和他的媽媽「夏甲」，母子倆被「以撒」的媽媽「撒拉」趕出家門開始。

我的疑問是：上帝「耶和華」老早就知道這個結局的，爲什麼不阻止這種「兄弟自殘」悲劇的發生呢？

另外，我還有一個疑問：上帝「耶和華」是無所不知的神，祂應該知道「亞伯拉罕」的心思，居然還要用一種駭人聽聞的方法，來試驗「亞伯拉罕」對祂的忠心。

●《舊約聖經》創世記：

22:1　這些事以後、　神要試驗「亞伯拉罕」、就呼叫他說、「亞伯拉罕」、他說、我在這裡。

22:2　神說、你帶著你的兒子、就是你獨生的兒子、你所愛的「以撒」、往「摩利亞地」去、在我所要指示你的山上、把他獻爲「燔祭」。

「燔祭」是指將所獻上的整隻「祭牲」，完全燒在祭壇上，全部經火燒成灰的一種祭祀儀式。「燔祭」是「猶太教」的「五祭（燔祭、素祭、平安祭、贖罪祭、贖愆祭）」之一，也是允許「非猶太人」到聖殿獻上的一種祭。「猶太教」的「燔祭」是《舊約聖經・利未記》中提到的第一種祭物，需要將這種祭祀，不可爲任何人留下一點肉，被認爲是最好的一種祭祀。

上帝「耶和華」居然要求「亞伯拉罕」，把他的兒子「以撒」當作「祭牲」，完全燒在祭壇上。令人驚訝的是，「亞伯拉罕」居然沒有問原因，就照上帝「耶和華」的指示，把他的兒子「以撒」帶到山上。「亞伯拉罕」冷血的程度，眞是令人不寒而慄。

●《舊約聖經》創世記：

22:3　「亞伯拉罕」清早起來、備上驢、帶著兩個僕人和他兒子「以撒」、也劈好了燔祭的柴、就起身往　神所指示他的地方去了。

22:4 到了第三日、「亞伯拉罕」舉目遠遠的看見那地方。
22:5 「亞伯拉罕」對他的僕人說、你們和驢在此等候、我與童子往那裡去拜一拜、就回到你們這
裡來。
22:6 「亞伯拉罕」把「燔祭」的柴放在他兒子「以撒」身上、自己手裡拿著火與刀・於是二人同
行。
22:7 「以撒」對他父親「亞伯拉罕」說、父親哪。「亞伯拉罕」說、我兒、我在這裡。「以撒」
說、請看、火與柴都有了、但「燔祭」的羊羔在哪裡呢。
22:8 「亞伯拉罕」說、我兒、 神必自己預備作「燔祭」的羊羔・於是二人同行。
22:9 他們到了 神所指示的地方、「亞伯拉罕」在那裡築壇、把柴擺好、捆綁他的兒子「以
撒」、放在壇的柴上。
22:11 「耶和華的使者」從天上呼叫他說、「亞伯拉罕、亞伯拉罕」、他說、我在這裡。
22:12 「天使」說、你不可在這童子身上下手、一點不可害他・現在我知道你是敬畏 神的了、因
爲你沒有將你的兒子、就是你獨生的兒子、留下不給我。
22:13 「亞伯拉罕」舉目觀看、不料、有一隻公羊、兩角扣在稠密的小樹中、「亞伯拉罕」就取了
那隻公羊來、獻爲燔祭、代替他的兒子。
22:14 亞伯拉罕給那地方起名叫耶和華以勒、（意思就是耶和華必預備）直到今日人還說、在耶和
華的山上必有預備。
22:15 「耶和華的使者」第二次從天上呼叫「亞伯拉罕」說。

22:16「耶和華」說你既行了這事、不留下你的兒子、就是你獨生的兒子、我便指著自己起誓說、
22:17 論福、我必賜大福給你、論子孫、我必叫你的子孫多起來、如同天上的星、海邊的沙、你子孫必得著仇敵的城門。
22:18 並且地上萬國都必因你的後裔得福、因爲你聽從了我的話。

四、上帝毀滅「所多瑪」和「蛾摩拉」

「所多瑪（Sodom）」和「蛾摩拉（Gomorrah）」是《舊約聖經》所記載的兩座城市，經現代「考古學家」研究，發現極可能位於「約旦河」東岸、「死海」以北的位置。

在《舊約聖經》創世記中提到，「所多瑪」與「蛾摩拉」是「摩押平原（死海的東南面）」五城中的兩座，該五城分別是「所多瑪、蛾摩拉、押瑪、洗扁和瑣珥。」

●《舊約聖經》創世記：

14:2 他們都攻打所多瑪王「比拉」、蛾摩拉王「比沙」、押瑪王「示納」、洗扁王「善以別」、和比拉王．「比拉」就是「瑣珥」。
14:3 這五王都在「西訂谷」會合．「西訂谷」就是「鹽海」。

「亞伯拉罕」跟他的姪兒「羅得」分離時，「羅得」就選擇了「約旦河平原」上的城邑，往東遷移直到「所多瑪」，因爲當時「約旦河」的全平原直到「瑣珥」都是較富庶的。

●《舊約聖經》創世記：

13:12「亞伯蘭」住在「迦南地」、「羅得」住在平原的城邑、漸漸挪移帳棚、直到「所多瑪」。

13:13「所多瑪」人在「耶和華」面前罪大惡極。

「所多瑪」跟「蛾摩拉」是兩座「迦南」地區的城市，城裡的居民不信奉上帝「耶和華」，又「喜好淫亂」，這下可惹惱了上帝「耶和華」。

上帝「耶和華」因爲「所多瑪」和「蛾摩拉」的罪惡，要毀滅這兩座城市，「亞伯拉罕」向祂求情，上帝「耶和華」答應，若在城中能夠找到十個義人，他就不毀那城。

結果，上帝「耶和華」所派的兩位「天使」一去，所看見的「義人（相信神的人）」，唯有「羅得」一家，「天使」告訴「羅得」到山上避難，逃難時千萬不可回頭看，「羅得」的妻不遵神諭回頭看了一眼，就化作「鹽柱」。

上帝「耶和華」爲什麼要降下「大火」來毀滅「所多瑪」和「蛾摩拉」呢？因爲這兩座城裡的百姓，胡作非爲，自以爲是，驕傲淫亂敗壞，已經到了人神共憤的地步。

除了在「以西結書」中，說到「所多瑪」和「蛾摩拉」的居民，他們都心驕氣傲，糧食飽足，大享安逸，並沒有扶助困苦和窮乏之人的手，他們狂傲在神面前行可憎的事，所以上帝「耶和華」要將他們除掉。

●《舊約聖經》以西結書：

16:49 看哪、你妹妹「所多瑪」的罪孽是這樣、他和他的衆女都心驕氣傲、糧食飽足、大享安逸、
並沒有扶助困苦和窮乏之人的手。
16:50 他們狂傲、在我面前行可憎的事、我看見便將他們除掉。

最讓上帝「耶和華」無法容忍的事情，就是「性氾濫的敗壞」，簡直到了「前無古人後無來者」

的地步。

上帝「耶和華」派去的兩個「天使」，被「羅得」盛情接待到家裡要住一晚。不料，「所多瑪」城裡各處的人，聽到風聲有陌生人來了，竟然「連老帶少」都來圍住「羅得」的家，企圖仗著聚眾人多的優勢，強逼「羅得」要把這兩個人交出來「雞姦」他們。

新國際版的《舊約聖經》，直接譯爲：「我們要與他們交合」，而且從上下文可以知道，這是男性與男性之間的交合，也就是「同性性行爲」。所以，「所多瑪」在現今的歐美地區，已經成爲「同性戀」的代名詞，就是起源於這個典故。

● **《舊約聖經》創世記：**

18:16 三人就從那裡起行、向「所多瑪」觀看、「亞伯拉罕」也與他們同行、要送他們一程。

18:17 「耶和華」說、我所要作的事、豈可瞞著「亞伯拉罕」呢．

18:18 「亞伯拉罕」必要成爲強大的國、地上的萬國都必因他得福。

18:19 我眷顧他、爲要叫他吩咐他的衆子、和他的眷屬、遵守我的道、秉公行義、使我所應許「亞伯拉罕」的話都成就了。

18:20 「耶和華」說、「所多瑪」和「蛾摩拉」的罪惡甚重、聲聞於我。

18:21 我現在要下去、察看他們所行的、果然盡像那達到我耳中的聲音一樣麼．若是不然、我也必知道。

18:22 二人轉身離開那裡、向「所多瑪」去、但「亞伯拉罕」仍舊站在「耶和華」面前。

18:23 「亞伯拉罕」近前來說、無論善惡、你都要剿滅麼。

18:24假若那城裡有五十個義人、你還剿滅那地方麼。不爲城裡這五十個義人饒恕其中的人麼。
18:25將義人與惡人同殺、將義人與惡人一樣看待、這斷不是你所行的・審判全地的主、豈不行公
義麼。
18:26「耶和華」說、我若在「所多瑪」城裡見有五十個義人、我就爲他們的緣故、饒恕那地方的
眾人。
18:27「亞伯拉罕」說、我雖然是灰塵、還敢對主說話。
18:28假若這五十個義人短了五個、你就因爲短了五個毀滅全城麼・他說、我在那裡若見有四十五
個、也不毀滅那城。
18:29「亞伯拉罕」又對他說、假若在那裡見有四十個怎麼樣呢・他說、爲這四十個的緣故、我也
不作這事。
18:30「亞伯拉罕」說、求主不要動怒、容我說・假若在那裡見有三十個怎麼樣呢・他說、我在那
裡若見有三十個、我也不作這事。
18:31「亞伯拉罕」說、我還敢對主說話、假若在那裡見有二十個怎麼樣呢・他說、爲這二十個的
緣故、我也不毀滅那城。
18:32「亞伯拉罕」說、求主不要動怒、我再說這一次、假若在那裡見有十個呢・他說、爲這十個
的緣故、我也不毀滅那城。
18:33「耶和華」與「亞伯拉罕」說完了話就走了・「亞伯拉罕」也回到自己的地方去了。
19:1那兩個「天使」晚上到了「所多瑪」・「羅得」正坐在「所多瑪」城門口・看見他們、就起來

迎接、臉伏於地下拜、
19:2 說、我主阿、請你們到僕人家裡洗洗腳、住一夜、清早起來再走・他們說、不、我們要在街
上過夜。
19:3 「羅得」切切的請他們、他們這纔進去到他屋裡・「羅得」爲他們預備筵席、烤無酵餅、他
們就喫了。
19:4 他們還沒有躺下、「所多瑪」城裡各處的人、連老帶少、都來圍住那房子・
19:5 呼叫「羅得」說、今日晚上到你這裡來的人在哪裡呢・把他們帶出來、任我們所爲。
19:6 「羅得」出來、把門關上、到眾人那裡。
19:7 說、眾弟兄請你們不要作這惡事。
19:8 我有兩個女兒、還是「處女」、容我領出來任憑你們的心願而行、只是這兩個人既然到我舍
下、不要向他們作甚麼。
19:9 眾人說、退去罷・又說、這個人來寄居、還想要作官哪・現在我們要害你比害他們更甚、眾
人就向前擁擠「羅得」、要攻破房門。
19:10 只是那二人伸出手來、將「羅得」拉進屋去、把門關上。
19:11 並且使門外的人、無論老少、眼都昏迷・他們摸來摸去、總尋不著房門。
19:12 二人對「羅得」說、你這裡還有甚麼人麼・無論是女婿、是兒女、和這城中一切屬你的人、
你都要將他們從這地方帶出去。
19:13 我們要毀滅這地方、因爲城內罪惡的聲音、在「耶和華」面前甚大、「耶和華」差我們來、

要毀滅這地方。
19:14 「羅得」就出去、告訴娶了他女兒的女婿們、〔「娶了」或作「將要娶」〕說、你們起來離
開這地方、因爲「耶和華」要毀滅這城·他女婿們卻以爲他說的是戲言。
19:15 天明了、「天使」催逼「羅得」說、起來、帶著你的妻子、和你在這裡的兩個女兒出去、免
得你因這城裡的罪惡、同被剿滅。
19:16 但「羅得」遲延不走·二人因爲「耶和華」憐恤「羅得」、就拉著他的手、和他妻子的手、
並他兩個女兒的手、把他們領出來、安置在城外。
19:17 領他們出來以後、就說、逃命罷·「不可回頭看」、也不可在平原站住、要往山上逃跑、免
得你被剿滅。
19:18 「羅得」對他們說、我主阿、不要如此。
19:19 你僕人已經在你眼前蒙恩、你又向我顯出莫大的慈愛、救我的性命、我不能逃到山上去、恐
怕這災禍臨到我、我便死了。
19:20 看哪、這座城又小又近、容易逃到、這不是一個小的麼·求你容我逃到那裡、我的性命就得
存活。
19:21 「天使」對他說、這事我也應允你、我不傾覆你所說的這城。
19:22 你要速速的逃到那城、因爲你還沒有到那裡我不能作甚麼。因此那城名叫「瑣珥」。（「瑣
珥」就是「小」的意思）
19:23 「羅得」到了「瑣珥」、日頭已經出來了。

19:24當時「耶和華」將「硫磺」與「火」、從天上「耶和華」那裡、降與「所多瑪」和「蛾摩拉」、

19:25把那些城、和全平原、並城裡所有的居民、連地上生長的、都毀滅了。

19:26「羅得」的妻子在後邊回頭一看、就變成了一根「鹽柱」。

19:27「亞伯拉罕」清早起來、到了他從前站在「耶和華」面前的地方、

19:28向「所多瑪」、和「蛾摩拉」、與平原的全地觀看・不料、那地方煙氣上騰、如同燒一般。

19:29當　神毀滅平原諸城的時候、他記念「亞伯拉罕」、正在傾覆「羅得」所住之城的時候、就打發「羅得」從傾覆之中出來。

在上面這段描述裡，有五段經文很有意思，如下：

(1)19:24當時「耶和華」將「硫磺」與「火」、從天上「耶和華」那裡、降與「所多瑪」和「蛾摩拉」。

(2)19:25把那些城、和全平原、並城裡所有的居民、連地上生長的、都毀滅了。

(3)19:26「羅得」的妻子在後邊回頭一看、就變成了一根「鹽柱」。

(4)19:27「亞伯拉罕」清早起來、到了他從前站在「耶和華」面前的地方。

(5)19:28向「所多瑪」、和「蛾摩拉」、與平原的全地觀看・不料、那地方煙氣上騰、如同燒一般。

上帝「耶和華」到底是用什麼武器，可以「瞬間徹底毀滅」兩座城市？那兩座被毀滅的城市爲什麼會「煙氣上騰」？爲什麼「羅得」的妻子回頭一看，就會變成「鹽柱」？

這段經文的生動描述，與公元一九四四年，美國用「原子彈」轟炸日本的「廣島」和「長崎」這兩座城市的情況非常相似。只有「原子彈」才能夠「瞬間徹底毀滅」整座城市；只有「原子彈」爆炸之後，才能夠「煙氣上騰」，形成沖天而起的煙雲；只有「原子彈」爆炸的「光輻射」，才能夠對「直視」它的人，造成致命的殺傷力，變成「輻射鹽柱」。

難道《舊約聖經》中的記載，是外星人「耶和華指揮官」使用「核子武器」的爆炸情景嗎？「羅得」他們一家人，逃到「瑣珥」以後，「耶和華指揮官」便從空中投下「核彈」，毀滅了這二座城市。威力強大的「核彈」瞬間毀滅「所多瑪」城和「蛾摩拉」城，以及周邊的平原。也使得好奇停下來，回頭觀看的「羅得」妻子，整個人因爲「光輻射」的照射，瞬間化成灰白色的「輻射鹽柱」。

五、「羅得」和「兩個女兒」亂倫

「羅得」一家人逃出「所多瑪」城之後，「羅得」的兩個女兒，竟然主動把自己的父親灌醉，要聯手性侵自己的父親，以求有後代子孫。即使「羅得」他們一家都是「義人（信神的人）」，但畢竟是住在這個淫亂敗壞的「所多瑪」城，在耳濡目染之下，竟然會做出這樣駭人聽聞的「亂倫案件」。

●《舊約聖經》創世記：

19:30「羅得」因爲怕住在「瑣珥」、就同他兩個女兒從「瑣珥」上去住在山裡．他和兩個女兒住在一個洞裡。

19:31「大女兒」對「小女兒」說、我們的父親老了、地上又無人按著世上的常規、進到我們這裡。

19:32 來、我們可以叫父親喝酒、與他同寢．這樣、我們好從他存留後裔。
19:33 於是那夜他們叫父親喝酒、「大女兒」就進去和他父親同寢．他幾時躺下、幾時起來、父親
都不知道。
19:34 第二天、「大女兒」對「小女兒」說、我昨夜與父親同寢、今夜我們再叫他喝酒、你可以進
去與他同寢．這樣、我們好從父親存留後裔。
19:35 於是那夜他們又叫父親喝酒、「小女兒」起來與他父親同寢．他幾時躺下、幾時起來、父親
都不知道。
19:36 這樣、「羅得」的兩個女兒、都從他父親懷了孕。
19:37 「大女兒」生了兒子、給他起名叫「摩押」、就是現今「摩押人」的始祖。
19:38 「小女兒」也生了兒子、給他起名叫「便亞米」、就是現今「亞捫人」的始祖。

後來，「羅得」跟他「兩個女兒」亂倫所生的「摩押人」和「亞捫人」，上帝「耶和華」說：「不可入耶和華的會！他們的子孫雖過十代，也永不可入耶和華的會。」這就是上帝「耶和華」對他們這樣的亂倫行爲，所做的懲罰。

●《舊約聖經》申命記：

23:3 「亞捫人」、或是「摩押人」、不可入「耶和華」的會．他們的子孫雖過十代、也永不可入
「耶和華」的會。

六、「以色列人」的祖先「雅各」

上帝「耶和華」最愛「亞伯拉罕」，因爲「亞伯拉罕」一輩子都忠心於祂，甚至爲了博得上帝「耶和華」的歡心，不惜殺害自己的兒子「以撒」。「亞伯拉罕」過世後，上帝「耶和華」下一個最愛的人類，是「亞伯拉罕」元配妻子「撒萊」所生的「以撒」。

●《舊約聖經》創世記：

25:11「亞伯拉罕」死了以後、　神賜福給他的兒子「以撒」・「以撒」靠近「庇耳拉海萊」居住。

在「猶太人」的列祖中，「以撒」是最長壽的，也是其中唯一沒有改過名字的，還是唯一沒有離開過「迦南」的。與《舊約聖經》中，其它列祖相比，「以撒」的經歷較爲平淡，一生中的變故較少。

但是，「以撒」雙胞胎中的小兒子「雅各（Jacob）」的一生，就多彩多姿。「雅各」連出生的過程，都非常的精彩。

●《舊約聖經》創世記：

25:19「亞伯拉罕」的兒子「以撒」的後代、記在下面・「亞伯拉罕」生「以撒」、
25:20「以撒」娶「利百加」爲妻的時候、正四十歲・「利百加」是「巴旦亞蘭地」的亞蘭人、
「彼土利」的女兒、是亞蘭人「拉班」的妹子。
25:21「以撒」因他妻子不生育、就爲他祈求「耶和華」、「耶和華」應允他的祈求、他的妻子
「利百加」就懷了孕。

25:22 孩子們在他腹中彼此相爭、他就說、若是這樣、我爲甚麼活著呢・（或作我爲甚麼如此呢）
他就去求問「耶和華」。
25:23 「耶和華」對他說、兩國在你腹內、兩族要從你身上出來、這族必強於那族。
25:24 生產的日子到了、腹中果然是雙子。
25:25 先產的身體發紅、渾身有毛、如同皮衣・他們就給他起名叫「以掃」。（「以掃」就是「有
毛」的意思）
25:26 隨後又生了「以掃」的兄弟、手抓住「以掃」的腳跟、因此給他起名叫「雅各」。（「雅
各」就是「抓住」的意思）「利百加」生下兩個兒子的時候、「以撒」年正六十歲。

「雅各」是雙胞胎中的弟弟，他卻用「一碗紅豆湯」買了哥哥「以掃」的「長子名分」。「長子名分」的權力包括：在家中尊榮和權力居首，以及得雙份的產業。

●《舊約聖經》創世記：

25:27 兩個孩子漸漸長大、「以掃」善於打獵、常田野・「雅各」爲人安靜、常住在帳棚裡。
25:29 有一天、「雅各」熬湯、「以掃」從田野回來累昏了。
25:30 「以掃」對「雅各」說、我累昏了、求你把這「紅豆湯」給我喝・因此「以掃」又叫「以
東」。（「以東」就是紅的意思）
25:31 「雅各」說、你今日把「長子的名分」賣給我罷。
25:32 「以掃」說、我將要死、這「長子的名分」於我有甚麼益處呢。
25:33 「雅各」說、你今日對我起誓罷・「以掃」就對他起了誓、把「長子的名分」賣給「雅

各」。
25:34 於是「雅各」將餅和「紅豆湯」給了「以掃」、「以掃」喫了喝了、便起來走了・這就是
「以掃」輕看了他「長子的名分」。

「雅各」在去「哈蘭」的路上，夢見一個「通天的梯子」，和「耶和華」的祝福。

●**《舊約聖經》創世記：**

28:10「雅各」出了「別是巴」向「哈蘭」走去。
28:11 到了一個地方、因爲太陽落了、就在那裡住宿・便拾起那地方的一塊石頭、枕在頭下、在那
裡躺臥睡了。
28:12 夢見一個梯子立在地上、梯子的頭頂著天、有 「神的使者」在梯子上、上去下來。
28:13「耶和華」站在梯子以上、（或作站在他旁邊）說、我是「耶和華」你祖「亞伯拉罕」的
神、也是「以撒」的 神、我要將你現在所躺臥之地賜給你、和你的後裔・
28:14 你的「後裔」必像「地上的塵沙」那樣多、必向東西南北開展・地上萬族必因你和你的「後
裔」得福。
28:15 我也與你同在、你無論往那裡去、我必保佑你、領你歸回這地、總不離棄你、直到我成全了
向你所應許的。
28:16「雅各」睡醒了、說、「耶和華」眞在這裡、我竟不知道。
28:17 就懼怕說、這地方何等可畏、這不是別的、乃是 神的殿、也是天的門。

「雅各」與「天使」摔角，並且打敗「天使」，「天使」給「雅各」祝福，並且幫「雅各」改名

爲「以色列」。

●《舊約聖經》創世記：

32:22 他（雅各）夜間起來、帶著兩個妻子、兩個使女、並十一個兒子都過了「雅博渡口」。
32:23 先打發他們過河、又打發所有的都過去。
32:24 只剩下「雅各」一人・有一個人來和他摔跤、直到黎明。
32:25 那人見自己勝不過他、就將他的大腿窩摸了一把、「雅各」的大腿窩、正在摔跤的時候就扭了。
32:26 那人說、天黎明了、容我去罷・「雅各」說、你不給我祝福、我就不容你去。
32:27 那人說、你名叫甚麼、他說、我名叫「雅各」。
32:28 那人說、你的名不要再叫「雅各」、要叫「以色列」、因爲你與　神與人較力、都得了勝。
32:29 雅各問他說、請將你的名告訴我・那人說、何必問我的名・於是在那裡給「雅各」祝福。

上帝「耶和華」對「雅各」改名字爲「以色列」的這件事情非常重視，後來自己親自再對「雅各」講一次。

●《舊約聖經》創世記：

35:10 且對他說、你的名原是「雅各」、從今以後不要再叫「雅各」、要叫「以色列」、這樣、他就改名叫「以色列」。
35:11 神又對他說、我是全能的　神、你要生養衆多、將來有一族、和多國的民從你而生、又有君王從你而出。

35:12 我所賜給「亞伯拉罕」和「以撒」的地、我要賜給你、與你的後裔。

對「以色列人」來說，「雅各」是「以色列人」共同的祖先。「雅各」總共有十二個兒子，後來成爲「以色列十二支派」的祖先。

「雅各」先後娶了四個老婆，二個是舅舅的女兒，另外二個是她們的「使女（婢女）」。「雅各」最喜歡舅舅的小女兒「拉結」，但是舅舅堅持大女兒沒嫁，不能嫁小女兒，「雅各」只好把姊妹都娶了。「雅各」娶四個老婆，生十二個兒子，和一個女兒，這中間有很曲折的過程。

●《舊約聖經》創世記：

29:10「雅各」看見母舅「拉班」的女兒「拉結」、和母舅「拉班」的羊群、就上前把石頭轉離井口、飲他母舅「拉班」的羊群。

29:11「雅各」與「拉結」親嘴、就放聲而哭。

29:12「雅各」告訴「拉結」自己是他父親的外甥、是「利百加」的兒子・「拉結」就跑去告訴他父親。

29:13「拉班」聽見外甥「雅各」的信息、就跑去迎接、抱著他與他親嘴、領他到自己的家・「雅各」將一切的情由告訴「拉班」。

29:14「拉班」對他說、你實在是我的骨肉・「雅各」就和他同住了一個月。

29:15「拉班」對「雅各」說、你雖是我的骨肉、〔原文作弟兄〕豈可白白的服事我、請告訴我你要甚麼爲工價。

29:16「拉班」有兩個女兒、大的名叫「利亞」、小的名叫「拉結」。

29:17「利亞」的眼睛沒有神氣、「拉結」卻生得美貌俊秀。
29:18「雅各」愛「拉結」、就說、我願爲你小女兒「拉結」服事你七年。
29:19「拉班」說、我把他給你、勝似給別人、你與我同住罷。
29:20「雅各」就爲「拉結」服事了七年．他因爲深愛「拉結」、就看這七年如同幾天。
29:21「雅各」對「拉班」說、日期已經滿了、求你把我的妻子給我、我好與他同房。
29:22「拉班」就擺設筵席、請齊了那地方的衆人。
29:23到晚上、「拉班」將女兒「利亞」送來給「雅各」、「雅各」就與他同房。
29:24「拉班」又將婢女「悉帕」給女兒「利亞」作使女。
29:25到了早晨、「雅各」一看是「利亞」、就對「拉班」說、你向我作的是甚麼事呢．我服事
你、不是爲「拉結」麼．你爲甚麼欺哄我呢。
29:26「拉班」說、大女兒還沒有給人、先把小女兒給人、在我們這地方沒有這規矩。
29:27你爲這個滿了七日、我就把那個也給你、你再爲他服事我七年。
29:28「雅各」就如此行．滿了「利亞」的七日、「拉班」便將女兒「拉結」給「雅各」爲妻。
29:29「拉班」又將婢女「辟拉」給女兒「拉結」作使女。
29:30「雅各」也與「拉結」同房、並且愛「拉結」勝似愛「利亞」．於是又服事了「拉班」七
年。
29:31「耶和華」見「利亞」失寵、〔原文作「被恨」下同〕就使他生育．「拉結」卻不生育。

「雅各」娶了兩姊妹之後，兩姊妹就爲了爭寵，就開始努力生孩子。首先是大姊「利亞」，她連

續生了「流便」、「西緬」、「利未」和「猶大」等四個兒子。

●《舊約聖經》創世記：

29:32「利亞」懷孕生子、就給他起名叫「流便」、（就是「有兒子」的意思）因而說、「耶和
華」看見我的苦情、如今我的丈夫必愛我。
29:33他又懷孕生子、就說、「耶和華」因爲聽見我失寵、所以又賜給我這個兒子‧於是給他起名
叫「西緬」。（就是「聽見」的意思）
29:34他又懷孕生子、起名叫「利未」、（就是「聯合」的意思）說、我給丈夫生了三個兒子、他
必與我聯合。
29:35他又懷孕生子、說、這回我要讚美「耶和華」、因此給他起名叫「猶大」‧（就是「讚美」
的意思）這纔停了生育。

小妹「拉結」不孕，眼看大姊「利亞」連續生了四個兒子，她心裡非常著急，害怕失寵。於是，「拉結」想到一個「代理生產」的方法，腦筋動就到她的使女「辟拉」身上。

●《舊約聖經》創世記：

30:1「拉結」見自己不給「雅各」生子、就嫉妒他姐姐、對「雅各」說、你給我孩子、不然我就
死了。
30:2「雅各」向「拉結」生氣、說、叫你不生育的是 神、我豈能代替他作主呢。
30:3「拉結」說、有我的使女「辟拉」在這裡、你可以與他同房、使他生子在我膝下、我便因他
也得孩子。（「得孩子」原文作「被建立」）

「拉結」的使女「辟拉」，果然幫「雅各」生了「但」和「拿弗他利」二個兒子。

●《舊約聖經》創世記：

30:4「拉結」就把他的使女「辟拉」給丈夫爲妾、「雅各」便與他同房。
30:5「辟拉」就懷孕給「雅各」生了一個兒子。
30:6「拉結」說、 神伸了我的冤、也聽了我的聲音、賜我一個兒子、因此給他起名叫「但」。
（就是「伸冤」的意思）
30:7「拉結」的使女「辟拉」又懷孕、給雅各生了第二個兒子。
30:8「拉結」說、我與我姐姐大大相爭、並且得勝．於是給他起名叫「拿弗他利」。（就是「相
爭」的意思）

大姊「利亞」見狀，害怕小妹「拉結」的使女「辟拉」又繼續懷孕生子。於是，「利亞」也如法炮製，把使女「悉帕」給「雅各」做妾。「悉帕」果然也幫「雅各」生了「迦得」和「亞設」二個兒子。

●《舊約聖經》創世記：

30:9「利亞」見自己停了生育、就把使女「悉帕」給「雅各」爲妾。
30:10「利亞」的使女「悉帕」給「雅各」生了一個兒子。
30:11「利亞」說、萬幸、於是給他起名叫「迦得」。（就是「萬幸」的意思）
30:12「利亞」的使女「悉帕」又給「雅各」生了第二個兒子。
30:13「利亞」說、我有福阿、衆女子都要稱我是有福的．於是給他起名叫「亞設」。（就是「有

福」的意思）

有一天，當割麥子的時候，大姊「利亞」的兒子「流便」，從田裡尋到了「風茄」給他母親「利亞」；小妹「拉結」爲了想要生育的緣故，就向大姊「利亞」索取那個「風茄」，並且答應以「雅各」與「利亞」一夜同寢的代價來交換。

「風茄」又稱作「催愛果」或「催情果」，爲一種類似「馬鈴薯」的草本植物，產於「巴勒斯坦」各處，春天繁殖，割麥時成熟，葉暗綠色，花深紫色，且果實橙黃，有異香，其形狀是圓的，大小像「小李子」，性毒，不可作食品，只可作爲藥品。

古代的人有一種迷信，認爲「風茄」可以使男人生愛，使女人生育。「拉結」原來是不能生育的，想要「風茄」幫她可以生育。

● **《舊約聖經》創世記：**

30:14 割麥子的時候、「流便」往田裡去尋見「風茄」、拿來給他母親「利亞」．「拉結」對「利亞」說、請你把你兒子的「風茄」給我些。

30:15 「利亞」說、你奪了我的丈夫還算小事麼、你又要奪我兒子的「風茄」麼。「拉結」說、爲你兒子的「風茄」、今夜他可以與你同寢。

30:16 到了晚上、「雅各」從田裡回來、「利亞」出來迎接他、說、你要與我同寢、因爲我實在用我兒子的「風茄」、把你雇下了。那一夜「雅各」就與他同寢．

「利亞」和「雅各」同寢，又幫「雅各」生了「以薩迦」和「西布倫」二個兒子，再外加一個女兒「底拿」。

●《舊約聖經》創世記：

30:17 神應允了「利亞」、他就懷孕、給「雅各」生了第五個兒子。

30:18 「利亞」說、 神給了我價值、因爲我把使女給了我丈夫・於是給他起名叫「以薩迦」。（就是「價值」的意思）

30:19 「利亞」又懷孕、給「雅各」生了第六個兒子。

30:20 「利亞」說、 神賜我厚賞、我丈夫必與我同住、因我給他生了六個兒子・於是給他起名「西布倫」。（就是「同住」的意思）

30:21 後來又生了一個女兒、給他起名叫「底拿」。

上帝「耶和華」最後終於答應讓「拉結」能夠生育，讓「拉結」幫「雅各」生了「約瑟」和「便雅憫」二個兒子。但是，「拉結」生「便雅憫」時，卻因難產而死。

●《舊約聖經》創世記：

30:22 神顧念「拉結」、應允了他、使他能生育。

30:23 「拉結」懷孕生子、說、 神除去了我的羞恥。

30:24 就給他起名叫「約瑟」、（就是「增添」的意思）意思說、願「耶和華」再增添我一個兒子。

35:16 他們從「伯特利」起行、離「以法他」還有一段路程、「拉結」臨產甚是艱難。

35:17 正在艱難的時候、「收生婆」對他說、不要怕、你又要得一個兒子了。

35:18 他將近於死、靈魂要走的時候、就給他兒子起名叫「便俄尼」、他父親卻給他起名叫「便雅憫」。

35:19「拉結」死了、葬在「以法他」的路旁·「以法他」就是「伯利恆」。

「雅各（以色列）」的這十二個兒子，他們的後代子孫，後來各自形成十二個部落，最後成爲「以色列的十二個支派」，每個支派的名稱，都用這十二個兒子的名字來命名，並且統一了「希伯來人」這個古老民族。

我們來整理一下「雅各」的十二個兒子：

⑴「雅各」和第一個妻子「利亞」生「流便、西緬、利未、猶大、以薩迦、西布倫」，和唯一的女兒「底拿」；

⑵「雅各」和「拉結」的使女「辟拉」生「但」和「拿弗他利」；

⑶「雅各」和「利亞」的使女「悉帕」生「迦得」和「亞設」；

⑷最後，「雅各」和他最寵愛的妻子「拉結」生「約瑟」和「便雅憫」。

「雅各（以色列）」的這十二個兒子，就是「以色列十二個支派」的由來。但是，上帝「耶和華」指派「利未支派」是「祭司」，不可以分到土地。

●《舊約聖經》民數記：

18:22 從今以後、「以色列人」不可挨近「會幕」、免得他們擔罪而死。

18:23 惟獨「利未人」要辦「會幕」的事、擔當罪孽、這要作你們世世代代永遠的定例·他們在「以色列人」中不可有產業·

18:24 因爲「以色列人」中出產的十分之一、就是獻給「耶和華」爲舉祭的、我已賜給「利未人」

爲業、所以我對他們說、在「以色列人」中不可有產業。

另外，「十二支派」裡，也沒有「約瑟支派」，而是以「約瑟」和埃及妻子生的兩個兒子「以法蓮」和「瑪拿西」代替，這樣「約瑟」就按照應許得到了雙份的土地。

《聖經》裡面的有名人物，都是以色列「十二支派」的後裔。例如：「施洗約翰」來自「利未支派」，「耶穌」來自「猶大支派」，「保羅」來自「便雅憫支派」等。

七、一生坎坷傳奇的「約瑟」

「雅各」十二個兒子之中的「約瑟（Joseph）」，有一段很坎坷又傳奇的遭遇，也是後來「以色列人」在埃及當奴隸四百年的前因。

因爲「雅各」的兒子「約瑟」被兄長們賣到「埃及地」做奴隸，後來神賜福他，使他被提升爲「埃及」的「宰相」，治理「埃及」全地。

最後，因爲「迦南地」飢荒，「約瑟」就接了他父親「雅各」和他的兄弟來到「埃及地」居住。由於「約瑟」是「埃及」的宰相，所以他的家人備受優待，住在「歌珊地」，這地非常肥沃。

「以色列人」在「埃及地」，經過了四百多年，成爲一個強大的民族。後來，有一個不認識「約瑟」的新王，起來治理「埃及」。這是指當時統治「埃及」的「西克索人」，被「努比亞人」暴動趕出「埃及」後，「以色列人」的地位急劇下降，最後淪爲「埃及人」的奴隸。

我們先來看看《舊約聖經》是如何敘述「約瑟」的遭遇，整個家族充滿貪婪、瞋恨、忌妒的心態，眞是人心險惡，而且還是針對自己同父異母的弟弟。

話說「雅各」和他最寵愛的妻子「拉結」，生下「約瑟」和「便雅憫」二個兒子。在衆子之中，「雅各」最疼愛「約瑟」，卻影響了「約瑟」一生的命運。

●《舊約聖經》創世記：

37:1 「雅各」住在「迦南地」、就是他「父親（以撒）」寄居的地。
37:2 「雅各」的記略如下．「約瑟」十七歲與他哥哥們一同牧羊、他是個童子、與他父親的妾、
「辟拉悉帕」的兒子們常在一處．「約瑟」將他哥哥們的惡行、報給他們的父親。
37:3 「以色列（雅各）」原來愛「約瑟」過於愛他的、因爲「約瑟」是他年老生的、他給約瑟作
了一件彩衣。
37:4 「約瑟」的哥哥們見父親愛「約瑟」過於愛他們、就恨「約瑟」、不與他說和睦的話。

「約瑟」作了兩個夢，他把「夢境」告訴「父親」和「哥哥們」。他「父親」責備他，但是卻把這話存在心裡；而他的「哥哥們」卻因爲他的夢和他的話，越嫉妒他，也越恨他。

●《舊約聖經》創世記：

37:5 「約瑟」作了一夢、告訴他「哥哥們」、他們就越發恨他。
37:6 「約瑟」對他們說、請聽我所作的夢。
37:7 我們在田裡「捆禾稼」、我的「捆」起來站著、你們的「捆」來圍著我的「捆」下拜。
37:8 他的「哥哥們」回答說、難道你眞要作我們的王麼、難道你眞要管轄我們麼．他們就因爲他
的夢、和他的話、越發恨他。
37:9 後來他又作了一夢、也告訴他的「哥哥們」說、看哪、我又作了一夢、夢見「太陽」、「月

亮」、與「十一個星」、向我下拜。
37:10「約瑟」將這夢告訴他「父親」、和他「哥哥們」、他「父親」就責備他說、你作的這是甚
麼夢、難道我和你母親、你弟兄、果然要來俯伏在地、向你下拜麼。
37:11他「哥哥們」都嫉妒他．他「父親」卻把這話存在心裡。

不久，「約瑟」的「哥哥們」設局將他賣給別人當奴隸，後來這夢就應驗了，就在「約瑟」被賣到「埃及」後，當上了「埃及宰相」，一人之下萬人之上，他的哥哥們都向他下拜。

●《舊約聖經》創世記：

37:12「約瑟」的哥哥們往「示劍」去、放他們父親的羊。
37:13「以色列」對「約瑟」說、你哥哥們不是在「示劍」放羊麼、你來、我要打發你往他們那裡
去。「約瑟」說、我在這裡。
37:14「以色列」說、你去看看你哥哥們平安不平安、群羊平安不平安、就回來報信給我．於是打
發他出「希伯崙谷」、他就往「示劍」去了。
37:15有人遇見他在田野走迷了路、就問他說、你找甚麼。
37:16他說、我找我的「哥哥們」、求你告訴我、他們在何處放羊。
37:17那人說、他們已經走了、我聽見他們說、要往「多坍」去．「約瑟」就去追趕他「哥哥
們」、遇見他們在「多坍」。
37:18他們遠遠的看見他、趁他還沒有走到跟前、大家就同謀要害死他。
37:19彼此說、你看、那作夢的來了。

37:20 來罷、我們將他殺了、丟在一個坑裡、就說有惡獸把他喫了、我們且看他的夢將來怎麼樣。
37:21「流便」聽見了要救他脫離他們的手、說、我們不可害他的性命。
37:22 又說、不可流他的血、可以把他丟在這野地的坑裡、不可下手害他・「流便」的意思是要救
他脫離他們的手、把他歸還他的父親。
37:23「約瑟」到了他哥哥們那裡、他們就剝了他的外衣、就是他穿的那件彩衣・
37:24 把他丟在坑裡・那坑是空的、裡頭沒有水。
37:25 他們坐下喫飯、舉目觀看、見有一夥「米甸」的「以實瑪利人」、從「基列」來、用駱駝馱
著香料、乳香、沒藥、要帶下「埃及」去。
37:26「猶大」對衆弟兄說、我們殺我們的兄弟、藏了他的血、有甚麼益處呢。
37:27 我們不如將他賣給「以實瑪利人」、不可下手害他、因爲他是我們的兄弟、我們的骨肉・衆
弟兄就聽從了他。
37:28 有些「米甸」的商人、從那裡經過、哥哥們就把「約瑟」從坑裡拉上來、講定二十舍客勒銀
子、把「約瑟」賣給「以實瑪利人」・他們就把「約瑟」帶到「埃及」去了。
37:29「流便」回到坑邊、見「約瑟」不在坑裡、就撕裂衣服。
37:30 回到兄弟們那裡、說、「童子」沒有了、我往那裡去纔好呢。
37:31 他們宰了一隻公山羊、把「約瑟」的那件彩衣染了血。
37:32 打發人送到他們的父親那裡說、我們撿了這個、請認一認、是你兒子的外衣不是。
37:33 他認得、就說、這是我兒子的外衣、有惡獸把他喫了、「約瑟」被撕碎了、撕碎了。

37:34「雅各」便撕裂衣服、腰間圍上麻布、爲他兒子悲哀了多日。

37:35 他的兒女都起來安慰他．他卻不肯受安慰、說、我必悲哀著下陰間到我兒子那裡．「約瑟」的父親就爲他哀哭。

37:36「米甸人」帶「約瑟」到「埃及」、把他賣給「法老」的內臣、護衛長「波提乏」。

「米甸人」帶「約瑟」到「埃及」，把他賣給「法老」的護衛長「波提乏」。雖然「波提乏」欣賞「約瑟」，讓他做他的「管家」。但是，「約瑟」的苦難還沒有結束，最後被冤枉入獄。

●《舊約聖經》創世記：

39:1 「約瑟」被帶下「埃及」去．有一個埃及人是「法老」的內臣、護衛長「波提乏」、從那些帶下他來的「以實瑪利人」手下買了他去。

39:2 「約瑟」住在他主人「埃及人」的家中．「耶和華」與他同在、他就百事順利。

39:3 他主人見「耶和華」與他同在、又見「耶和華」使他手裡所辦的盡都順利。

39:4 「約瑟」就在主人眼前蒙恩、伺候他主人、並且主人派他管理家務、把一切所有的都交在他手裡。

39:5 自從「主人」派「約瑟」管理家務、和他一切所有的、「耶和華」就因「約瑟」的緣故、賜福與那「埃及人」的家．凡家裡和田間一切所有的、都蒙「耶和華」賜福。

39:6 「波提乏」將一切所有的、都交在「約瑟」的手中、除了自己所喫的飯、別的事一概不知．「約瑟」原來秀雅俊美。

39:7 這事以後、「約瑟」主人的妻以目送情給「約瑟」、說、你與我同寢罷。

39:8 「約瑟」不從、對他主人的妻說、看哪、一切家務、我主人都不知道、他把所有的都交在我
手裡。
39:9 在這家裡沒有比我大的、並且他沒有留下一樣不交給我、只留下了你、因爲你是他的妻子、
我怎能作這大惡、得罪　神呢。
39:10 後來他天天和「約瑟」說、「約瑟」卻不聽從他、不與他同寢、也不和他在一處。
39:11 有一天、「約瑟」進屋裡去辦事、家中人沒有一個在那屋裡。
39:12 婦人就拉住他的衣裳說、你與我同寢罷·「約瑟」把衣裳丟在婦人手裡、跑到外邊去了。
39:13 婦人看見「約瑟」把衣裳丟在他手裡跑出去了、
39:14 就叫了家裡的人來、對他們說、你們看、他帶了一個「希伯來人」、進入我們家裡、要戲弄
我們·他到我這裡來、要與我同寢、我就大聲喊叫。
39:15 他聽見我放聲喊起來、就把衣裳丟在我這裡、跑到外邊去了。
39:16 婦人把「約瑟」的衣裳放在自己那裡、等著他主人回家。
39:17 就對他如此如此說、你所帶到我們這裡的那「希伯來」僕人、進來要戲弄我。
39:18 我放聲喊起來、他就把衣裳丟在我這裡跑出去了。
39:19 「約瑟」的主人聽見他妻子對他所說的話、說、你的僕人如此如此待我、他就生氣。
39:20 把「約瑟」下在監裡、就是王的囚犯被囚的地方·於是「約瑟」在那裡坐監。
39:21 但「耶和華」與「約瑟」同在、向他施恩、使他在「司獄（獄卒；負責管理囚獄）」的眼前
蒙恩。

39:22「司獄（獄卒）」就把監裡所有的囚犯、都交在「約瑟」手下、他們在那裡所辦的事、都是
經他的手。
39:23 凡在「約瑟」手下的事、「司獄（獄卒）」一概不察、因爲「耶和華」與「約瑟」同在、
「耶和華」使他所作的盡都順利。

經過那麼多的波折災難，最後「約瑟」在獄中遇到「法老王」的「酒政（在法老王喝酒之前，先爲他試過酒是否有毒。）」和「膳長（負責安排法老王餐食的官）」，替他們解夢，才得到一個幫「法老王」解夢的機會，最後被「法老王」聘請他當「宰相」，幫他管理「埃及」。

●**《舊約聖經》創世記：**

40:1 這事以後、埃及王的「酒政」和「膳長」、得罪了他們的主「埃及王」。
40:2 「法老」就惱怒「酒政」和「膳長」這二臣。
40:3 把他們下在護衛長府內的監裡、就是「約瑟」被囚的地方。
40:4 護衛長把他們交給「約瑟」、「約瑟」便伺候他們．他們有些日子在監裡。
40:5 被囚在監之埃及王的「酒政」和「膳長」、二人同夜各作一夢、各夢都有講解。
40:6 到了早晨、「約瑟」進到他們那裡、見他們有愁悶的樣子。
40:7 他便問法老的二臣、就是與他同囚在他主人府裡的、說、他們今日爲甚麼面帶愁容呢。
40:8 他們對他說、我們各人作了一夢、沒有人能解．約瑟說、解夢不是出於 神麼、請你們將夢
告訴我。
40:9 「酒政」便將他的夢告訴「約瑟」說、我夢見在我面前有一棵葡萄樹。

40:10 樹上有三根枝子、好像發了芽、開了花、上頭的葡萄都成熟了。
40:11 「法老」的杯在我手中、我就拿葡萄擠在「法老」的杯裡、將杯遞在他手中。
40:12 「約瑟」對他說、他所作的夢是這樣解、三根枝子就是三天．
40:13 三天之內、「法老」必提你出監、叫你官復原職、你仍要遞杯在「法老」的手中、和先前作他的「酒政」一樣。
40:14 但你得好處的時候、求你記念我、施恩與我、在「法老」面前提說我、救我出這監牢。
40:15 我實在是從「希伯來人」之地被拐來的、我在這裡也沒有作過甚麼、叫他們把我下在監裡。
40:16 「膳長」見夢解得好、就對「約瑟」說、我在夢中見我頭上頂著三筐白餅．
40:17 極上的筐子裡、有爲「法老」烤的各樣食物、有飛鳥來喫我頭上筐子裡的食物。
40:18 「約瑟」說、你的夢是這樣解、三個筐子就是三天。
40:19 三天之內、「法老」必斬斷你的頭、把你挂在木頭上、必有飛鳥來喫你身上的肉。
40:20 到了第三天、是「法老」的生日、他爲眾臣僕設擺筵席、把「酒政」和「膳長」提出監來。
40:21 使「酒政」官復原職、他仍舊遞杯在「法老」手中。
40:22 但把「膳長」挂起來、正如「約瑟」向他們所解的話。
40:23 「酒政」卻不記念「約瑟」、竟忘了他。

「埃及」的「法老王」做一個奇怪的夢，到了早晨，「法老王」心裡不安、就差人召了「埃及」所有的「術士」和「博士」來，「法老王」就把所作的夢告訴他們，卻沒有人能給「法老王」圓解。這時，「酒政」才想起「約瑟」，趕緊向「法老王」推薦「約瑟」。「酒政」居然忘了「約瑟」

的幫忙，眞是一個忘恩負義的人。

「約瑟」幫「法老王」解夢說，「埃及」將迎來七個大豐收年，隨後又要來七個飢荒年，全「埃及」必被饑荒所滅。

「約瑟」向「法老王」提出建議，應當揀選一個有聰明有智慧的人、派他治理埃及地。又派官員管理這地，當七個豐年的時候，征收埃及地的五分之一，叫他們把將來豐年一切的糧食聚斂起來，積蓄五穀，收存在各城裡作食物，歸於「法老」的手下。所積蓄的糧食，便可以防備埃及地將來的七個荒年，免得這地被饑荒所滅。

「法老王」和他的臣子們，都很佩服「約瑟」的建議。「法老王」就委派「約瑟」擔任「宰相」。

●《舊約聖經》創世記：

41:1 過了兩年「法老」作夢・夢見自己站在河邊。

41:2 有七隻母牛從河裡上來、又美好、又肥壯在蘆荻中喫草。

41:3 隨後又有七隻母牛從河裡上來、又醜陋、又乾瘦、與那七隻母牛一同站在河邊。

41:4 這又醜陋、又乾瘦的七隻母牛、喫盡了那又美好、又肥壯的七隻母牛・法老就醒了。

41:5 他又睡著、第二回作夢・夢見「一棵麥子」長了「七個穗子」、又肥大、又佳美。

41:6 隨後又長了「七個穗子」、又細弱、又被「東風」吹焦了。

41:7 這細弱的「穗子」、吞了那七個又肥大又飽滿的「穗子」・「法老」醒了、不料是個夢。

41:8 到了早晨、「法老」心裡不安、就差人召了「埃及」所有的「術士」和「博士」來・「法

老」就把所作的夢告訴他們、卻沒有人能給「法老」圓解。
41:9 那時「酒政」對「法老」說、我今日想起我的罪來。
41:10 從前「法老」惱怒臣僕、把我和「膳長」下在「護衛長府」佈的監裡。
41:11 我們二人同夜各作一夢、各夢都有講解。
41:12 在那裡同著我們有一個「希伯來」的少年人、是「護衛長」的僕人、我們告訴他、他就把我
們的夢圓解、是按著各人的夢圓解的。
41:13 後來正如他給我們圓解的成就了・我官復原職、「膳長」被挂起來了。
41:14 「法老」遂卽差人去召「約瑟」・他們便急忙帶他出監、他就剃頭、刮臉、換衣裳、進到
「法老」面前。
41:15 「法老」對「約瑟」說、我作了一夢沒有人能解、我聽見人說、你聽了夢就能解。
41:16 「約瑟」回答「法老」說、這不在乎我、　神必將平安的話回答「法老」。
41:17 「法老」對「約瑟」說、我夢見我站在河邊。
41:18 有「七隻母牛」從河裡上來、又肥壯、又美好、在「蘆荻」中喫草。
41:19 隨後又有「七隻母牛」上來、又軟弱、又醜陋、又乾瘦、在「埃及」遍地、我沒有見過這樣
不好的。
41:20 這又乾瘦、又醜陋的「母牛」、喫盡了那以先的「七隻肥母牛」。
41:21 喫了以後、卻看不出是喫了、那醜陋的樣子仍舊和先前一樣・我就醒了。
41:22 我又夢見一棵「麥子」、長了「七個穗子」、又飽滿、又佳美。

41:23 隨後又長了「七個穗子」、枯槁細弱、被「東風」吹焦了。
41:24 這些細弱的「穗子」、吞了那「七個佳美的穗子」・我將這夢告訴了「術士」、卻沒有人能
給我解說。
41:25 「約瑟」對「法老」說、「法老」的夢乃是一個、　神已將所要作的事指示「法老」了。
41:26 「七隻好母牛」是「七年」・「七個好穗子」也是「七年」・這夢乃是一個。
41:27 那隨後上來的七隻又乾瘦、又醜陋的「母牛」是「七年」、那七個虛空被「東風」吹焦的
「穗子」也是「七年」・都是「七個荒年」。
41:28 這就是我對「法老」所說、　神已將所要作的事顯明給「法老」了。
41:29 「埃及」遍地必來「七個大豐年」。
41:30 隨後又要來「七個荒年」、甚至「埃及地」都忘了先前的豐收、全地必被「饑荒」所滅。
41:31 因那以後的「饑荒」甚大、便不覺得先前的「豐收」了。
41:32 至於「法老」兩回作夢、是因　神命定這事、而且必速速成就。
41:33 所以「法老」當揀選一個有聰明有智慧的人、派他治理「埃及地」。
41:34 「法老」當這樣行、又派官員管理這地・當「七個豐年」的時候、征收「埃及地」的「五分
之一」。
41:35 叫他們把將來豐年一切的糧食聚斂起來、積蓄五穀、收存在各城裡作食物、歸於「法老」的
手下。
41:36 所積蓄的糧食、可以防備「埃及地」將來的「七個荒年」、免得這地被「饑荒」所滅。

41:37「法老」和他一切「臣僕」、都以這事爲妙。
41:38「法老」對「臣僕」說、像這樣的人、有「 神的靈」在他裡頭、我們豈能找得著呢。
41:39「法老」對「約瑟」說、 神既將這事都指示你、可見沒有人像你這樣有聰明有智慧。
41:40你可以掌管我的家、我的民都必聽從你的話、惟獨在寶座上我比你大。
41:41「法老」又對「約瑟」說、我派你治理「埃及」全地。
41:42「法老」就摘下手上「打印的戒指」、戴在「約瑟」的手上・給他穿上「細麻衣」、把「金
鍊」戴在他的頸項上。
41:43又叫「約瑟」坐他的「副車」、喝道的在前呼叫說、跪下・這樣、「法老」派他治理「埃及
全地」。
41:44對「約瑟」說、我是「法老」、在「埃及」全地、若沒有你的命令、不許人擅自辦事。（原
文作「動手動腳」）

「法老」又幫「約瑟」娶妻，並生下二個兒子「瑪拿西」和「以法蓮」。這二個兒子日後代替父親「約瑟」，成爲「以色列十個二支派」當中的二個支派。

●《舊約聖經》創世記：

41:45「法老」賜名給「約瑟」、叫「撒發那忒巴內亞」・又將「安城」的祭司「波提非拉」的女
兒「亞西納」、給他爲妻。「約瑟」就出去巡行埃及地。
41:46「約瑟」見「埃及王法老」的時候、年三十歲・他從「法老」面前出去遍行「埃及全地」。
41:47「七個豐年」之內、地的出產極豐極盛。（原文作「一把一把的」）

41:48「約瑟」聚歛「埃及地」「七個豐年」一切的糧食、把糧食積存在各城裡、各城周圍田地的糧食、都積存在本城裡。

41:49「約瑟」積蓄五穀甚多、如同海邊的沙、無法計算、因爲穀不可勝數。

41:50荒年未到以前、「安城」的祭司「波提非拉」的女兒「亞西納」給「約瑟」生了兩個兒子・

41:51「約瑟」給長子起名叫「瑪拿西」、（就是「使之忘了」的意思）因爲他說、 神使我忘了一切的困苦、和我父的全家。

41:52他給次子起名叫「以法蓮」、（就是「使之昌盛」的意思）因爲他說、 神使我在受苦的地方昌盛。

「約瑟」的這二個兒子「瑪拿西」和「以法蓮」，代替他納入「以色列」的「十二支派」裡，這樣「約瑟」就按照應許得到了雙份的土地。所以，「以色列」的「十二支派」裡，沒有「約瑟支派」。

八、「以色列人」因爲「大飢荒」進入「埃及」

後來，眞如「約瑟」的解夢，「埃及」歷經七個豊收年之後，大饑荒來臨了。「雅各」和他的十一個兒子居住的「迦南地」，也面臨嚴重的「饑荒」。

●**《舊約聖經》創世記：**

41:53「埃及」地的七個豐年一完。

41:54七個荒年就來了、正如「約瑟」所說的・各地都有「饑荒」、惟獨「埃及」全地有糧食。

41:55 及至「埃及全地」有了「饑荒」、衆民向「法老」哀求糧食、「法老」對他們說、你們往
「約瑟」那裡去、凡他所說的你們都要作。
41:56 當時饑荒遍滿天下、「約瑟」開了各處的倉、「糶糧（ㄊㄧㄠˋ；出售穀物）」給「埃及
人」．在「埃及地」饑荒甚大。
41:57 各地的人都往「埃及」去、到「約瑟」那裡「糴糧（ㄉㄧˊ；買入穀物）」、因爲天下的饑荒
甚大。
42:1 「雅各」見「埃及」有糧、就對兒子們說、你們爲甚麼彼此觀望呢。
42:2 我聽見「埃及」有糧、你們可以下去從那裡爲我們「糴糧（ㄉㄧˊ；買入穀物）」些來、使我
們可以存活、不至於死。
42:3 於是「約瑟」的十個哥哥都下「埃及」「糴糧（ㄉㄧˊ；買入穀物）」去了。
42:4 但「約瑟」的兄弟「便雅憫」、「雅各」沒有打發他和哥哥們同去、因爲「雅各」說、恐怕
他遭害。

這一段經文說明，「雅各」害怕「便雅憫」像他的哥哥「約瑟」一樣被殺害，所以沒有讓「便雅憫」和衆哥哥們一起前去。也就是說，「雅各」已經知道「約瑟」是被衆哥哥們殺死的。

●《舊約聖經》創世記：

42:5 來「糴糧（ㄉㄧˊ；買入穀物）」的人中有「以色列（雅各）」的兒子們、因爲「迦南地」也
有「饑荒」。
42:6 當時治理「埃及地」的是「約瑟」、「糶糧（ㄊㄧㄠˋ；出售穀物）」給那地衆民的就是他。

「約瑟」的「哥哥們」來了、臉伏於地、向他下拜。
42:7 「約瑟」看見他「哥哥們」、就認得他們、卻裝作「生人」、向他們說些嚴厲話、問他們
說、你們從那裡來・他們說、我們從「迦南地」來「糴糧（ㄉㄧˊ，買入穀物）」。
42:8 「約瑟」認得他「哥哥們」、他們卻不認得他。
42:9 「約瑟」想起從前所作的那「兩個夢」、就對他們說、你們是「奸細」、來窺探這地的虛
實。
42:10 他們對他說、我主阿、不是的、「僕人們」是「糴糧（ㄉㄧˊ，買入穀物）」來的、
42:11 我們都是一個人的兒子、是誠實人、「僕人們」並不是「奸細」。
42:12 「約瑟」說、不然、你們必是窺探這地的虛實來的。
42:13 他們說、「僕人們」本是弟兄十二人、是「迦南地」一個人的兒子、頂小的現今在我們的父
親那裡、有一個沒有了。
42:14 「約瑟」說、我纔說你們是「奸細」、這話實在不錯。
42:15 我指著「法老」的性命起誓、若是你們的小兄弟、不到這裡來、你們就不得出這地方、從此
就可以把你們證驗出來了。
42:16 須要打發你們中間一個人去、把你們的兄弟帶來、至於你們、都要囚在這裡、好證驗你們的
話眞不眞、若不眞、我指著「法老」的性命起誓、你們一定是「奸細」。
42:17 於是「約瑟」把他們都下在監裡三天。
42:18 到了第三天、「約瑟」對他們說、我是敬畏　神的、你們照我的話行、就可以存活。

42:19 你們如果是誠實人、可以留你們中間的一個人囚在監裡、但你們可以帶著糧食回去、救你們
家裡的「饑荒」。
42:20 把你們的小兄弟帶到我這裡來、如此、你們的話便有證據、你們也不至於死．他們就照樣而
行。
42:21 他們彼此說、我們在兄弟身上實在有罪、他哀求我們的時候、我們見他心裡的愁苦、卻不肯
聽、所以這場苦難臨到我們身上。
42:22 「流便」說、我豈不是對你們說過、不可傷害那孩子麼、只是你們不肯聽、所以流他血的罪
向我們追討。
42:23 他們不知道「約瑟」聽得出來、因爲在他們中間用「通事（家鄉話）」傳話。
42:24 「約瑟」轉身退去、哭了一場、又回來對他們說話、就從他們中間挑出「西緬」來、在他們
眼前把他捆綁。
42:25 「約瑟」吩咐人把糧食裝滿他們的器具、把各人的銀子歸還在各人的口袋裡、又給他們路上
用的食物、人就照他的話辦了。
42:26 他們就把糧食馱在驢上、離開那裡去了。
42:27 到了住宿的地方、他們中間有一個人打開口袋、要拿料餵驢、纔看見自己的銀子仍在口袋
裡。
42:28 就對弟兄們說、我的銀子歸還了、看哪、仍在我口袋裡．他們就提心吊膽、戰戰兢兢的彼此
說、這是　神向我們作甚麼呢。

42:29 他們來到「迦南地」他們的父親「雅各」那裡、將所遭遇的事都告訴他、說。
42:30 那「地的主」對我們說嚴厲的話、把我們當作窺探那地的「奸細」。
42:31 我們對他說、我們是誠實人、並不是「奸細」。
42:32 我們本是弟兄十二人、都是一個父親的兒子、有一個沒有了、頂小的如今同我們的父親在
「迦南地」。
42:33 那「地的主」對我們說、若要我知道你們是誠實人、可以留下你們中間的一個人在我這裡、
你們可以帶著糧食回去、救你們家裡的「饑荒」。
42:34 把你們的小兄弟帶到我這裡來、我便知道你們不是「奸細」、乃是誠實人‧這樣、我就把你
們的弟兄交給你們、你們也可以在這地作買賣。
42:35 後來他們倒口袋、不料各人的銀包都在口袋裡、他們和父親看見銀包就都害怕。
42:36 他們的父親「雅各」對他們說、你們使我喪失我的兒子‧「約瑟」沒有了、「西緬」也沒有
了、你們又要將「便雅憫」帶去‧這些事都歸到我身上了。
42:37 「流便」對他父親說、我若不帶他回來交給你、你可以殺我的兩個兒子、只管把他交在我手
裡、我必帶他回來交給你。
42:38 「雅各」說、我的兒子不可與你們一同下去‧他哥哥死了、只剩下他、他若在你們所行的路
上遭害、那便是你們使我白髮蒼蒼、悲悲慘慘的下「陰間」去了。
43:1 那地的「饑荒」甚大。
43:2 他們從「埃及」帶來的糧食喫盡了、他們的「父親」就對他們說、你們再去給我「糴

（ㄉㄧˊ，買入穀物）」些糧來。
43:3 「猶大」對他說、那人諄諄的告誡我們、說、你們的兄弟若不與你們同來、你們就不得見我
的面。
43:4 你若打發我們的兄弟與我們同去、我們就下去給你「糴糧（ㄉㄧˊ；買入穀物）」。
43:5 你若不打發他去、我們就不下去、因爲那人對我們說、你們的兄弟若不與你們同來、你們就
不得見我的面。
43:6 「以色列（雅各）」說、你們爲甚麼這樣害我、告訴那人你們還有兄弟呢。
43:7 他們回答說、那人詳細問到我們、和我們的親屬、說、你們的「父親」還在麼·你們還有兄
弟麼。我們就按著他所問的告訴他、焉能知道他要說、必須把你們的兄弟帶下來呢。
43:8 「猶大」又對他父親「以色列（雅各）」說、你打發「童子」與我同去、我們就起身下去、
好叫我們和你、並我們的婦人孩子都得存活、不至於死。
43:9 我爲他作保、你可以從我手中追討、我若不帶他回來交在你面前、我情願永遠擔罪。
43:10 我們若沒有耽擱、如今第二次都回來了。
43:11 他們的父親「以色列（雅各）」說、若必須如此、你們就當這樣行、可以將這地、土產中最
好的乳香、蜂蜜、香料、沒藥、榧子、杏仁、都取一點收在器具裡、帶下去送給那人作禮
物。
43:12 又要手裡加倍的帶銀子、並將歸還在你們口袋內的銀子、仍帶在手裡·那或者是錯了。
43:13 也帶著你們的兄弟、起身去見那人。

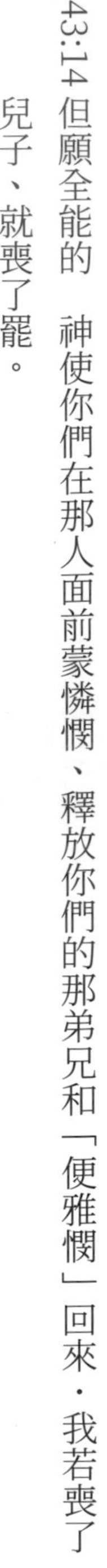

43:14 但願全能的　神使你們在那人面前蒙憐憫、釋放你們的那弟兄和「便雅憫」回來・我若喪了
兒子、就喪了罷。
43:15 於是他們拿著那禮物、又手裡加倍的帶銀子、並且帶著「便雅憫」、起身下到「埃及」站在
「約瑟」面前。
43:16 「約瑟」見「便雅憫」和他們同來、就對「家宰（管家）」說、將這些人領到屋裡、要宰殺
牲畜、預備筵席、因爲晌午這些人同我喫飯。
43:17 「家宰（管家）」就遵著「約瑟」的命去行、領他們進「約瑟」的屋裡。
43:18 他們因爲被領到「約瑟」的屋裡、就害怕、說、領我們到這裡來、必是因爲頭次歸還在我們
口袋裡的銀子、找我們的錯縫、下手害我們、強取我們爲奴僕、搶奪我們的驢。
43:19 他們就挨進「約瑟」的「家宰（管家）」、在屋門口和他說話、
43:20 說、我主阿、我們頭次下來實在是要「糴糧（ㄉㄧˊ，買入穀物）」。
43:21 後來到了住宿的地方、我們打開口袋、不料各人的銀子分量足數、仍在各人的口袋內、現在
我們手裡又帶回來了。
43:22 另外又帶下銀子來「糴糧（ㄉㄧˊ，買入穀物）」、不知道先前誰把銀子放在我們的口袋裡。
43:23 「家宰（管家）」說、你們可以放心、不要害怕、是你們的　神、和你們父親的　神、賜給
你們財寶在你們的口袋裡・你們的銀子我早已收了・他就把「西緬」帶出來交給他們。
43:24 「家宰（管家）」就領他們進「約瑟」的屋裡、給他們水洗腳、又給他們草料餵驢。
43:25 他們就預備那禮物、等候「約瑟」「晌午（中午）」來、因爲他們聽見要在那裡喫飯。

43:26「約瑟」來到家裡、他們就把手中的禮物拿進屋去給他、又俯伏在地向他下拜。
43:27「約瑟」問他們好、又問、你們的「父親」、就是你們所說的那「老人家」平安麼・他還在
麼。
43:28他們回答說、你「僕人」我們的「父親」平安、他還在・於是他們低頭下拜。
43:29「約瑟」舉目看見他同母的兄弟「便雅憫」、就說、你們向我所說那頂小的兄弟、就是這位
麼・又說、小兒阿、願　神賜恩給你。
43:30「約瑟」愛弟之情發動、就急忙尋找可哭之地、進入自己的屋裡、哭了一場。
43:31他洗了臉出來、勉強隱忍、吩咐人擺飯。
43:32他們就爲「約瑟」單擺了一席、爲那些人又擺了一席、也爲和「約瑟」同喫飯的「埃及人」
另擺了一席・因爲「埃及人」不可和「希伯來人」一同喫飯・那原是「埃及人」所厭惡的。
43:33「約瑟」使衆弟兄在他面前排列坐席、都按著長幼的次序・衆弟兄就彼此詫異。
43:34「約瑟」把他面前的食物分出來、送給他們・但「便雅憫」所得的、比別人多五倍・他們就
飲酒、和「約瑟」一同宴樂。
44:1「約瑟」吩咐「家宰（管家）」說、把糧食裝滿這些人的口袋、儘著他們的驢所能馱的、又
把各人的銀子放在各人的口袋裡。
44:2並將我的銀杯、和那少年人「糴糧（ㄉㄧˊ，買入穀物）」的銀子、一同裝在他的口袋裡・
「家宰（管家）」就照「約瑟」所說的話行了。
44:3天一亮就打發那些人帶著驢走了。

44:4 他們出城走了不遠、「約瑟」對「家宰（管家）」說、起來追那些人去、追上了就對他們
說、你們爲甚麼以惡報善呢。
44:5 這不是我主人飲酒的杯麼、豈不是他占卜用的麼、你們這樣行是作惡了。
44:6 「家宰（管家）」追上他們、將這些話對他們說了。
44:7 他們回答說、我主爲甚麼說這樣的話呢、你僕人斷不能作這樣的事。
44:8 你看、我們從前在口袋裡所見的銀子、尚且從「迦南地」帶來還你、我們怎能從你主人家裡
偷竊金銀呢。
44:9 你僕人中、無論在誰那裡搜出來、就叫他死、我們也作我主的奴僕。
44:10 「家宰（管家）」說、現在就照你們的話行罷、在誰那裡搜出來、誰就作我的奴僕・其餘的
都沒有罪。
44:11 於是他們各人急忙把口袋卸在地下、各人打開口袋。
44:12 「家宰（管家）」就搜查、從年長的起、到年幼的爲止、那杯竟在「便雅憫」的口袋裡搜出
來。
44:13 他們就撕裂衣服、各人把「馱子（ㄉㄨㄛˋ，牲畜背上所負的貨物）」抬在驢上、回城去了。
44:14 「猶大」和他弟兄們來到「約瑟」的屋中、「約瑟」還在那裡、他們就在他面前俯伏於地。
44:15 「約瑟」對他們說、你們作的是甚麼事呢、你們豈不知像我這樣的人必能「占卜」嗎。
44:16 「猶大」說、我們對我主說甚麼呢・還有甚麼話可說呢・我們怎能自己表白出來呢・ 神已
經查出僕人的罪孽了・我們與那在他手中搜出杯來的都是我主的奴僕。

44:17「約瑟」說、我斷不能這樣行、在誰的手中搜出杯來、誰就作我的奴僕・至於你們可以平平
安安的上你們「父親」那裡去。
44:18「猶大」挨近他說、我主阿、求你容「僕人」說一句話給我主聽、不要向「僕人」發烈怒、
因爲你如同「法老」一樣。
44:19我主曾問僕人們說、你們有「父親」有「兄弟」沒有。
44:20我們對我主說、我們有「父親」、已經年老、還有他老年所生的一個小孩子、他哥哥死了、
他母親只撇下他一人、他「父親」疼愛他。
44:21你對「僕人」說、把他帶到我這裡來、叫我親眼看看他。
44:22我們對我主說、「童子」不能離開他「父親」、若是離開、他「父親」必死。
44:23你對「僕人」說、你們的「小兄弟」若不與你們一同下來、你們就不得再見我的面。
44:24我們上到你「僕人」我們「父親」那裡、就把我主的話告訴了他。
44:25我們的「父親」說、你們再去給我「糴（ㄉㄧˊ；買入穀物）」一些糧來。
44:26我們就說、我們不能下去、我們的「小兄弟」若和我們同往、我們就可以下去、因爲「小兄
弟」若不與我們同往、我們必不得見那人的面。
44:27你「僕人」我「父親」對我們說、你們知道我的「妻子」給我生了兩個兒子。
44:28一個離開我出去了、我說、他必是被撕碎了、直到如今我也沒有見他。
44:29現在你們又要把這個帶去離開我、倘若他遭害、那便是你們使我白髮蒼蒼、悲悲慘慘的下
「陰間」去了。

44:30 我「父親」的命與這「童子」的命相連、如今我回到你僕人我父親那裡、若沒有童子與我們
同在、
44:31 我們的父親見沒有童子、他就必死・這便是我們使你「僕人」我們的「父親」白髮蒼蒼、悲
悲慘慘的下「陰間」去了。
44:32 因爲「僕人」曾向我「父親」爲這「童子」作保、說、我若不帶他回來交給父親、我便在
「父親」面前永遠擔罪。
44:33 現在求你容「僕人」住下、替這「童子」作我主的奴僕、叫「童子」和他哥哥們一同上去。
44:34 若「童子」不和我同去、我怎能上去見我「父親」呢、恐怕我看見災禍臨到我「父親」身
上。

「約瑟」聽完「猶大」的這一番「肺腑之言」，知道他已經「改過向善」，是應該和兄弟們相認的時候了，他就把府上的人都支開，只有「約瑟」一個人和他十一個兄弟們在場。

●**《舊約聖經》創世記：**

45:1 「約瑟」在左右站著的人面前、情不自禁、吩咐一聲說、人都要離開我出去・「約瑟」和弟
兄相認的時候、並沒有一人站在他面前。
45:2 他就放聲大哭、「埃及人」、和「法老」家中的人都聽見了。
45:3 「約瑟」對他弟兄們說、我是「約瑟」、我的父親還在麼・他弟兄不能回答、因爲在他面前
都驚惶。
45:4 「約瑟」又對他弟兄們說、請你們近前來、他們就近前來・他說、我是你們的兄弟「約

瑟」、就是你們所賣到「埃及」的。
45:5 現在不要因爲把我賣到這裡、自憂自恨、這是　神差我在你們以先來、爲要保全生命。
45:6 現在這地的「饑荒」已經二年了、還有五年不能耕種、不能收成。
45:7 神差我在你們以先來、爲要給你們存留餘種在世上、又要大施拯救、保全你們的生命。
45:8 這樣看來、差我到這裡來的不是你們、乃是　神、他又使我如法老的父、作他全家的主、並
「埃及」全地的宰相。

看到這裡，我不禁大爲動容，深受感動。當年「約瑟」差點被衆「哥哥們」設計殺害，最後被賣到「埃及」。如今，身爲「埃及」的宰相，他大權在握，大可叫人把衆「哥哥們」抓起來殺掉，以洩心頭大恨。可是，「約瑟」居然不計前嫌，原諒衆哥哥們，以德報怨，還惦記著他的「父親」。

在《聖經》的人物裡面，我認爲只有「約瑟」有資格被稱爲「聖人」。他心地善良，樂於助人，盡心做事，不忘報恩，不迷美色，不計前嫌，以德報怨，孝順父親，這些善良的人格特質，在《聖經》裡面，已經找不到第二個人了。

●《舊約聖經》創世記：

45:9 你們要趕緊上到我父親那裡、對他說、你兒子「約瑟」這樣說、　神使我作全「埃及」的
主、請你下到我這裡來、不要耽延。
45:10 你和你我兒子、孫子、連牛群、羊群、並一切所有的、都可以住在「歌珊地」、與我相近．
45:11 我要在那裡奉養你．因爲還有五年的饑荒、免得你和你的眷屬、並一切所有的、都敗落了。
45:12 況且你們的眼和我兄弟「便雅憫」的眼、都看見是我親口對你們說話。

45:13 你們也要將我在埃及一切的榮耀、和你們所看見的事、都告訴我父親、又要趕緊的將我父親
搬到我這裡來。
45:14 於是「約瑟」伏在他兄弟「便雅憫」的頸項上哭、「便雅憫」也在他的頸項上哭。
45:15 他又與衆弟兄親嘴、抱著他們哭、隨後他弟兄就和他說話。

「法老」邀請「雅各」和他的家人，移民到「埃及」與他擔任宰相的兒子「約瑟」同住。於是「雅各」帶著家族遷往「埃及」。

「以色列人」受到當時統治「埃及」的「西克索人」的優待，居住在尼羅河下游，由原來的「游牧民族」，轉變爲「農業民族」。

●《舊約聖經》創世記：

45:16 這風聲傳到「法老」的宮裡、說、「約瑟」的弟兄們來了．「法老」和他的臣僕都很喜歡。
45:17 「法老」對「約瑟」說、你吩咐你的弟兄們說、你們要這樣行、把「馱子（ㄉㄨㄛˋ，牲畜背
上所負的貨物）」抬在牲口上、起身往「迦南地」去。
45:18 將你們的父親和你們的眷屬、都搬到我這裡來、我要把「埃及地」的美物賜給你們、你們也
要喫這地肥美的出產。
45:19 現在我吩咐你們要這樣行、從「埃及地」帶著車輛去、把你們的孩子、和妻子、並你們的父
親都搬來。
45:20 你們眼中不要愛惜你們的家具、因爲「埃及全地」的美物、都是你們的。
45:21 「以色列（雅各）」的兒子們就如此行、「約瑟」照著「法老」的吩咐給他們車輛、和路上

用的食物。
45:22 又給他們各人一套衣服、惟獨給「便雅憫」三百銀子、五套衣服．
45:23 送給他「父親」公驢十四、馱著「埃及」的美物、母驢十四、馱著糧食與餅、和菜、爲他
「父親」路上用。
45:24 於是「約瑟」打發他弟兄們回去、又對他們說、你們不要在路上相爭。
45:25 他們從「埃及」上去、來到「迦南地」、他們的父親「雅各」那裡．
45:26 告訴他說、「約瑟」還在、並且作「埃及」全地的宰相．「雅各」心裡冰涼、因爲不信他
們。
45:27 他們便將「約瑟」對他們說的一切話、都告訴了他．他們父親「雅各」、又看見「約瑟」打
發來接他的車輛、心就甦醒了。
45:28 「以色列（雅各）」說、罷了、罷了、我的兒子「約瑟」還在、趁我未死以先、我要去見他
一面。
46:1 「以色列（雅各）」帶著一切所有的、起身來到「別是巴」、就獻祭給他父親「以撒」的
神。
46:2 夜間 神在「異象」中對「以色列（雅各）」說、「雅各、雅各」．他說、我在這裡。
46:3 神說、我是 神、就是你「父親」的 神、你下「埃及」去不要害怕、因爲我必使你在那裡
成爲大族。
46:4 我要和你同下「埃及」去、也必定帶你上來．「約瑟」必給你送終。（原文作「將手按在你

的眼睛上」）
46:5 「雅各」就從「別是巴」起行・「以色列（雅各）」的兒子們使他們的父親「雅各」、和他
們的妻子、兒女、都坐在「法老」爲「雅各」送來的車上。
46:6 他們又帶著「迦南地」所得的牲畜、貨財、來到「埃及」・「雅各」和他的一切子孫都一同
來了。
46:7 「雅各」把他的兒子、孫子、女兒、孫女、並他的子子孫孫、一同帶到「埃及」。
46:28 「雅各」打發「猶大」先去見「約瑟」、請派人引路往「歌珊」去・於是他們來到「歌珊
地」。
46:29 「約瑟」套車往「歌珊」去、迎接他父親「以色列」・及至見了面、就伏在父親的頸項上、
哭了許久。
46:30 「以色列」對「約瑟」說、我既得見你的面、知道你還在、就是死我也甘心。
46:31 「約瑟」對他的弟兄、和他父的全家說、我要上去告訴「法老」、對他說、我的弟兄和我父
的全家、從前在「迦南地」、現今都到我這裡來了。
46:32 他們本是牧羊的人、以養牲畜爲業、他們把羊群、牛群、和一切所有的都帶來了。
46:33 等「法老」召你們的時候、問你們說、你們以何事爲業、
46:34 你們要說、你的「僕人」從幼年直到如今、都以養牲畜爲業、連我們的「祖宗」也都以此爲
業。這樣、你們可以住在「歌珊地」、因爲凡牧羊的都被「埃及人」所厭惡。
47:1 「約瑟」進去告訴「法老」說、我的「父親」和我的弟兄帶著羊群、牛群、並一切所有的、

從「迦南地」來了、如今在「歌珊地」。
47:2「約瑟」從他弟兄中挑出五個人來、引他們去見「法老」。
47:3「法老」問「約瑟」的弟兄說、你們以可事爲業‧他們對「法老」說、你僕人是牧羊的、連
我們的祖宗、也是牧羊的。
47:4 他們又對「法老」說、「迦南地」的「饑荒」甚大、「僕人」的羊群沒有草喫、所以我們來
到這地寄居‧現在求你容「僕人」住在「歌珊地」。
47:5「法老」對「約瑟」說、你父親和你弟兄到你這裡來了。
47:6「埃及地」都在你面前、只管叫你父親和你弟兄住在國中最好的地、他們可以住在「歌珊
地」‧你若知道他們中間有甚麼能人、就派他們看管我的牲畜。
47:7「約瑟」領他父親「雅各」進到「法老」面前、「雅各」就給「法老」祝福。
47:8「法老」問「雅各」說、你平生的年日是多少呢。
47:9「雅各」對「法老」說、我寄居在世的年日是一百三十歲、我平生的年日又少、又苦、不及
我列祖早在世寄居的年日。
47:10「雅各」又給「法老」祝福、就從「法老」面前出去了。
47:11「約瑟」遵著「法老」的命、把「埃及國」最好的地、就是「蘭塞」境內的地、給他父親和
弟兄居住、作爲產業。
47:12「約瑟」用糧食奉養他「父親」、和他弟兄、並他「父親」全家的眷屬、都是照各家的人口
奉養他們。

47:13「饑荒」甚大、全地都絕了糧、甚至「埃及地」和「迦南地」的人、因那「饑荒」的緣故、
都餓昏了。
7:14「約瑟」收聚了「埃及地」和「迦南地」所有的銀子、就是衆人「糴糧（ㄉㄧˊ；買入穀
物）」的銀子、「約瑟」就把那銀子帶到「法老」的宮裡。
47:15「埃及地」和「迦南地」的銀子都花盡了、「埃及」衆人都來見「約瑟」說、我們的銀子都
用盡了、求你給我們糧食、我們爲甚麼死在你面前呢。
47:16「約瑟」說、若是銀子用盡了、可以把你們的牲畜給我、我就爲你們的牲畜給你們糧食。
47:17於是他們把牲畜趕到「約瑟」那裡、「約瑟」就拿糧食換了他們的牛、羊、驢、馬、那一年
因換他們一切的牲畜、就用糧食養活他們。
47:18那一年過去、第二年他們又來見「約瑟」說、我們不瞞我主、我們的銀子都花盡了、牲畜也
都歸了我主、我們在我主眼前除了我們的身體和田地之外、一無所剩。
47:19你何忍見我們人死地荒呢．求你用糧食買我們的我們的地、我們和我們的地就要給「法老」
效力．又求你給我們「種子」、使我們得以存活、不至死亡、地土也不至荒涼。
47:20於是「約瑟」爲「法老」買了「埃及」所有的地、「埃及人」因被「饑荒」所迫、各都賣了
自己的田地．那地就都歸了「法老」。
47:21至於「百姓」、「約瑟」叫他們從「埃及這邊」、直到「埃及那邊」、都各歸各城。
47:22惟有「祭司」的地、「約瑟」沒有買、因爲「祭司」有從「法老」所得的「常俸」、他們喫
「法老」所給的「常俸」、所以他們不賣自己的地。

47:23「約瑟」對「百姓」說、我今日爲「法老」買了你們、和你們的地、看哪、這裡有「種子」
給你們、你們可以種地。
47:24後來打糧食的時候、你們要把五分之一納給「法老」、四分可以歸你們作地裡的種子、也作
你們和你們家口孩童的食物。
47:25他們說、你救了我們的性命、但願我們在我主眼前蒙恩、我們就作「法老」的僕人。
47:26於是「約瑟」爲「埃及地」定下「常例」直到今日、「法老」必得五分之一、惟獨「祭司」
的地不歸「法老」。
47:27「以色列人」住在「埃及」的「歌珊地」、他們在那裡置了產業、並且生育甚多。
47:28「雅各」住在「埃及地」十七年、「雅各」平生的年日是一百四十七歲。
47:29「以色列（雅各）」的死期臨近了、他就叫了他兒子「約瑟」來、說、我若在你眼前蒙恩、
請你把手放在我大腿底下、用慈愛和誠實待我、請你不要將我葬在「埃及」。
47:30我與我祖我父同睡的時候、你要將我帶出「埃及」、葬在他們所葬的地方。「約瑟」說、我
必遵著你的命而行。
47:31「雅各」說、你要向我起誓、「約瑟」就向他起了誓、於是「以色列（雅各）」在床頭上
（或作「扶著杖頭」）敬拜　神。
48:1 這事以後、有人告訴「約瑟」說、你的「父親」病了・他就帶著兩個兒子「瑪拿西」和「以
法蓮」同去。
48:2 有人告訴「雅各」說、請看、你兒子「約瑟」到你這裡來了・「以色列（雅各）」就勉強在

床上坐起來。
48:3 「雅各」對「約瑟」說、全能的 神曾在「迦南地」的「路斯」向我顯現、賜福與我。
48:4 對我說、我必使你生養衆多、成爲多民、又要把這地賜給你的後裔、永遠爲業。
48:5 我未到「埃及」見你之先、你在「埃及地」所生的「以法蓮」和「瑪拿西」、這兩個兒子是
我的．正如「流便」和「西緬」是我的一樣。
48:6 你在他們以後所生的、就是你的、他們可以歸於他們弟兄的名下得產業。
48:7 至於我、我從「巴旦」來的時候、「拉結」死在我眼前、在「迦南地」的路上、離「以法
他」還有一段路程、我就把他葬在「以法他」的路上．「以法他」就是「伯利恆」。

「以色列（雅各）」臨終前，眼睛昏花，不能看見；他要給「約瑟」的兩個兒子祝福。「約瑟」使「以法蓮」對著「以色列（雅各）」的左手；「瑪拿西」對著「以色列（雅各）」的右手。

但是，「以色列（雅各）」伸出「右手」來，按在「以法蓮」的頭上（「以法蓮」是「次子」），又剪搭過「左手」來，按在「瑪拿西」的頭上（「瑪拿西」原是「長子」）。

雖然「約瑟」不喜悅，要提起他「父親」的手，要從「以法蓮」的頭上挪到「瑪拿西」的頭上。「以色列（雅各）」不肯，堅持立「以法蓮」在「瑪拿西」之前。或許「以色列（雅各）」想到當年他自己，也是以「次子」的身分，卻蒙父親將「長子」的福賜給他所致吧。

「以色列（雅各）」的預言，提到他的孫子「以法蓮」，不單立他在兄長之上，將來更在「以色列十二支派」中得尊位，並且他必昌大，這些預言後來都一一應驗了。

「以法蓮」和他的兄弟「瑪拿西」，被他們的祖父「雅各」過繼爲「嗣子」，成爲他的繼承

人。因此，在《聖經》幾處論到「以色列十二支派」的經文中，也把這兩個支派列入，以取代「但支派」，或是代表「約瑟支派」。

所以當我們在論述到「以色列十二支派」興衰的時候，必須也探討「以法蓮」與「瑪拿西」這兩個支派的興衰。特別是「以法蓮支派」，它在「分裂王國時期」，曾是「北國以色列」十個支派的統治支派，因此在「以色列」史中佔有相當重要的地位。

●《舊約聖經》創世記：

48:8 「以色列（雅各）」看見「約瑟」的兩個兒子、就說、這是誰。
48:9 「約瑟」對他「父親」說、這是　神在這裡賜給我的兒子．「以色列（雅各）」說、請你領
他們到我跟前、我要給他們祝福。
48:10 「以色列（雅各）」年紀老邁、眼睛昏花、不能看見、「約瑟」領他們到他跟前、他就和他
們親嘴、抱著他們。
48:11 「以色列（雅各）」對「約瑟」說、我想不到得見你的面、不料、　神又使我得見你的兒
子。
48:12 「約瑟」把兩個兒子從「以色列（雅各）」兩膝中領出來、自己就臉伏於地下拜。
48:13 隨後「約瑟」又拉著他們兩個、「以法蓮」在他的「右手」裡、對著「以色列（雅各）」的
「左手」、「瑪拿西」在他的「左手」裡、對著「以色列（雅各）」的「右手」、領他們到
「以色列（雅各）」的跟前。
48:14 「以色列（雅各）」伸出「右手」來、按在「以法蓮」的頭上．「以法蓮」乃是「次子」、

又剪搭過「左手」來、按在「瑪拿西」的頭上、「瑪拿西」原是「長子」。
48:15 他就給「約瑟」祝福、說、願我祖「亞伯拉罕」、和我父「以撒」所事奉的　神、就是一生
牧養我直到今日的　神。
48:16 救贖我脫離一切患難的那「使者」、賜福與這兩個「童子」、願他們歸在我的名下、和我祖
「亞伯拉罕」、我父「以撒」的名下、又願他們在世界中生養衆多。
48:17 「約瑟」見他父親把「右手」按在「以法蓮」的頭上、就不喜悅、便提起他父親的手、要從
「以法蓮」的頭上挪到「瑪拿西」的頭上。
48:18 「約瑟」對他「父親」說、我父不是這樣、這本是「長子」、求你把「右手」按在他的頭
上。
48:19 他「父親」不從、說、我知道、我兒、我知道、他也必成爲一族、也必昌大。只是他的兄弟
將來比他還大、他兄弟的後裔要成爲多族。
48:20 當日就給他們祝福、說、「以色列人」要指著你們祝福、說、願　神使你如「以法蓮」「瑪
拿西」一樣．於是立「以法蓮」在「瑪拿西」以上。
48:21 「以色列（雅各）」又對「約瑟」說、我要死了、但　神必與你們同在、領你們回到你們列
祖之地。
48:22 並且我從前用弓用刀、從「亞摩利人」手下奪的那塊地、我都賜給你、使你比衆弟兄多得一
分。
49:1 「雅各」叫了他的兒子們來、說、你們都來聚集、我好把你們日後必遇的事告訴你們。

49:2 「雅各」的兒子們、你們要聚集而聽、要聽你們父親「以色列（雅各）」的話。
49:28 這一切是「以色列」的「十二支派」．這也是他們的「父親」對他們所說的話、爲他們所祝
的福、都是按著各人的福分、爲他們祝福。
49:29 他又囑咐他們說、我將要歸到我列祖〔原文作「本民」〕那裡、你們要將我葬在「赫人以弗
崙」田間的洞裡、與我祖我父在一處、
49:30 就是在「迦南地幔利」前、「麥比拉」田間的洞．那洞和田、是「亞伯拉罕」向「赫人以弗
崙」買來爲業、作墳地的。
49:31 他們在那裡葬了「亞伯拉罕」和他妻子「撒拉」．又在那裡葬了「以撒」、和他妻子「利百
加」．我也在那裡葬了「利亞」。
49:32 那塊田和田間的洞、原是向「赫人」買的。
49:33 「雅各」囑咐衆子已畢、就把腳收在床上、氣絕而死、歸到列祖（原文作「本民」）那裡去
了。
50:1 「約瑟」伏在他「父親」的面上哀哭、與他親嘴。
50:2 「約瑟」吩咐伺候他的「醫生」、用香料薰他父親、「醫生」就用香料薰了「以色列（雅
各）」。
50:3 薰尸的常例是四十天、那四十天滿了、「埃及人」爲他哀哭了七十天。
50:4 爲他哀哭的日子過了、「約瑟」對「法老」家中的人說、我若在你們眼前蒙恩、請你們報告
「法老」說、

50:5 我「父親」要死的時候、叫我起誓、說、你要將我葬在「迦南地」、在我爲自己所掘的墳墓
裡・現在求你讓我上去葬我「父親」、以後我必回來。
50:6 「法老」說、你可以上去、照著你「父親」叫你起的誓、將他葬埋。
50:7 於是「約瑟」上去葬他「父親」・與他一同上去的、有「法老」的「臣僕」、和「法老」家
中的「長老」、並「埃及國」的「長老」。
50:8 還有「約瑟」的全家、和他的弟兄們、並他「父親」的眷屬、只有他們的婦人、孩子、和羊
群、牛群、都留在「歌珊地」。
50:9 又有車輛、馬兵、和他一同上去・那一幫人甚多。
50:10 他們到了「約但河」外、「亞達」的「禾場」、就在那裡大大的號咷痛哭・「約瑟」爲他
「父親」哀哭了七天。
50:11 「迦南」的居民、見「亞達禾場」上的哀哭、就說、這是「埃及人」一場大的哀哭、因此那
地方名叫「亞伯麥西」、是在「約但河」東。
50:12 「雅各」的兒子們、就遵著他「父親」所吩咐的辦了。
50:13 把他搬到「迦南地」、葬在「幔利」前、「麥比拉」田間的洞裡・那洞和田、是「亞伯拉
罕」向「赫人以弗崙」買來爲業作墳地的。
50:14 「約瑟」葬了他「父親」以後、就和眾弟兄、並一切同他上去葬他父親的人、都回「埃及」
去了。
50:15 「約瑟」的「哥哥們」見「父親」死了、就說、或者「約瑟」懷恨我們、照著我們從前待他

一切的惡、足足的報復我們。
50:16 他們就打發人去見「約瑟」說、你「父親」未死以先、吩咐說、
50:17 你們要對「約瑟」這樣說、從前你「哥哥們」惡待你、求你饒恕他們的過犯、和罪惡・如今
求你饒恕你「父親」　神之「僕人」的過犯・他們對「約瑟」說這話、「約瑟」就哭了。
50:18 他的「哥哥們」又來俯伏在他面前說、我們是你的「僕人」。
50:19 「約瑟」對他們說、不要害怕、我豈能代替　神呢。
50:20 從前你們的意思是要害我、但　神的意思原是好的、要保全許多人的性命、成就今日的光
景・
50:21 現在你們不要害怕、我必養活你們、和你們的婦人、孩子・於是「約瑟」用親愛的話安慰他
們。
50:22 「約瑟」和他父親的眷屬、都住在「埃及」・「約瑟」活了一百一十歲。
50:23 「約瑟」得見「以法蓮」第三代的子孫・「瑪拿西」的孫子「瑪吉」的兒子、也養在「約
瑟」的膝上。
50:24 「約瑟」對他弟兄們說、我要死了、但　神必定看顧你們、領你們從這地上去、到他起誓所
應許給「亞伯拉罕」、「以撒」、「雅各」之地。
50:25 「約瑟」叫「以色列」的子孫起誓、說、　神必定看顧你們、你們要把我的骸骨從這裡搬上
去。
50:26 「約瑟」死了、正一百一十歲・人用香料將他薰了、把他收殮在棺材裡、停在「埃及」。

「約瑟」的兩個兒子，「瑪拿西」和「以法蓮」，兩人日後在《舊約聖經》中，被當做兩個支派，這是因爲「雅各」支持了「約瑟」的「長子名分」。

按照《妥拉（猶太教的精經典）》的規定，「長子」能得到兩分產業。所以「約瑟」能得到兩個支派繼承土地的權利。這正好因「利未支派」不能繼承地土，因爲他們必須在聖殿事奉。因此，最後仍有「十二個支派」，不過「大衛王」是由「猶大支派」所出。

九、「以色列人」當「埃及人」的奴隸

「約瑟」當「埃及」宰相的時候，當時統治「埃及」的「西克索人」厚待「以色列人」。但是，「約瑟」死後，「西克索人」被「埃及」南方「底比斯」的統治者「阿赫摩斯一世」趕出「埃及」，「以色列人」的地位就急劇下降，淪爲「新埃及人」的奴隸。

這裡先簡單介紹「埃及」和「西克索人」的關係，讀者才會明白，爲什麼「以色列人」後來會當「埃及人」的奴隸？

「埃及」是最古老的文明國家，共歷經三十一個王朝的統治：

⑴古王國時期：始於公元前三千年，亦稱爲「金字塔時期」，著名的「胡福法老金字塔」與「哈大拉法老金字塔」等，卽建造於此時期。

⑵中王國時期：始於公元前二千二百年，到公元前一千五百八十年，持續約六百多年。

⑶新王國時期：開始於公元前一千五百八十年，亦稱「帝國時期」。

「西克索人」是指古代「西亞」的一個部族聯盟，包括以「閃族人」爲主，和其它複雜種族成份

的人。

「埃及」在「中王國時期」之後的第二個中間期，政治上陷於分裂，形成以「底比斯」為首都的「第十三王朝」，與以「克索伊斯」為首都的「第十四王朝」兩邊對峙。

這時候，原本游牧於「西亞」地區的「西克索人」，便趁著「埃及」內戰之際入侵「埃及」，並且占領了三角洲地區，建立「第十五王朝」，同時並迫使「第十三王朝」和第「第十四王朝」向其稱臣朝貢。此後，西克索人的「第十五王朝」被同族的「第十六王朝」取代，但是仍舊是「埃及」的主要強國。

後來，「第十六王朝」推翻了虛弱的「第十三王朝」，統治了中「埃及」和下「埃及」一百多年。「埃及」本土的「第十四王朝」，被迫退守到以「底比斯」為中心的南方，保持半獨立的狀態。

「西克索人」在公元前一千六百八十年間，是國力的極盛時期，統治的控制範圍，幾乎遍布全「埃及」。《創世記》記述「約瑟」在「埃及」法老的宮中做「宰相」，主持儲糧備荒的工作，大約就是正值「西克索人」統治「埃及」的時候，那時候的「埃及」法老是「西克索人」，和「約瑟」同屬於「閃族」人種。所以，「埃及」法老才會聘用「約瑟」為「宰相」，賦予他最高權力。

公元前十六世紀代，「埃及」南方「底比斯」的統治者「阿赫摩斯一世」，領導「埃及人」進行驅逐「西克索人」統治者的戰爭。公元前一千五百八十年「阿赫摩斯一世」攻克「阿瓦利斯城」，把「西克索人」逐出「埃及」本土，甚至追擊到「巴勒斯坦」南部，從此「西克索人」在「埃及」的百年統治宣告結束。

「阿赫摩斯一世」重新統一「埃及」，並且創建了「第十八王朝」，「埃及」進入「帝國時期」，即「新王國時期」。

前面章節提到，《舊約聖經》上記載，「約瑟」原是「護衛長」的僕人，由於為「法老」解夢，預測到「埃及」將經歷七個豐年，與七個飢荒年。於是，「約瑟」受命治理「埃及」，「約瑟」聚斂「埃及地」七個豐年的糧食，把糧食積存在各城裡；各城周圍田地的糧食都積存在本城裡。

七個荒年來了，正如「約瑟」所說的，各地都有饑荒；惟獨「埃及」全地有糧食。由於「約瑟」的功勞，「以色列人」在七個荒年的第二年遷移到「埃及」，受到當時統治「埃及」的「西克索人」的優待，居住在「尼羅河」下游，由「游牧民族」轉變為「農業民族」。

「約瑟」當「埃及宰相」的時候，當時統治「埃及」的「西克索人」厚待「以色列人」。但是，「約瑟」死後，「西克索人」被「埃及」南方「底比斯」的統治者「阿赫摩斯一世」趕出「埃及」，「以色列人」的地位就急劇下降，淪為「新埃及人」的奴隸。

由於「以色列人」在「埃及」繁盛壯大之後，在政治、經濟與宗教上與「埃及人」發生矛盾，「新埃及法老」統治者，就逐漸採取奴役和迫害「以色列人」的措施，限制「以色列人」在「埃及」的發展，使得「以色列人」和「埃及人」的矛盾日益加深。

「以色列人」在「埃及」經受長期的奴役與迫害，迫害最甚的時期，被考古學家認為是「古埃及」新王國「拉美西斯二世（Ramses II）」當政的年代，這是「埃及」新王國最強盛的年代。

「拉美西斯二世」死後，他的兒子「梅尼普塔」繼位。這時候，國家大大削弱，所控制的屬地不斷發生起義。在他只維持十年的統治期間，他努力要穩定動搖的帝國局勢，但是已經力不從心。

這時候出現了被壓迫的「以色列人」爭取脫離被奴役的大好時機，「摩西」和「亞倫」就在這大好的時機中，經過艱巨的鬥爭，而率領被奴役的「以色列人」出離「埃及」。

●《舊約聖經》出埃及記：

1:6「約瑟」和他的弟兄、並那一代的人都死了。
1:7「以色列人」生養衆多並且繁茂、極其強盛、滿了那地。
1:8 有不認識「約瑟」的「新王」起來、治理「埃及」。
1:9 對他的百姓說、看哪、這「以色列民」比我們還多、又比我們強盛。
1:10 來罷我們不如用巧計待他們、恐怕他們多起來、日後若遇甚麼爭戰的事、就連合我們的仇敵攻擊我們、離開這地去了。
1:11 於是「埃及人」派督工的轄制他們、加重擔苦害他們．他們爲「法老」建造兩座「積貨城」、就是「比東」、和「蘭塞」。
1:12 只是越發苦害他們、他們越發多起來、越發蔓延．「埃及人」就因「以色列人」愁煩。
1:13「埃及人」嚴嚴的使「以色列人」作工。
1:14 使他們因作苦工覺得命苦、無論是和泥、是做磚、是作田間各樣的工、在一切的工上都嚴嚴的待他們。
1:15 有「希伯來」的兩個「收生婆」、一名「施弗拉」、一名「普阿」．「埃及王」對他們說、
1:16 你們爲「希伯來」婦人收生、看他們臨盆的時候、若是「男孩」、就把他殺了、若是「女孩」、就留他存活。
1:17 但是「收生婆」敬畏 神、不照「埃及王」的吩咐行、竟存留「男孩」的性命。

1:18「埃及王」召了「收生婆」來、說、你們為甚麼作這事、存留「男孩」的性命呢。
1:19「收生婆」對「法老」說、因為「希伯來」婦人與「埃及」婦人不同、「希伯來」婦人本是
健壯的、（原文作「活潑的」）「收生婆」還沒有到、他們已經生產了。
1:20 神厚待「收生婆」．「以色列人」多起來、極其強盛。
其實，上帝「耶和華」很早就預言，「以色列人」將在「埃及」做奴隸四百年。
●《舊約聖經》創世記：
15:13「耶和華」對「亞伯蘭」說、你要的確知道、你的後裔必寄居別人的地、又服事那地的人．
那地的人要苦待他們四百年．
15:14 並且他們所要服事的那國、我要懲罰．後來他們必帶著許多財物、從那裡出來。

十、「摩西」拯救「以色列人」離開「埃及」

「摩西（Moses）」在「伊斯蘭教」稱作「穆撒」，他是在《舊約聖經》的「出埃及記」等書中所記載的人物。「摩西」是在公元前十三世紀時，「猶太人」的民族領袖，「猶太教徒」認為他是「猶太教」的創始者。「摩西」在「亞伯拉罕諸教（猶太教、基督教、伊斯蘭教）」裡，都被認為是極為重要的「先知」。

「摩西」是《舊約聖經》五卷書（《創世記》、《出埃及記》、《利未記》、《民數記》和《申命記》）的著名作者，這五卷書常常被稱為《摩西五經》，「猶太教」稱為《妥拉》。

按照「出埃及記」的記載，「摩西」受上帝「耶和華」之命，率領受奴役的以色列人離開「古埃

及」，前往一塊富饒的應許之地「迦南」。

「迦南」位處中東地區，西邊沿著「地中海」，北邊是「黎巴嫩」，東北是「敍利亞」，東邊是「約旦」，有「約旦河」相隔。「約旦河」流入「死海（《舊約聖經》稱爲『鹽海』，因爲河水只進不出，水分含鹽量非常高，是一般海水的八倍多）」。南邊如矛頭倒三角形的「南地」與「西奈半島」相接，過了半島邊上的「蘇伊士運河」與「紅海」，就是「埃及」。

●《舊約聖經》出埃及記：

1:22「法老」吩咐他的衆民說、「以色列人」所生的男孩、你們都要丟在河裡、一切的女孩、你們要存留他的性命。

2:1 有一個「利未」家的人、娶了一個「利未」女子爲妻。

2:2 那女人懷孕、生一個兒子、見他俊美就藏了他三個月。

2:3 後來不能再藏、就取了一個蒲草箱、抹上石漆和石油、將孩子放在裡頭、把箱子擱在河邊的蘆荻中。

2:4 孩子的姐姐遠遠站著、要知道他究竟怎麼樣。

2:5 「法老」的女兒來到河邊洗澡、他的使女們在河邊行走·他看見箱子在蘆荻中、就打發一個婢女拿來。

2:6 他打開箱子看見那孩子、孩子哭了、他就可憐他、說、這是「希伯來人」的一個孩子。

2:7 孩子的姐姐對「法老」的女兒、我去在「希伯來」婦人中叫一個奶媽來、爲你奶這孩子、可以不可以。

2:8 法老的女兒說、可以・童女就去叫了孩子的母親來。

2:9 法老的女兒對他說、你把這孩子抱去、爲我奶他、我必給你工價・婦人就抱了孩子去奶他。

2:10孩子漸長、婦人把他帶到「法老」的女兒那裡、就作了他的兒子・他給孩子起名叫「摩西」、意思說、因我把他從水裡拉出來。

在這裡，先介紹一下「摩西」的家人，他們的簡介記載在《舊約聖經》民數記。「摩西」是「利未人」中的「哥轄族」，父親叫做「暗蘭」，母親叫做「約基別」，哥哥叫做「亞倫」，姐姐叫做「米利暗」。

●《舊約聖經》民數記：

26:57「利未人」、按著他們的各族被數的、屬「革順」的、有「革順族」・屬「哥轄」的、有「哥轄族」・屬「米拉利」的、有「米拉利族」。

26:58「利未」的各族有「立尼族」、「希伯倫族」、「瑪利族」、「母示族」、「可拉族」。「哥轄」生「暗蘭」。

26:59「暗蘭」的妻名叫「約基別」、是利未女子、生在埃及・他給「暗蘭」生了「亞倫」、「摩西」、並他們的姐姐「米利暗」。

再回到本文，繼續介紹「摩西」的一生。

●《舊約聖經》出埃及記：

2:11後來「摩西」長大、他出去到他弟兄那裡、看他們的重擔、見一個「埃及人」打「希伯來人」的一個弟兄。

2:12他左右觀看、見沒有人、就把「埃及人」打死了、藏在沙土裡。
2:15「法老」聽見這事、就想殺「摩西」、但「摩西」躲避「法老」逃往「米甸地」居住。
（「米甸地」位於「阿拉伯半島」的西北處，紅海「阿卡巴灣」東邊的岸上，與「西奈半
島」的東南方毗鄰。）
2:16一日他在井旁坐下、「米甸」的祭司有七個女兒、他們來打水、打滿了槽、要飲父親的群
羊。
2:17有牧羊的人來把他們趕走了、「摩西」卻起來幫助他們、又飲了他們的群羊。
2:18他們來到父親「流珥」那裡、他說、今日你們爲何來得這麼快呢。
2:19他們說、有一個「埃及人」救我們脫離牧羊人的手、並且爲我們打水飲了群羊。
2:20他對女兒們說、那個人在那裡、你們爲甚麼撇下他呢、你們去請他來喫飯。
2:21「摩西」甘心和那人同住・那人把他的女兒「西坡拉」給「摩西」爲妻。
2:22「西坡拉」生了一個兒子、「摩西」給他起名叫「革舜」、意思說、因我在外邦作了寄居
的。

後來「以色列人」因爲做「奴隸」太苦了，就祈禱哀求上帝「耶和華」拯救他們。上帝「耶和華」聽到了，就命令「摩西」拯救「以色列人」，帶領他們離開「埃及」。

●《舊約聖經》出埃及記：

2:23過了多年、「埃及王」死了・「以色列人」因作苦工、就歎息哀求、他們的哀聲達於 神。
2:24神聽見他們的哀聲、就記念他與「亞伯拉罕」、「以撒」、「雅各」所立的約。

2:25神看顧以色列人、也知道他們的苦情。
3:1「摩西」牧養他岳父米甸祭司「葉忒羅」的羊群、一日領羊群往野外去、到了　神的山、就
是『何烈山（又名叫「西奈山」）』。
3:2「耶和華的使者」從荊棘裡火焰中向「摩西」顯現．「摩西」觀看、不料、荊棘被火燒著、
卻沒有燒燬。
3:3「摩西」說、我要過去看這大異象、這荊棘爲何沒有燒壞呢。
3:4「耶和華　神」見他過去要看、就從荊棘裡呼叫說、「摩西、摩西」．他說、我在這裡。
3:5神說、不要近前來、當把你腳上的鞋脫下來、因爲你所站之地是聖地．
3:6又說、我是你父親的　神、是「亞伯拉罕」的　神、「以撒」的　神、「雅各」的　神。
「摩西」蒙上臉、因爲怕看　神。
3:7「耶和華」說、我的百姓在「埃及」所受的困苦、我實在看見了．他們因受督工的轄制所發
的哀聲、我也聽見了．我原知道他們的痛苦。
3:8我下來是要救他們脫離「埃及人」的手、領他們出了那地、到美好寬闊流奶與蜜之地、就是
到「迦南人、赫人、亞摩利人、比利洗人、希未人、耶布斯人」之地。
3:9現在「以色列人」的哀聲達到我耳中、我也看見「埃及人」怎樣欺壓他們。
3:10故此我要打發你去見「法老」、使你可以將我的百姓「以色列人」從「埃及」領出來。
4:28「摩西」將「耶和華」打發他所說的言語、和囑咐他所行的神蹟、都告訴了「亞倫（摩西的
哥哥）」。

4:29「摩西」「亞倫」就去招聚「以色列」的衆長老。
4:30「亞倫」將「耶和華」對「摩西」所說的一切話、述說了一遍、又在百姓眼前行了那些神蹟。
4:31百姓就信了．「以色列人」聽見「耶和華」眷顧他們、鑒察他們的困苦、就低頭下拜。
5:1 後來「摩西」「亞倫」去對「法老」說、「耶和華」以色列的 神這樣說、容我的百姓去、在曠野向我守節。
5:2 「法老」說、「耶和華」是誰、使我聽他的話、容「以色列人」去呢、我不認識「耶和華」、也不容「以色列人」去。

「摩西」和「亞倫」去找「法老」說，「以色列人」的上帝「耶和華」，要求「法老」釋放「以色列人」，讓他們離開「埃及」。

但是，古代的「埃及」是個「多神教」的國家，特別是崇拜「動物神」。除了牛神、狗神、貓神等，受到人們的崇拜，還有許多動物也名列「封神榜」。

「埃及人」不認識上帝「耶和華」，「法老」怎麼可能讓免費的「經濟勞動人口」，六十萬以上的「以色列人」離開「埃及」呢?這對「埃及」的國家經濟影響很大。所以，「法老」當然拒絕這項要求。

「法老」不同意釋放「以色列人」，上帝「耶和華」就降下十個災難在「埃及」，用以催促並警告埃及「法老」釋放「以色列人」，這就是《舊約聖經》上有名的「十災」，記載於《舊約聖經》〈出埃及記〉的第七到十二章中。在「猶太教」、「基督教」和「伊斯蘭教」的經典之中，都有關於

「十災」的敍述。

「十災」的內容和《舊約聖經》〈出埃及記〉裡，相關的經文如下：

⑴血災：「尼羅河」的清水全變成血水。

7:21河裡的魚死了、河也腥臭了、「埃及人」就不能喫這河裡的水‧「埃及」遍地都有了血。

⑵蛙災：大量青蛙遍布「埃及」。

8:6「亞倫」便伸杖在「埃及」的諸水以上、青蛙就上來遮滿了「埃及地」。

⑶虱災：「埃及人」身上布滿虱子。

8:17他們就這樣行‧「亞倫」伸杖擊打地上的塵土、就在人身上和牲畜身上有了「虱子」、「埃
及」遍地的塵土、都變成「虱子」了。

⑷蠅災：「蒼蠅」肆虐。

8:24「耶和華」就這樣行、「蒼蠅」成了大群、進入「法老」的宮殿、和他臣僕的房屋‧「埃
及」遍地、就因這成群的「蒼蠅」敗壞了。

⑸畜疫之災：「家畜」感染「瘟疫」死亡。

9:3「耶和華」的手加在你田間的牲畜上、就是在馬、驢、駱駝、牛群、羊群上、必有重重的
「瘟疫」。
9:6第二天「耶和華」就行這事、「埃及」的牲畜幾乎都死了、只是「以色列人」的牲畜一個都
沒有死。
9:7「法老」打發人去看、誰知、「以色列人」的牲畜連一個都沒有死‧「法老」的心卻是固

執、不容百姓去。

⑹瘡災：成人長出起泡的疹子。

9:10「摩西」「亞倫」取了爐灰、站在「法老」面前・「摩西」向天揚起來、就在人身上和牲畜身上、成了起泡的「瘡」。

⑺雹災：天降「冰雹」。

9:23「摩西」向天伸杖、「耶和華」就打雷下雹、有火閃到地上、「耶和華」下雹在「埃及地」上。

9:25在「埃及」遍地、雹擊打了田間所有的人和牲畜、並一切的菜蔬、又打壞田間一切的樹木。

9:26惟獨「以色列人」所住的「歌珊地」、沒有冰雹。

⑻蝗災：「蝗蟲」布滿「埃及」。

10:13「摩西」就向「埃及地」伸杖、那一晝一夜、「耶和華」使「東風」颳在「埃及地」上、到了早晨、「東風」把「蝗蟲」颳了來。

10:14「蝗蟲」上來、落在「埃及」的四境、甚是利害、以前沒有這樣的、以後也必沒有。

10:15因爲這「蝗蟲」遮滿地面、甚至地都黑暗了、又喫地上一切的菜蔬、和冰雹所剩樹上的果子。「埃及」遍地、無論是樹木、是田間的菜蔬、連一點青的也沒有留下。

⑼黑暗之災：三天三夜不見太陽。

10:22「摩西」向天伸杖、「埃及」遍地就烏黑了三天。

10:23三天之久、人不能相見、誰也不敢起來離開本處、惟有「以色列人」家中都有亮光。

⑽殺長子之災：所有「埃及」家庭的「長子」，以及「埃及」一切頭生的牲畜都死亡。
12:29 到了半夜、「耶和華」把「埃及地」所有的「長子」、就是從坐寶座的「法老」、直到被擄
囚在監裡之人的「長子」、以及一切頭生的牲畜、盡都殺了。
12:30 「法老」和一切臣僕、並「埃及」眾人、夜間都起來了‧在「埃及」有大哀號、無一家不死
一個人的。

十一、出埃及記

上帝「耶和華」在「埃及」先降下九個災難，但是「法老」鐵石心腸，不爲所動。最後，上帝「耶和華」使出「殺手鐗」，降下「殺長子之災」，所有「埃及」家庭的「長子」，以及「埃及」一切頭生的牲畜都死亡，包括「法老」的「長子」。這下子，「法老」終於害怕了，向上帝「耶和華」投降。

不過，我對於上帝「耶和華」爲了達到目的，不擇手段，濫殺無辜的行爲，非常不以爲然。「埃及地」所有的「長子」，包括囚在監裡的人以及一切頭生的牲畜的「長子」，全都殺盡，一個不留，這是多麼的殘忍的事情。爲什麼不殺「埃及法老」的「長子」就好了呢？而要連帶濫殺那麼多無辜的「埃及百姓」。

● **《舊約聖經》出埃及記：**
12:31 夜間「法老」召了「摩西」「亞倫」來、說、起來。連你們帶「以色列人」、從我民中出
去、依你們所說的、去事奉「耶和華」罷。

12:37「以色列人」從「蘭塞」起行、往「疏割」去・除了婦人孩子、步行的男人約有六十萬。
12:40「以色列人」住在「埃及」共有四百三十年。
12:41 正滿了四百三十年的那一天、「耶和華」的軍隊都從「埃及地」出來了。
12:51 正當那日、「耶和華」將「以色列人」按著他們的軍隊、從「埃及地」領出來

上帝「耶和華」引導「以色列人」離開「埃及地」，在《舊約聖經》裡，下面這段經文，讓人有很大的想像空間，有不同的解讀。

●《舊約聖經》出埃及記：

13:21 日間「耶和華」在雲柱中領他們的路、夜間在火柱中光照他們、使他們日夜都可以行走・
13:22 日間雲柱、夜間火柱、總不離開百姓的面前。

上帝「耶和華」爲了不使「摩西」一行人迷路，在白天時有「雲柱」引導他們，晚上有「火柱」照亮他們。如此，「以色列人」可以在白天和晚上，都知道應該往哪裡走，迅速離開「埃及」。

《舊約聖經》經文中所說的「雲柱」和「火炷」是什麼呢？

如果將「日間雲柱」和「夜間火柱」，改爲「白天不發光，夜間發光的長柱形太空飛碟。」，這一段描述不是變得一清二楚了嗎？若改用「太空飛碟」的新觀點來重讀，整個文句不是顯得相當通俗明白嗎？這就是上帝「耶和華」在「長柱形太空飛碟」上，發出的光柱照明，引導「以色列人」逃離「埃及」。

「上帝是外星人嗎？」這個問題在現今的歐美，有諸多的討論。曾任美國航空太空總署科長的「杜恩寧（Barry Dunning）」在經過長期的研究之後，於一九六八年出版《上帝是外星人》一書，

指出《聖經》中的上帝「耶和華」，其實是上古時代，來到地球的外星太空飛碟「指揮官」，「天使」們其實就是其他的外星人。

我們再繼續看《舊約聖經》的下一段，「法老王」後悔釋放了「以色列人」。後悔的原因有二個，第一個是「埃及人」缺少這群「以色列勞工」，「埃及」境內一切的建設工程馬上停頓；第二個原因是，「法老王」的長子被屠殺，「法老王」報仇心切。於是「法老王」親自率領六百輛戰車的大軍，再加上騎兵和士兵，出來追趕「以色列人」。終於在「巴力洗分」，靠近「紅海」的地方，追到「以色列人」。

●《舊約聖經》出埃及記：

14:5 有人告訴「埃及王」說、百姓逃跑、「法老」和他的臣僕就向百姓變心、說、我們容「以色
列人」去不再服事我們、這作的是甚麼事呢。
14:6 「法老」就預備他的車輛、帶領軍兵同去。
14:7 並帶著六百輛特選的車、和「埃及」所有的車、每輛都有「車兵長」。
14:9 「埃及人」追趕他們．「法老」一切的馬匹、車輛、馬兵、與軍兵、就在海邊上靠近「比哈
希錄」對著「巴力洗分」、在他們安營的地方追上了。

這時候，上帝「耶和華」告訴「摩西」，帶著「以色列人」繼續往前走，不要怕。並且告訴「摩西」，只要舉手向「紅海」伸出手杖，海水就會向兩面分開，「以色列人」就能從中間的乾地走過去。

●《舊約聖經》出埃及記：

14:10「法老」臨近的時候、「以色列人」舉目看見「埃及人」趕來、就甚懼怕、向「耶和華」哀
求。
14:15「耶和華」對「摩西」說、你爲甚麼向我哀求呢、你吩咐「以色列人」往前走。
14:16你舉手向海伸杖、把水分開。「以色列人」要下海中走乾地。
14:19在「以色列」營前行走「神的使者」、轉到他們後邊去、「雲柱」也從他們前邊轉到他們
後邊立住。
14:20在「埃及營」和「以色列營」中間有「雲柱」、一邊黑暗、一邊發光、終夜兩下不得相近。
14:21「摩西」向海伸杖、「耶和華」便用「大東風」、使海水一夜退去、水便分開、海就成了乾
地。
14:22「以色列人」下海中走乾地、水在他們的左右作了牆垣。
14:23「埃及人」追趕他們、「法老」一切的馬匹、車輛、和馬兵、都跟著下到海中。
14:24到了晨更的時候、「耶和華」從「雲火柱」中向「埃及」的軍兵觀看、使「埃及」的軍兵混
亂了。
14:25又使他們的車輪脫落、難以行走、以致「埃及人」說、我們從「以色列人」面前逃跑罷、因
「耶和華」爲他們攻擊我們了。
14:26「耶和華」對「摩西」說、你向海伸杖、叫水仍合在「埃及人」並他們的車輛、馬兵身上。
14:27「摩西」就向海伸杖、到了天一亮、海水仍舊復原、「埃及人」避水逃跑的時候、「耶和
華」把他們推翻在海中。

14:28 水就回流、淹沒了車輛、和馬兵・那些跟著「以色列人」下海「法老」的全軍、連一個也沒
有剩下。
14:29「以色列人」卻在海中走乾地、水在他們的左右作了牆垣。
14:30 當日「耶和華」這樣拯救「以色列人」脫離「埃及人」的手、「以色列人」看見「埃及人」
的死屍都在海邊了。
14:31「以色列人」看見「耶和華」向「埃及人」所行的大事、就敬畏「耶和華」、又信服他和他
的僕人「摩西」。

在這一段經文中，有一些令人不解之處。「耶和華從雲火柱中向埃及的軍兵觀看、使埃及的軍兵混亂了。又使他們的車輪脫落、難以行走。」、「耶和華便用大東風、使海水一夜退去、水便分開、海就成了乾地。」以及「水在他們的左右作了牆垣」。

「紅海」分開後，泥濘不堪的溼地被烘乾，只靠「大東風」的力量，就可以辦得到嗎？如果風力眞能使海水分開的話，也不可能有「牆垣效果」，而應該只是個「弧形線」。但是，《聖經》中所提及的這道「水牆」，不只垂直，而且很平滑，風力絕對做不到這點。

在自然界中，有什麼風能夠將海水吹分開呢？，連颱風、颶風都無法達成。而且，縱使這種強風能把海水吹開，那麼「以色列人」和「埃及人」爲什麼不會被吹的東倒西歪呢？因此，這一定還有別的原因。

若從「飛碟學」的角度來看，這些現象應該都是「反重力場」所造成的。我們可以想像一下當時的情景，當「以色列人」要越過「紅海」的時候，有一艘「飛碟」盤旋在「紅海」的上空，上帝「耶

和華」坐在「飛碟」內，觀看「埃及」軍隊，利用「反重力場」使他們混亂。「飛碟」對著「以色列人」要通過的水域施以「反重力場」，海水就會分開成垂直又平滑的「牆垣」。

「反重力場」還有另一種效果，因爲「電磁場」會增加物體內部分子的活動性，就像「電磁爐」的功能一樣。若將這種效應施於「紅海」，海床上泥濘的溼地，就會被烘乾，海就成了乾地，「以色列人」也就能安然通過。

十二、「以色列人」膜拜「金犢牛神」

●《舊約聖經》出埃及記：

19:1 「以色列人」出「埃及地」以後、滿了三個月的那一天、就來到「西乃」的曠野。

19:2 他們離了「利非訂」來到「西乃」的曠野、就在那裡的山下安營。

19:20 「耶和華」降臨在「西乃山」頂上、「耶和華」召「摩西」上山頂、「摩西」就上去。

24:18 「摩西」進入雲中上山、在山上四十晝夜。

32:1 百姓見「摩西」遲延不下山、就大家聚集到「亞倫」那裡、對他說、起來、爲我們作神像、
可以在我們前面引路、因爲領我們出「埃及地」的那個「摩西」、我們不知道他遭了甚麼
事。

32:2 「亞倫」對他們說、你們去摘下你們妻子兒女耳上的金環、拿來給我。

32:3 百姓就都摘下他們耳上的金環、拿來給「亞倫」。

32:4 「亞倫」從他們手裡接過來、鑄了一隻「牛犢」、用雕刻的器具作成・他們就說、「以色

列」阿、這是領你出「埃及地」的「神」。

32:5 「亞倫」看見、就在「牛犢」面前築壇、且宣告說、明日要向「耶和華」守節。

32:6 次日清早、百姓起來獻燔祭、和平安祭、就坐下喫喝、起來玩耍。

32:7 「耶和華」吩咐「摩西」說、下去罷、因爲你的百姓、就是你從「埃及地」領出來的、已經敗壞了。

32:8 他們快快偏離了我所吩咐的道、爲自己鑄了一隻「牛犢」、向他下拜獻祭、說、「以色列」阿、這就是領你出「埃及地」的「神」。

32:9 「耶和華」對「摩西」說、我看這百姓眞是硬著頸項的百姓。

32:10 你且由著我、我要向他們發烈怒、將他們滅絕、使你的後裔成爲大國。

32:11 「摩西」便懇求「耶和華」他的　神說、「耶和華」阿、你爲甚麼向你的百姓發烈怒呢、這百姓是你用大力和大能的手、從「埃及地」領出來的．

32:12 爲甚麼使「埃及人」議論說、他領他們出去、是要降禍與他們、把他們殺在山中、將他們從地上除滅．求你轉意、不發你的烈怒、後悔、不降禍與你的百姓。

32:13 求你記念你的僕人「亞伯拉罕」、「以撒」、「以色列」．你曾指著自己起誓說、我必使你們的後裔像天上的星那樣多、並且我所應許的這全地、必給你們的後裔、他們要永遠承受爲業。

32:14 於是「耶和華」後悔、不把所說的禍降與他的百姓。

32:15 「摩西」轉身下山、手裡拿著兩塊「法版」、這版是兩面寫的、這面那面都有字。

32:16 是　神的工作、字是　神寫的、刻在版上。
32:19「摩西」挨近營前、就看見「牛犢」、又看見人跳舞、便發烈怒、把兩塊版扔在山下摔碎
了。
32:20 又將他們所鑄的「牛犢」、用火焚燒、磨得粉碎、撒在水面上、叫「以色列人」喝。
32:21「摩西」對「亞倫」說、這百姓向你作了甚麼、你竟使他們陷在大罪裡。
32:22「亞倫」說、求我主不要發烈怒、這百姓專於作惡、是你知道的。
32:23 他們對我說、你爲我們作神像、可以在我們前面引路、因爲領我們出「埃及地」的那個「摩
西」、我們不知道他遭了甚麼事。
32:24 我對他們說、凡有金環的、可以摘下來、他們就給了我、我把金環扔在火中、這「牛犢」便
出來了。
32:25「摩西」見百姓放肆、(「亞倫」縱容他們、使他們在仇敵中間被譏刺)。
32:26 就站在營門中、說、凡屬「耶和華」的、都要到我這裡來・於是「利未」的子孫、都到他那
裡聚集。
32:27 他對他們說、「耶和華」「以色列」的　神這樣說、你們各人把刀跨在腰間、在營中往來、
從這門到那門、各人殺他的弟兄、與同伴、並鄰舍。
32:28「利未」的子孫照「摩西」的話行了・那一天百姓中被殺的約有「三千」。
32:29「摩西」說、今天你們要自潔、歸「耶和華」爲聖、各人攻擊他的兒子、和弟兄、使「耶和
華」賜福與你們。

看完這段經文，我是既震驚又痛心，心裡不捨這三千個被殺的「以色列」百姓，他們是冤枉死的，死的不明不白。

大多數虔誠的「基督徒」，看完這段經文，都會認爲這三千個被殺的「以色列」百姓，死不足惜，因爲他們背叛了上帝「耶和華」。

試問，難道「順『耶和華』者生，逆『耶和華』亡。」就是《聖經》的教義嗎？就算背叛了上帝「耶和華」，上帝「耶和華」不要保佑這些「背叛者」，讓「背叛者」自生自滅就好了，難道一定要把「背叛者」殺掉，才能洩上帝「耶和華」的心頭之恨嗎？

更何況這三千個被殺的「以色列」百姓，實際上並沒有背叛上帝「耶和華」。所以，我才說他們死的不明不白，他們是冤枉死的。這就是所謂「仁慈的上帝」嗎？原來所謂「神愛世人」的眞相是：「順神者生，逆神者亡。」。

在這裡我要替一千多年前，這三千個被殺的「以色列」百姓申冤，下面是我的論點。

上帝「耶和華」召「摩西」上山頂，「摩西」一去就是四十天，毫無消息，在「西奈山」下等待的「百姓們」，當然會心裡不安。

「百姓們」見「摩西」遲延不下山，大家就聚集到「亞倫」那裡，對他說：「起來！爲我們作神像，可以在我們前面引路。」這個「神像」是指哪一尊神呢？當然是上帝「耶和華」。

你問我，有什麼證據呢？當然有！「亞倫」從百姓手裡接過金子，鑄造了一隻「金牛犢」，百姓就說「以色列」啊！這是領你出「埃及地」的「神」。接著，「亞倫」就在「牛犢」面前築壇，並且宣告說，明日要向「耶和華」守節。沒錯！經文上寫的很清楚「要向耶和華守節」，這位帶領「以色列人」出「埃及地」的「神」。

那麼既然要祭拜上帝「耶和華」，爲什麼「亞倫」要鑄造「金牛犢神像」呢？有二個原因：第一、「亞倫」和「以色列」百姓，都沒有人看見過上帝「耶和華」的長相；第二、「以色列人」好幾代在「埃及」居住了四百三十年，「以色列人」太熟悉崇拜多神的「古埃及宗教」，尤其是最受「古埃及人」崇拜信仰的「哈索爾（Hathor）」女神。

在一個以農業爲主要生產力的「古埃及」國度，「牛」的信仰極具重要。而與「牛」有關的神，最主要的莫過於女神「哈索爾（Hathor）」。「哈索爾」是「古埃及」的愛神、美神、富裕之神、豐饒之神、舞蹈之神和音樂之神，是「古埃及」所有女神中最美麗的，外形幻化成「牡牛」。「哈索爾」關懷蒼生，同情死者，同時也是母親和兒童的保護神。所以，「哈索爾」是最受「古埃及人」崇拜和信仰的女神。

既然「亞倫」和「以色列」百姓，都沒有人看見過上帝「耶和華」的長相，大家最熟悉的「哈索爾」女神，當然就是最佳的「神」造型樣本。所以，「亞倫」才會鑄造一尊「金牛犢神」來代表上帝「耶和華」。

然而，上帝「耶和華」卻認定「以色列」百姓背叛祂。難道上帝「耶和華」忘了「摩西」曾經告知「以色列」百姓，上帝「耶和華」就是領他們出「埃及地」的「神」嗎？也忽略「亞倫」就在「牛犢」面前築壇，並且宣告說，明日要向「耶和華」守節嗎？「以色列」百姓只是用「金牛犢神」來代表上帝「耶和華」，他們的心中並沒有背叛上帝「耶和華」。

另外，「摩西」下令殺害這三千個「以色列」百姓，這些可都是同文、同種、同祖先的「以色列十二個支派」，都是自己的親族人，「摩西」居然痛下殺手，眞是太殘忍了。可笑的是，「摩西」的親哥哥「亞倫」，也就是「金牛犢神」的製造者，居然沒事。因爲，「摩西」幫親哥哥「亞倫」，向上帝「耶和華」求情，連處罰都沒有，「摩西」眞是自私，上帝「耶和華」則是偏私不公。

●《舊約聖經》申命記：

9:20「耶和華」也向「亞倫」甚是發怒、要滅絕他、那時我（摩西）又爲「亞倫」祈禱。

十三、上帝給予「摩西」「十誡」

「金牛犢神」事件之後，「摩西」再度上「西奈山」，請求上帝「耶和華」赦免「以色列」百姓的罪。

●《舊約聖經》出埃及記：

32:30 到了第二天、「摩西」對百姓說、你們犯了大罪、我如今要上「耶和華」那裡去、或者可以爲你們贖罪。

32:31「摩西」回到「耶和華」那裡、說、唉、這「百姓」犯了大罪、爲自己作了「金像」。

32:32 倘或你肯赦免他們的罪、……不然、求你從你所寫的冊上塗抹我的名。

32:33「耶和華」對「摩西」說、誰得罪我、我就從我的冊上塗抹誰的名。

32:34 現在你去領這百姓、往我所告訴你的地方去、我的使者必在你前面引路．只是到我追討的日子、我必追討他們的罪。

32:35「耶和華」殺百姓的緣故、是因他們同「亞倫」作了「牛犢」。
上帝「耶和華」赦免「以色列」百姓的罪之後，叫「摩西」再準備兩塊石版，因爲先前那兩塊
石版，被「摩西」在盛怒之下摔壞了。上帝「耶和華」要「摩西」在石版上刻下十條誡律，讓「以色
列」百姓遵行。

●《舊約聖經》出埃及記：

32:19「摩西」挨近營前、就看見「牛犢」、又看見人跳舞、便發烈怒、把兩塊版扔在山下摔碎
了。
34:1「耶和華」吩咐「摩西」說、你要鑿出兩塊石版、和先前你摔碎的那版一樣・其上的字我要
寫在這版上。
34:2 明日早晨、你要預備好了、上「西乃山」、在山頂上站在我面前。
34:4「摩西」就鑿出兩塊石版、和先前的一樣・清晨起來、照「耶和華」所吩咐的上「西乃山」
去、手裡拿著兩塊石版。
34:27「耶和華」吩咐「摩西」說、你要將這些話寫上、因爲我是按這話與你和「以色列人」立
約。
34:28「摩西」在「耶和華」那裡四十晝夜、也不喫飯、也不喝水・「耶和華」將這約的話、就是
「十條誡」、寫在兩塊版上。
35:1「摩西」招聚「以色列」全會眾、對他們說、這是「耶和華」所吩咐的話、叫你們照著行。

這裡要介紹一下「十誡」。

《聖經》記載的「十誡」，是「摩西」向「以色列」百姓頒布的律法中的首要的十條規定。這「十誡」是「以色列人」的生活和信仰的準則，也是最初的法律條文，在「基督教」中也有很重要的地位。

《聖經》上記載，上帝「耶和華」在「西奈山」上，單獨見「摩西」，頒布「十誡」，親自將「十誡」用指頭寫在石板上。「摩西」下山後看到「以色列人」離棄上帝「耶和華」，在崇拜一隻「金牛犢神」，憤然將石板摔碎。

後來，上帝「耶和華」又再一次頒布「十誡」，寫在石板，放在「約櫃」，存放在敬拜上帝「耶和華」的會幕的「至聖所」。後來石板失傳，可能是在公元前五八七年，巴比倫王「尼布甲尼撒二世」焚毀「第一聖殿」時被毀。

「十誡」的內容如下：

●《舊約聖經》出埃及記：

第一誡：除了「耶和華」以外，不可有別的上帝

20:3 除了我以外、你不可有別的神。

34:14不可敬拜別神、因爲「耶和華」是忌邪的 神、名爲「忌邪者」。

第二誡：禁止拜偶像

20:4 不可爲自己雕刻偶像、也不可作甚麼形像、彷彿上天、下地、和地底下、水中的百物．

20:5 不可跪拜那些像、也不可事奉他、因爲我「耶和華」你的 神是忌邪的 神、恨我的、我必

追討他的罪、自父及子、直到三四代・

20:6 愛我守我誡命的、我必向他們發慈愛、直到千代。

34:17 不可爲自己鑄造神像。

第三誡：不可妄稱上帝的名

20:7 不可妄稱「耶和華」你　神的名、因爲妄稱「耶和華」名的、「耶和華」必不以他爲無罪。

第四誡：遵守「安息日」

20:8 當記念「安息日」、守爲聖日。

20:9 六日要勞碌作你一切的工。

20:10 但第七日是向「耶和華」你　神當守的「安息日」・這一日你和你的兒女、僕婢、牲畜、並
你城裡寄居的客旅、無論何工都不可作。

20:11 因爲六日之內、「耶和華」造天、地、海、和其中的萬物、第七日便安息・所以「耶和華」
賜福與「安息日」、定爲聖日。

第五誡：孝敬父母

20:12 當孝敬父母、使你的日子在「耶和華」你　神所賜你的地上、得以長久。

第六誡：不可殺人

20:13 不可殺人。

第七誡：不可姦淫

20:14 不可姦淫。

第八誡：不可偷盜

20:15 不可偷盜。

第九誡：不可作假見證

20:16 不可作假見證陷害人。

第十誡：不可貪婪

20:17 不可貪戀人的房屋、也不可貪戀人的妻子、僕婢、牛驢、並他一切所有的。

對於「十誡」中的兩條誡律，第一誡：「除了「耶和華」以外，不可有別的上帝」，和第二誡：「禁止拜偶像」，我有一個疑惑。

上帝「耶和華」既然是萬能的，無所不知，那當初祂創造萬物的時候，爲什麼要創造出那麼多「邪神」？祂也早知道「以色列人」會崇拜一隻「金牛犢」，還要那麼生氣的殺掉三千人？眞是不解。只要上帝「耶和華」不要造出那麼多「邪神」，這三千人不就不會喪命了嗎？

十四、「摩西」的接班人「約書亞」

根據《舊約聖經》「申命記」所記載，「約書亞（Joshua）」接續「摩西」成爲「以色列人」的領袖，帶領「以色列人」以「米甸」爲起點，攻進神所應許的「迦南」美地。

「摩西」則因上帝「耶和華」未允許進入，而在「迦南」的地外逝世。最初於「埃及」出發的「以色列」成年男子，僅有「約書亞」、「迦勒」二人活著進入「迦南」，其餘出生於「埃及」的「以色列」男人均因不停抱怨而死於曠野途中。其餘進入「迦南」的「以色列人」，均於曠野出生。

在「約書亞」的領導下，「以色列人」在許多戰爭中贏得了輝煌的勝利，占領了「以色列」地區一帶土地，也就是古代「迦南人、赫人、亞摩利人、比利洗人、希未人、耶布斯人」所居住的地方，是流奶與蜜之地。因此，「約書亞」成了「以色列」的民族英雄。

下面來詳述「約書亞」一生的事蹟。

當頒賜「十誡」律法的「摩西」死了以後，他的接班人「約書亞」就帶領「以色列人」進入「迦南地」。

「約書亞」是「摩西」的接班人，在「摩西」死後，繼續帶領「以色列」百姓；他們過了「約旦河」，回到了神應許先祖「亞伯拉罕」的「迦南地」，並且征服了「迦南」七族。

在《聖經》中，「約書亞」第一次出場，是受「摩西」的吩咐，挑出人選與來犯的「亞瑪力人」爭戰，而「摩西」站在山上爲他禱告。最後，「約書亞」擊敗了「亞瑪力王」和他的百姓。

●**《舊約聖經》出埃及記：**

17:8 那時「亞瑪力人」來在「利非訂」、和「以色列人」爭戰。
17:9 「摩西」對「約書亞」說、你爲我們選出人來、出去和「亞瑪力人」爭戰．明天我手裡要拿
著 神的杖、站在山頂上。
17:10 於是「約書亞」照著「摩西」對他所說的話行、和「亞瑪力人」爭戰．「摩西」、「亞
倫」、與「戶珥」、都上了山頂。
17:13 「約書亞」用刀殺了「亞瑪力王」和他的百姓。
17:14 「耶和華」對「摩西」說、我要將「亞瑪力」的名號、從天下全然塗抹了、你要將這話寫在

書上作紀念、又念給「約書亞」聽。

「約書亞」剛開始的地位，是「摩西」的助手。當「摩西」上「何烈山」領受律法時，當時「約書亞」是「摩西」的幫手。

● 《舊約聖經》出埃及記：

24:12「耶和華」對「摩西」說、你上山到我這裡來住在這裡、我要將石版、並我所寫的律法、和誡命、賜給你、使你可以教訓百姓。

24:13「摩西」和他的幫手「約書亞」起來、上了 神的山。

33:11「耶和華」與「摩西」面對面說話、好像人與朋友說話一般．「摩西」轉到營裡去、惟有他的幫手一個少年人「嫩」的兒子「約書亞」、不離開「會幕」。

有一天，上帝「耶和華」通知「摩西」，要派人去窺探「迦南地」，每個支派都要派首領去執行這項任務。「約書亞」代表「以法蓮」支派，與另外十一個支派的首領，出去窺探「迦南地」。

當時「迦南地」上住有「巨人族」所以其中十個支派的「探子」回去後說了消極的話，引發「以色列人」的恐慌，甚至衆人彼此說，我們不如立一個首領，回「埃及」去罷。

當下衆人大聲喧嚷，失望哭號，向「摩西」和「亞倫」抱怨說，他們在「埃及」生活的好好的，爲什麼要帶他們離開「埃及」，死在這個曠野裡。上帝「耶和華」爲什麼把我們領到這裡，使我們倒在刀下呢？我們的妻子和孩子，必被擄掠，我們回「埃及」去，豈不是很好嗎？

當時的情況，嚴重到「摩西」和「亞倫」必須俯伏在「以色列」衆人的面前，大有叛變一觸卽發的情勢。

但是「約書亞（代表以法蓮支派）」和另一個探子「迦勒（猶大支派的首領）」，兩人撕裂衣服，對衆人說積極的話。認爲他們所窺探之地，是極美之地，那地乃是流奶與蜜之地。只是你們不可背叛「耶和華」，也不要怕那地的民；因爲他們是我們的食物。蔭庇他們的已經離開他們，有「耶和華」與我們同在；不要怕他們。

●《舊約聖經》民數記：

13:1 「耶和華」曉諭（明白告知）「摩西」說。
13:2 你打發人去窺探我所賜給以色列人的「迦南地」、他們每支派中要打發一個人、都要作首領
的。
13:3 「摩西」就照「耶和華」的吩咐、從「巴蘭」的曠野打發他們去、他們都是「以色列人」的
族長。
13:8 屬「以法蓮」支派的、有「嫩」的兒子「何希阿」。
13:16 這就是「摩西」所打發窺探那地之人的名字．「摩西」就稱「嫩」的兒子「何西阿」爲「約
書亞」。
13:17 「摩西」打發他們去窺探「迦南地」、說、你們從「南地」上山地去。
13:18 看那地如何、其中所住的民是強是弱、是多是少。
13:19 所住之地是好是歹、所住之處是營盤是堅城。
13:21 他們上去窺探那地、從尋的曠野到「利合」、直到「哈馬口」。
13:25 過了四十天、他們窺探那地纔回來。

13:26 到了「巴蘭」曠野的「加低斯」、見「摩西」、「亞倫」、並「以色列」的全會衆、回報
「摩西」、「亞倫」、並全會衆、又把那地的果子給他們看。
13:27 又告訴摩西說、我們到了你所打發我們去的那地、果然是流奶與蜜之地、這就是那地的果
子。
13:28 然而住那地的民強壯、城邑也堅固寬大、並且我們在那裡看見了「亞衲族」的人。
13:29 「亞瑪力人」住在南地、「赫人、耶布斯人、亞摩利人」、住在山地、「迦南人」住在海
邊、並「約但河」旁。
13:30 「迦勒」在「摩西」面前安撫百姓、說、我們立刻上去得那地罷、我們足能得勝。
13:31 但那些和他同去的人說、我們不能上去攻擊那民、因爲他們比我們強壯。
13:32 「探子」中有人論到所窺探之地、向「以色列人」報惡信、說、我們所窺探經過之地、是吞
喫居民之地、我們在那裡所看見的人民、都身量高大。
13:33 我們在那裡看見「亞衲族人」、就是偉人、他們是偉人的後裔、據我們看自己就如蚱蜢一
樣、據他們看我們也是如此。
14:1 當下全會衆大聲喧嚷、那夜百姓都哭號。
14:2 「以色列」衆人向「摩西」「亞倫」發怨言、全會衆對他們說、巴不得我們早死在「埃及
地」、或是死在這曠野。
14:3 「耶和華」爲甚麼把我們領到那地、使我們倒在刀下呢・我們的妻子和孩子、必被擄掠、我
們回「埃及」去豈不好麼。

14:4 衆人彼此說、我們不如立一個首領、回「埃及」去罷。
14:5 「摩西」「亞倫」就俯伏在「以色列」全會衆面前。
14:6 窺探地的人中、「嫩」的兒子「約書亞」、和「耶孚尼」的兒子「迦勒」、撕裂衣服、
14:7 對「以色列」全會衆說、我們所窺探經過之地、是極美之地。
14:8 「耶和華」若喜悅我們、就必將我們領進那地、把地賜給我們、那地原是流奶與蜜之地。
14:9 但你們不可背叛「耶和華」、也不要怕那地的居民、因爲他們是我們的食物、並且蔭庇他們
的已經離開他們、有「耶和華」與我們同在、不要怕他們。

「約書亞（代表以法蓮支派）」和另一個探子「迦勒（猶大支派的首領）」兩人獨排衆議的一番話，惹怒了衆人，要拿石頭打死他們二人。

這時候，上帝「耶和華」出現在衆人的面前說，凡從「埃及」上來，二十歲以上的人，斷不得看見我所起誓要賜給「亞伯拉罕、以撒、雅各」之地，因爲他們沒有信心跟從我。唯有「迦勒」和「約書亞」可以看見，因爲他們有信心跟從「耶和華」。

「以色列人」爲此付出了慘痛的代價，在曠野飄流四十年，直到那一代的人只剩下「迦勒」和「約書亞」。那時候，上帝「耶和華」才吩咐在曠野出生的新一代進入「迦南」美地。

●**《舊約聖經》民數記：**

14:10 但全會衆說、拿石頭打死他們二人。忽然「耶和華」的榮光、在會幕中向「以色列」衆人顯
現。
14:11 「耶和華」對「摩西」說、這百姓藐視我要到幾時呢、我在他們中間行了這一切神蹟、他們

還不信我要到幾時呢。

14:12 我要用「瘟疫」擊殺他們、使他們不得承受那地、叫你的後裔成爲大國、比他們強勝。

14:19（摩西）求你照你的大慈愛、赦免這百姓的罪孽、好像你從埃及到如今、常赦免他們一樣。

14:20「耶和華」說、我照著你的話赦免了他們。

14:22 這些人雖看見我的榮耀、和我在「埃及」與曠野所行的神蹟、仍然試探我這十次、不聽從我的話。

14:23 他們斷不得看見我向他們的祖宗所起誓應許之地、凡藐視我的、一個也不得看見、

14:24 惟獨我的僕人「迦勒」、因他另有一個心志、專一跟從我、我就把他領進他所去過的那地・他的後裔也必得那地爲業。

14:26「耶和華」對「摩西」「亞倫」說。

14:27 這「惡會衆」向我發怨言、我忍耐他們要到幾時呢、「以色列人」向我所發的怨言、我都聽見了。

14:29 你們的屍首必倒在這曠野、並且你們中間凡被數點、從二十歲以外向我發怨言的。

14:30 必不得進我起誓應許叫你們住的那地、惟有「耶孚尼」的兒子「迦勒」和「嫩」的兒子「約書亞」、纔能進去。

14:32 至於你們、你們的屍首必倒在這曠野。

14:33 你們的兒女必「在曠野飄流四十年」、擔當你們淫行的罪、直到你們的屍首在曠野消滅。

14:34 按你們窺探那地的四十日、一年頂一日、你們要擔當罪孽四十年、就知道我與你們疏遠了。

14:35 我「耶和華」說過、我總要這樣待這一切聚集敵我的「惡會衆」、他們必在這曠野消滅、在
這裡死亡。
14:36「摩西」所打發窺探那地的人回來、報那地的惡信、叫「全會衆」向「摩西」發怨言、
14:37 這些「報惡信的人」、都遭瘟疫、死在「耶和華」面前。
14:38 其中惟有「嫩」的兒子「約書亞」、和「耶孚尼」的兒子「迦勒」、仍然存活。
14:39「摩西」將這些話告訴「以色列」衆人、他們就甚悲哀。

後來，「以色列」百姓因爲沒有水喝，就遷怒「摩西」和「亞倫」。「摩西」向上帝「耶和華」求助，上帝「耶和華」叫「摩西」拿著杖去，在衆人的眼前吩咐「磐石」發出水來，水就會從「磐石」流出來，給衆人和他們的牲畜喝。

結果，「摩西」照做之後，上帝「耶和華」卻怪罪「摩西」違背了祂的命令，沒有在湧水之地，衆人的眼前尊祂爲聖。所以，上帝「耶和華」要懲罰「摩西」，不讓他帶領百姓進入美地，將會死在「約旦河」東。

看到這裡，我不禁替「摩西」叫屈，萬能的上帝「耶和華」應該心裡知道，「摩西」是他忠心的僕人。當時「摩西」被衆人攻擊爭鬧，心裡一定惶恐不安，他按照上帝「耶和華的指示取水時，卻一時疏忽，方法錯誤。

上帝「耶和華」交代他說「在他們眼前吩咐磐石發出水來」，當然是要對衆人宣說「我是奉上帝耶和華之命，吩咐磐石發出水來。」結果「摩西」在驚魂未定之下，拿著杖用杖擊打磐石兩下，就有許多水流出來。

就這樣，讓上帝「耶和華」遷怒「摩西」，要懲罰「摩西」，不讓他帶領百姓進入「迦南」美地，將會死在「約旦河」東，眞是「伴君如伴虎」。可見，上帝「耶和華」不是一位慈悲的神，祂個性易怒，而且「順我者生，逆我者亡」，不高興就殺人。

●《舊約聖經》民數記：

20:2 「會衆」沒有水喝、就聚集攻擊「摩西」、「亞倫」。
20:3 百姓向「摩西」爭鬧說、我們的弟兄曾死在「耶和華」面前、我們恨不得與他們同死。
20:4 你們爲何把「耶和華」的「會衆」領到這曠野、使我們和牲畜都死在這裡呢。
20:5 你們爲何逼著我們出「埃及」、領我們到這壞地方呢·這地方不好撒種、也沒有無花果樹、
葡萄樹、石榴樹、又沒有水喝。
20:6 「摩西」、「亞倫」離開「會衆」、到會幕門口、俯伏在地·「耶和華」的榮光向他們顯
現。
20:7 「耶和華」曉諭（明白告知）「摩西」說。
20:8 你拿著杖去、和你的哥哥「亞倫」招聚「會衆」、在他們眼前吩咐磐石發出水來、水就從磐
石流出給會衆、和他們的牲畜喝。
20:9 於是「摩西」照「耶和華」所吩咐的、從「耶和華」面前取了杖去。
20:10 「摩西」、「亞倫」就招聚「會衆」到磐石前、「摩西」說、你們這些背叛的人聽我說、我
爲你們使水從這磐石中流出來麼。
20:11 「摩西」舉手、用杖擊打磐石兩下、就有許多水流出來、「會衆」和他們的牲畜都喝了。

20:12「耶和華」對「摩西」、「亞倫」說、因爲你們不信我、不在「以色列人」眼前尊我爲聖、
所以你們必不得領這會衆進我所賜給他們的地去。
20:13 這水名叫「米利巴水」（「米利巴」就是「爭鬧」的意思）、是因「以色列人」向「耶和
華」爭鬧、「耶和華」就在他們面前顯爲聖。
26:65 因爲「耶和華」論到他們說、他們必要死在曠野、所以除了「耶孚尼」的兒子「迦勒」、和
「嫩」的兒子「約書亞」以外、連一個人也沒有存留。

當「摩西」得知自己的命運後，他還是心繫「以色列」百姓的未來，他請求上帝「耶和華」找他的接班人，來帶領「以色列」百姓。上帝「耶和華」答應「摩西」的請求，指派「約書亞」做「摩西」的接班人。

●《舊約聖經》民數記：

27:12「耶和華」對「摩西」說、你上這「亞巴琳山」、觀看我所賜給以「色列人」的地。
27:13 看了以後、你也必歸到你列祖（原文作本民）那裡、像你哥哥「亞倫」一樣。
27:14 因爲你們在尋的曠野、當會衆爭鬧的時候、違背了我的命、沒有在湧水之地會衆眼前尊我爲
聖。（這水、就是尋的曠野加低斯米利巴水。）
27:15「摩西」對「耶和華」說。
27:16 願「耶和華」萬人之靈的 神、立一個人治理「會衆」。
27:17 可以在他們面前出入、也可以引導他們、免得「耶和華」的「會衆」如同沒有牧人的羊群一
般。

27:18「耶和華」對「摩西」說、「嫩」的兒子「約書亞」、是心中有聖靈的、你將他領來按手在
他頭上。
27:19 使他站在祭司「以利亞撒」、和「全會眾」面前、囑咐他。
27:20 又將你的尊榮給他幾分、使「以色列全會眾」都聽從他。
27:21 他要站在祭司「以利亞撒」面前、「以利亞撒」要憑「烏陵」的判斷、在「耶和華」面前爲
他求問・他和「以色列全會眾」都要遵「以利亞撒」的命出入。
27:22 於是「摩西」照「耶和華」所吩咐的、將「約書亞」領來、使他站在祭司「以利亞撒」和
「全會眾」面前。
27:23 按手在他頭上、囑咐他、是照「耶和華」藉「摩西」所說的話。

上帝「耶和華」在「摩西」死之前，叫他登上「尼波山」，從山頂上眺望遠處，指出這些地就是祂向「亞伯拉罕」、「以撒」和「雅各」起誓，應許之地，祂必將這地賜給「摩西」的後裔。現在上帝「耶和華」使「摩西」的眼睛看見了，「摩西」卻不得過到那裡去，眞是殘忍。

這裡我有一個疑惑，上帝「耶和華」經常對「以色列」的百姓說，「迦南地」是祂向「亞伯拉罕」、「以撒」和「雅各」起誓，應許之地，祂必將這地賜給「以色列人」的後裔。

但是，「迦南地」原本就有原住民居住在那裡，原本是古代「迦南人、赫人、亞摩利人、比利洗人、希未人、耶布斯人」所居住的地方。也就是說，上帝「耶和華」不是把一塊無人居住的空地，送給「以色列人」，而是要「摩西」，和他的接班人「約書亞」，帶領「以色列人」發動戰爭，把「迦南地」的原住民趕走，霸占原住民的「迦南地」。

戰爭是慘烈的，雙方都會有死傷，更何況「迦南地」的原住民，不也是上帝「耶和華」所創造出來的人類嗎？爲什麼上帝「耶和華」只喜歡「以色列人」呢？所以，可見上帝「耶和華」，原本只是保護「以色列人」的家神，並不是全人類的保護神。

●《舊約聖經》申命記：

34:1 「摩西」從「摩押平原」登「尼波山」、上了那與「耶利哥」相對的「斯迦山」頂。「耶和
華」把「基列全地」直到「但」。
34:2 「拿弗他利全地」、「以法蓮」、「瑪拿西」的地、「猶大全地」直到「西海」。
34:3 「南地」、和「棕樹城」「耶利哥」的平原、直到「瑣珥」、都指給他看。
34:4 「耶和華」對他說、這就是我向「亞伯拉罕」、「以撒」、「雅各」、起誓應許之地、說、
我必將這地賜給你的後裔．現在我使你眼睛看見了、你卻不得過到那裡去。
34:5 於是「耶和華」的僕人「摩西」死在「摩押地」、正如「耶和華」所說的。
34:6 「耶和華」將他埋葬在「摩押地」、「伯毗珥」對面的谷中、只是到今日沒有人知道他的墳
墓。
34:7 「摩西」死的時候、年一百二十歲．眼目沒有昏花、精神沒有衰敗。

「摩西」死後，上帝「耶和華」指派「約書亞」爲「摩西」的接班人。帶領「以色列人」發動戰爭，把「迦南地」的原住民趕走，霸佔原住民的「迦南地」。

●《舊約聖經》申命記：

34:9 「嫩」的兒子「約書亞」、因爲「摩西」曾按手在他頭上、就被智慧的靈充滿、「以色列

人」便聽從他、照著「耶和華」吩咐「摩西」的行了。
「約書亞」在「迦勒」等人的輔佐下，和各族的諸王爭戰了許多年，終於奪下了「迦南地」，他也擒獲了那些地的諸王，將他們全部殺死，奪取他們的城池。又將城中所有的人，不管男女老少，連牛羊和驢，都用刀殺盡。
「約書亞」因此成為「以色列人」的民族英雄，但是以另外一個角度來看，「約書亞」卻是凶狠殘暴的侵略者。在上帝「耶和華」的協助之下，「約書亞」帶領「以色列人」攻打原本居住在「迦南地」的每個小國，並且手段兇殘，沒有留下一個活口，將凡有氣息的盡行殺滅。這些都是「以色列」的神，上帝「耶和華」所吩咐的。
我們來閱讀下面的經文，讀者就可以知道我的所言不假，眞是慘烈。難怪後來「以色列人」會遭遇將近二千年的亡國命運，這是「以色列人」的因果報應。

●《舊約聖經》約書亞記：

1:1 「耶和華」的僕人「摩西」死了以後，「耶和華」曉諭（明白告知）「摩西」的幫手「嫩」的兒子「約書亞」說。
1:2 我的僕人「摩西」死了。現在你要起來、和衆百姓過這「約但河」、往我所要賜給「以色列人」的地去。

下面是「約書亞」帶領「以色列人」，攻打「耶利哥」的描述。

●《舊約聖經》約書亞記：

6:1 「耶利哥」的城門因「以色列人」就關得嚴緊、無人出入。

6:20於是百姓呼喊、「祭司」也吹角．百姓聽見角聲、便大聲呼喊、城牆就塌陷、百姓便上去進
城、各人往前直上、將城奪取。
6:21又將城中所有的、不拘男女、老少、牛羊、和驢、都用刀殺盡。
6:27「耶和華」與「約書亞」同在．「約書亞」的聲名傳揚遍地。

下面是「約書亞」帶領「以色列人」，攻打「艾城」的描述。

●《舊約聖經》約書亞記：

8:3 於是「約書亞」、和一切兵丁、都起來、要上「艾城」去．「約書亞」選了三萬大能的勇
士、夜間打發他們前往。
8:23生擒了「艾城」的王、將他解到「約書亞」那裡。
8:24「以色列人」在田間和曠野殺盡所追趕一切「艾城」的居民．「艾城人」倒在刀下、直到滅
盡、「以色列」眾人就回到「艾城」、用刀殺了城中的人。
8:25當日殺斃的人、連男帶女、共有一萬二千、就是「艾城」所有的人。
8:29又將「艾城王」掛在樹上、直到晚上。日落的時候、「約書亞」吩咐人把屍首從樹上取下
來、丟在城門口、在屍首上堆成一大堆石頭、直存到今日。

下面是「約書亞」帶領「以色列人」，攻打「五王」的描述。

●《舊約聖經》約書亞記：

10:1 耶路撒冷王「亞多尼洗德」聽見「約書亞」奪了「艾城」、盡行毀滅．怎樣待「耶利哥」和
「耶利哥的王」、也照樣待「艾城」和「艾城的王」．又聽見「基遍」的居民與「以色列

人」立了和約、住在他們中間。
10:2 就甚懼怕、因爲「基遍」是一座大城、如「都城」一般、比「艾城」更大、並且城內的人都
是勇士。
10:3 所以耶路撒冷王「亞多尼洗德」打發人去見希伯崙王「何咸」、耶末王「毗蘭」、拉吉王
「雅非亞」、和伊磯倫王「底璧」說。
10:4 求你們上來幫助我、我們好攻打「基遍」・因爲他們與「約書亞」和「以色列人」立了和
約。
10:5 於是五個「亞摩利王」、就是「耶路撒冷王、希伯崙王、耶末王、拉吉王、伊磯倫王」、大
家聚集、率領他們的衆軍上去、對著「基遍」安營、攻打「基遍」。
10:10「耶和華」使他們在「以色列人」面前潰亂・「約書亞」在「基遍」大大的殺敗他們、追趕
他們在「伯和崙」的上坡路、擊殺他們直到「亞西加」、和「瑪基大」。
10:11 他們在「以色列人」面前逃跑、正在「伯和崙」下坡的時候、「耶和華」從天上降大冰雹在
他們身上、(「冰雹」原文作「石頭」)直降到「亞西加」、打死他們・被冰雹打死的、比
「以色列人」用刀殺死的還多。
10:16 那五王逃跑、藏在「瑪基大」洞裡。
10:17 有人告訴「約書亞」說、那五王已經找到了、都藏在「瑪基大」洞裡。
10:22「約書亞」說、打開洞口、將那五王從洞裡帶出來、領到我面前。
10:23 衆人就這樣行、將那五王、就是「耶路撒冷王、希伯崙王、耶末王、拉吉王、伊磯倫王」、

從洞裡帶出來、領到「約書亞」面前。
10:24 帶出那五王到「約書亞」面前的時候、「約書亞」就召了「以色列」眾人來、對那些和他同去的「軍長」說、你們近前來、把腳踏在這些王的頸項上。他們就近前來、把腳踏在這些王的頸項上。
10:26 隨後「約書亞」將這五王殺死、掛在五棵樹上・他們就在樹上直掛到晚上。
10:27 日頭要落的時候、「約書亞」一吩咐、人就把屍首從樹上取下來、丟在他們藏過的洞裡、把幾塊大石頭放在洞口、直存到今日。
10:28 當日「約書亞」奪了「瑪基大」、用刀擊殺城中的人、和王・將其中一切人口盡行殺滅、沒有留下一個・他待「瑪基大王」像從前待「耶利哥王」一樣。

下面是「約書亞」帶領「以色列人」，攻打「立拿」的描述。

●《舊約聖經》約書亞記：
10:29 「約書亞」和「以色列」眾人從「瑪基大」往「立拿」去、攻打「立拿」。
10:30 「耶和華」將「立拿」、和「立拿的王」、也交在「以色列人」手裡・「約書亞」攻打這城、用刀擊殺了城中的一切人口、沒有留下一個、他待「立拿王」、像從前待「耶利哥王」一樣。

下面是「約書亞」帶領「以色列人」，攻打「拉吉」的描述。

●《舊約聖經》約書亞記：
10:31 「約書亞」和「以色列」眾人從「立拿」往「拉吉」去、對著「拉吉」安營、攻打這城。

10:32「耶和華」將「拉吉」交在「以色列人」的手裡・第二天「約書亞」就奪了「拉吉」、用刀擊殺了城中的一切人口・是照他向「立拿」一切所行的。
10:33 那時基色王「荷蘭」上來幫助「拉吉」、「約書亞」就把他和他的民都擊殺了、沒有留下一個。

下面是「約書亞」帶領「以色列人」，攻打「伊磯倫」的描述。

●《舊約聖經》約書亞記：

10:34「約書亞」和「以色列」眾人從「拉吉」往「伊磯倫」去、對著「伊磯倫」安營、攻打這城。
10:35 當日就奪了城、用刀擊殺了城中的人・那日「約書亞」將城中的一切人口、盡行殺滅・是照他向「拉吉」一切所行的。

下面是「約書亞」帶領「以色列人」，攻打「希伯崙」的描述。

●《舊約聖經》約書亞記：

10:36「約書亞」和「以色列」眾人從「伊磯倫」上「希伯崙」去、攻打這城・
10:37 就奪了「希伯崙」和屬「希伯崙」的諸城邑、用刀將城中的人、與王、並那些城邑中的人口、都擊殺了、沒有留下一個・是照他向「伊磯倫」所行的、把城中的一切人口、盡行殺滅。

下面是「約書亞」帶領「以色列人」，攻打「底壁」的描述。

●《舊約聖經》約書亞記：

10:38「約書亞」和「以色列」衆人回到「底璧」、攻打這城。
10:39 就奪了「底璧」、和屬「底璧」的城邑、又擒獲「底璧的王」、用刀將這些城中的人口盡行殺滅、沒有留下一個・他待「底璧」和「底璧王」像從前待「希伯崙」、和「立拿」與「立拿王」一樣。

到此，「約書亞」和「以色列人」，已經占領「迦南地」大半的土地，而且手段兇殘，不留活口。下面再繼續攻打剩下的小國。

●《舊約聖經》約書亞記：

10:40 這樣「約書亞」擊殺「全地」的人、就是「山地、南地、高原、山坡」的人、和那些地的諸王、沒有留下一個・將凡有氣息的盡行殺滅、正如「耶和華」以色列的 神所吩咐的。
10:41「約書亞」從「加低斯巴尼亞」攻擊到「迦薩」、又攻擊「歌珊全地」、直到「基遍」。
10:42「約書亞」一時殺敗了這些王、並奪了他們的地・因爲「耶和華」以色列的 神爲「以色列」爭戰。

下面是「約書亞」帶領「以色列人」，攻打「諸王」的描述。

●《舊約聖經》約書亞記：

11:1 夏瑣王「耶賓」聽見這事、就打發人去見瑪頓王「約巴」、「伸崙王」、「押煞王」、
11:2 與北方、山地、「基尼烈」南邊的「亞拉巴高原」、並西邊「多珥山岡」的諸王、
11:3 又去見東方和西方的「迦南人」、與山地的「亞摩利人」、「赫人」、「比利洗人」、「耶布斯」人、並「黑門山根米斯巴地」的「希未人」。

11:7 於是「約書亞」率領一切兵丁、在「米倫」水邊突然向前、攻打他們。

11:9 「約書亞」就照「耶和華」所吩咐他的去行、砍斷他們馬的蹄筋、用火焚燒他們的車輛。

下面是「約書亞」帶領「以色列人」，攻打「夏瑣」的描述。

●《舊約聖經》約書亞記：

11:10 當時「約書亞」轉回奪了「夏瑣」、用刀擊殺「夏瑣王」．素來「夏瑣」在這諸國中是爲首的。

11:11 「以色列人」用刀擊殺城中的人口、將他們盡行殺滅．凡有氣息的沒有留下一個．「約書亞」又用火焚燒「夏瑣」。

11:12 「約書亞」奪了這些王的一切城邑、擒獲其中的諸王、用刀擊殺他們、將他們盡行殺滅、正如「耶和華」僕人「摩西」所吩咐的。

11:13 至於造在山崗上的城、除了「夏瑣」以外、「以色列人」都沒有焚燒．「約書亞」只將「夏瑣」焚燒了。

下面是「約書亞」帶領「以色列人」，攻打剩餘「諸王」的描述。

●《舊約聖經》約書亞記：

11:16 「約書亞」奪了那「全地」、就是山地、一帶南地、「歌珊全地」、高原、「亞拉巴」、「以色列」的山地、和山下的高原。

11:17 從「上西珥」的「哈拉山」、直到「黑門山」下「利巴嫩平原」的「巴力迦得」．並且擒獲那些地的「諸王」、將他們殺死。

11:18「約書亞」和這「諸王」爭戰了許多年日。
11:23這樣、「約書亞」照著「耶和華」所吩咐「摩西」的一切話、奪了那「全地」、就按著「以
色列」支派的宗族、將地分給他們爲業。於是國中太平沒有爭戰了。
12:1「以色列人」在「約但河」外向日出之地擊殺二王、得他們的地、就是從「亞嫩谷」直到
「黑門山」、並東邊的「全亞拉巴」之地。
12:2這二王、有住「希實本亞摩利人」的王「西宏」・他所管之地、是從「亞嫩谷」邊的「亞羅
珥」和谷中的城、並「基列」一半、直到「亞捫人」的境界、「雅博河」。
12:7「約書亞」和「以色列人」在「約但河」西擊殺了諸王・他們的地、是從「利巴嫩平原」的
「巴力迦得」、直到「上西珥」的「哈拉山」・「約書亞」就將那地按著「以色列」支派的
宗族分給他們爲業。
12:8就是「赫人、亞摩利人、迦南人、比利洗人、希未人、耶布斯人」的山地、高原「亞拉
巴」、山坡、曠野、和南地。
12:9他們的王、一個是「耶利哥王」、一個是靠近「伯特利」的「艾城王」。
12:24一個是「得撒王」・共計三十一個王。

我爲什麼要詳細的節錄上面這些經文？這些都是「約書亞」帶領「以色列人」，攻打「迦南地」原有居民的描述。因爲必須讓「讀者們」親自閱讀，「讀者們」才會深刻的了解「以色列人」和上帝「耶和華」的兇殘特性。

歲月不饒人，征戰多年的「約書亞」，已經老邁。在離開人世間之前，「約書亞」對「以色列」

的百姓，一再的交代，要敬畏上帝「耶和華」，不可以背叛「耶和華」神，不可以事奉別的神，特別是「埃及」的神。否則，上帝「耶和華」一震怒，就會毀滅他們。

從經文中，我們可以看得出來，「約書亞」心中的不安與焦慮。因爲，「以色列」的百姓，已經多次背叛上帝「耶和華」。而「約書亞」太了解上帝「耶和華」易怒的個性，連「摩西」不小心冒犯祂，都沒有好下場，這是多可怕的事情，要隨時戰戰兢兢的敬畏上帝「耶和華」。

我覺得很奇怪，萬能無所不知的上帝「耶和華」，爲什麼會不知道，祂所特選的「以色列」民族，會經常背叛祂，而經常動怒生氣呢？假如上帝「耶和華」早知道，「以色列」民族有不忠誠的個性，就應該挑選別個民族；或者祂用不著生氣，因爲祂已經預知結果，「以色列」民族會經常背叛祂，所以不會生氣才對。

「約書亞」死後，「以色列」的「長老們」也相繼離世了。於是，有新世代的「以色列人」興起，結果本性難移，又開始離棄上帝「耶和華」，去敬拜別的神。因此，又惹惱了上帝「耶和華」，也開始了「以色列人」反覆被異族征服的黑暗歷史，直到「大衛王」的興起爲止。

●《舊約聖經》約書亞記：

23:1 「耶和華」使「以色列人」安靜、不與四圍的一切仇敵爭戰、已經多日、「約書亞」年紀老邁。

23:2 就把「以色列」眾人的長老、族長、審判官、並官長都召了來、對他們說、我年紀已經老邁。

23:8 只要照著你們到今日所行的、專靠「耶和華」你們的 神。

23:9 因爲「耶和華」已經把又大又強的國民、從你們面前趕出・直到今日、沒有一人在你們面前
站立得住。
23:16 你們若違背「耶和華」你們　神吩咐你們所守的約、去事奉別神、叩拜他、「耶和華」的怒
氣、必向你們發作、使你們在他所賜的美地上速速滅亡。
24:14 現在你們要敬畏「耶和華」、誠心實意地事奉他・將你們列祖在大河那邊和在「埃及」所事
奉的神除掉、去事奉「耶和華」。
24:15 若是你們以事奉「耶和華」爲不好、今日就可以選擇所要事奉的、是你們列祖在大河那邊所
事奉的神呢、是你們所住這地的「亞摩利人」的神呢。至於我、和我家、我們必定事奉「耶
和華」。
24:16 百姓回答說、我們斷不敢離棄「耶和華」去事奉別神。
24:20 你們若離棄「耶和華」去事奉外邦神、「耶和華」在降福之後、必轉而降禍與你們、把你們
滅絕。
24:21 百姓回答「約書亞」說、不然、我們定要事奉「耶和華」。
24:23 「約書亞」說、你們現在要除掉你們中間的「外邦神」、專心歸向「耶和華」「以色列」的
神。
24:24 百姓回答「約書亞」說、我們必事奉「耶和華」我們的　神、聽從他的話。
24:29 這些事以後、「耶和華」的僕人「嫩」的兒子「約書亞」、正一百一十歲就死了。
24:30 「以色列人」將他葬在「他地業」的境內、就是在「以法蓮山地」的「亭拿西拉」在「迦實

山」的北邊。

十五、士師時代

「以色列人」在「約書亞」死後，再也沒有出現過強而有力的領袖，因此「以色列」各支派遇到危機時，就會特設一名「士師」做爲領袖。「士師」的原意接近「酋長（部落的領袖）」的意思，是一種既非「選舉制」，也非「世襲制」的職位，有軍事或政治領袖的權力。

「士師時代」爲公元前一三九〇年至前一〇五〇年，時間大約持續了三百四十年左右，經歷了十四位「士師」。擔任「士師」者，《聖經》上稱爲是被上帝「耶和華」選中，來拯救「以色列人」的領導者。

在「士師時代」，「以色列十二支派」雖然遷入「迦南地」，也有了永久的居所，卻無法安定下來。因爲，除了要面對一直居住在「迦南地」的原住民威脅以外（例如：赫、西頓、亞瑪力等），最大的威脅，是來自海上的「非利士人」。更要面對一個重大的問題，「以色列十二支派」之間時常互相爭戰，甚至仇殺。這些自相殘殺的行爲，當然無暇對付「非利士」等強敵。

在《士師記》中共計載了古代以色列十位「士師」，《撒母耳記上》記載了四位「士師」。

●《舊約聖經》士師記：

3:9 「以色列人」呼求「耶和華」的時候、「耶和華」就爲他們興起一位拯救者救他們、就是
「迦勒」兄弟、「基納斯」的兒子「俄陀聶」。
3:10 「耶和華」的靈降在他身上、他就作了「以色列」的「士師」、出去爭戰．「耶和華」將米

所波大米王「古珊利薩田」交在他手中、他便勝了「古珊利薩田」。
3:15「以色列人」呼求「耶和華」的時候、「耶和華」就爲他們興起一位拯救者、就是便雅憫
人「基拉」的兒子「以笏」、他是左手便利的．「以色列人」託他送禮物給摩押王「伊磯
倫」。
3:31「以笏」之後、有「亞拿」的兒子「珊迦」、他用趕牛的棍子打死六百「非利士人」、他也
救了「以色列人」。
4:4 有一位女先知名叫「底波拉」、是「拉比多」的妻、當時作「以色列」的「士師」。
6:14「耶和華」觀看「基甸」、說、你靠著你這能力去從「米甸人」手裡拯救「以色列人」．不
是我差遣你去的麼。
8:28 這樣、「米甸」人被「以色列人」制伏了、不敢再抬頭．「基甸」還在的日子國中太平四十
年。
10:2「陀拉」作「以色列」的「士師」二十三年、就死了、葬在「沙密」。
10:3 在他以後有基列人「睚珥」興起、作「以色列」的「士師」二十二年。
12:7「耶弗他」作「以色列」的「士師」六年。基列人「耶弗他」死了、葬在「基列」的一座城
裡。
12:8「耶弗他」以後、有伯利恆人「以比讚」作「以色列」的「士師」。
12:11「以比讚」之後、有西布倫人「以倫」、作「以色列」的「士師」十年。
12:13「以倫」之後、有比拉頓人「希列」的兒子「押頓」、作「以色列」的「士師」。

15:2 當「非利士人」轄制「以色列人」的時候、「參孫」作「以色列」的「士師」二十年。

● **《舊約聖經》撒母耳記上：**

4:18 他一提　神的約櫃、「以利」就從他的位上往後跌倒、在門旁折斷頸項而死、因爲他年紀老邁、身體沉重。「以利」作「以色列」的「士師」四十年。

7:15「撒母耳」平生作以色列的士師。

8:1 「撒母耳」年紀老邁、就立他兒子作「以色列」的「士師」。

8:2 長子名叫「約珥」、次子名叫「亞比亞」．他們在「別是巴」作「士師」。

「約書亞」死後，那些看見「耶和華」爲「以色列人」所行大事的「長老」還在的時候，百姓都事奉「耶和華」。等到這些「長老」也都死後，情況就不同了。

新世代的「以色列人」背棄「耶和華」，去侍奉別的神，諸「巴力」神和「亞斯他錄」神。

「巴力」是古代西亞西北「閃米特語」通行地區的一個封號，表示「主人」的意思，一般用於「神祇」。

「巴力」這個封號，是源自於「迦南人」的神明，是《希伯來聖經》中所提到的「腓尼基人」的首要神明，曾被用於不同的偶像，早在前十五世紀，便有「閃族」的崇拜記錄。

一般來說，「巴力」是一個掌管生育的神祇，被認爲能使土地生產作物，和讓人們生產孩子。不同的地區以不同的方式膜拜「巴力」，演變到後來，「巴力」就跟「上帝」一樣，所代表的就是「神」。「巴力」並非是一個特有的神名，隨著時間和地點的不同，祂代表的就是不同的地方神。

而「亞斯他錄」是「巴力」神的妹妹，同時也是「巴力」神的妻子，也是管理陰間的女神，利用破壞來重建地上的秩序。「亞斯他錄」的原形在「西亞」一代的很多文化都有出現，別稱很多，是「腓尼基人」的「豐饒神」之一，亦是「愛神」。

新世代的「以色列人」背棄「耶和華」，去侍奉別的神，惹上帝「耶和華」發怒。上帝「耶和華」就把他們交在搶奪他們的人手中，又將他們付與四圍仇敵的手中，他們無論往何處去，上帝「耶和華」都以災禍攻擊他們，他們便極其困苦。

這時候，新世代的「以色列人」才又重新記起上帝「耶和華」，向祂禱告，乞求幫助。上帝「耶和華」就興起一名「士師」，帶領「以色列人」用武力擺脫敵人的壓迫，重新步入安定的生活。

而之後，上帝「耶和華」再次被遺棄，於是新一輪的循環又開始了。上帝「耶和華」再次震怒降災給「以色列人」，「以色列人」便再次極其困苦，「以色列人」再次向上帝「耶和華」禱告，上帝「耶和華」再次興起一名「士師」，帶領「以色列人」用武力擺脫敵人的壓迫，重新步入安定的生活。

其實，上帝「耶和華」可以不用那麼常常生氣，只要當初祂不創造出諸「巴力」和「亞斯他錄」，就天下太平了。

●《舊約聖經》士師記：

2:7 「約書亞」在世和「約書亞」死後、那些見「耶和華」爲「以色列人」所行大事的「長老」還在的時候、百姓都事奉「耶和華」。

2:10 那世代的人、也都歸了自己的列祖．後來有「別的世代」興起、不知道「耶和華」、也不知道「耶和華」爲「以色列人」所行的事。

2:11 「以色列人」行「耶和華」眼中看爲惡的事、去事奉諸「巴力」。
2:12 離棄了領他們出「埃及地」的「耶和華」、他們列祖的 神、去叩拜別神、就是四圍列國的
神、惹「耶和華」發怒。
2:13 並離棄「耶和華」、去事奉「巴力」和「亞斯他錄」。
2:14 「耶和華」的怒氣向「以色列人」發作、就把他們交在搶奪他們的人手中・又將他們付與四
圍仇敵的手中、甚至他們在仇敵面前再不能站立得住。
2:15 他們無論往何處去、「耶和華」都以災禍攻擊他們、正如「耶和華」所說的話、又如「耶和
華」向他們所起的誓・他們便極其困苦。
2:16 「耶和華」興起「士師」、「士師」就拯救他們脫離搶奪他們人的手。
2:17 他們卻不聽從「士師」、竟隨從叩拜別神、行了邪淫、速速的偏離他們列祖所行的道、不如
他們列祖順從「耶和華」的命令。
2:18 「耶和華」爲他們興起「士師」、就與那「士師」同在・「士師」在世的一切日子、「耶和
華」拯救他們脫離仇敵的手・他們因受欺壓擾害、就哀聲歎氣、所以「耶和華」後悔了。
2:19 及至「士師」死後、他們就轉去行惡、比他們列祖更甚、去事奉叩拜別神・總不斷絕頑梗的
惡行。
2:20 於是「耶和華」的怒氣向「以色列人」發作・他說、因這民違背我吩咐他們列祖所守的約、
不聽從我的話。

《舊約聖經》的「士師記」內容，就是記錄這些「士師」的事蹟。下面介紹幾個重要的「士

師」，和它們的事蹟。

第一位「士師」是「俄陀聶（Othniel）」，他的故事十分簡短。上帝「耶和華」聽見「以色列人」的呼救聲，就爲他們興起了「士師」「俄陀聶」。「俄陀聶」戰勝了「古珊利薩田」，於是「以色列人」享受了四十年的太平生活，直到「俄陀聶」死去。

●《舊約聖經》士師記：

3:7「以色列人」行「耶和華」眼中看爲惡的事、忘記「耶和華」他們的 神、去事奉諸「巴
力」和「亞舍拉」。
3:8 所以「耶和華」的怒氣向「以色列人」發作、就把他們交在米所波大米王「古珊利薩田」的
手中．「以色列人」服事「古珊利薩田」八年。
3:9「以色列人」呼求「耶和華」的時候、「耶和華」就爲他們興起一位拯救者救他們、就是
「迦勒」兄弟、「基納斯」的兒子「俄陀聶」。
3:10「耶和華」的靈降在他身上、他就作了「以色列」的「士師」、出去爭戰．「耶和華」將米
所波大米王「古珊利薩田」交在他手中、他便勝了「古珊利薩田」。
3:11 於是國中太平四十年。「基納斯」的兒子「俄陀聶」死了。

第二位「士師」，叫作「以笏（Ehud）」。在「俄陀聶」死後，很快的「以色列人」又背棄了他們的神。上帝「耶和華」就使摩押王「伊磯倫」強盛，攻擊「以色列人」，於是「以色列人」服事摩押王「伊磯倫」十八年。

「以色列人」又呼求上帝「耶和華」，上帝「耶和華」這次興起了第二位「士師」，叫作「以笏

（ㄏㄨˋ）」。「以笏」設計暗殺了「伊磯倫」，就成了「以色列人」的民族英雄。於是「以色列人」享受了八十年的太平生活，直到「以笏」死去。

●《舊約聖經》士師記：

3:12「以色列人」又行「耶和華」眼中看爲惡的事、「耶和華」就使摩押王「伊磯倫」強盛、攻
擊「以色列人」。
3:13「伊磯倫」招聚「亞捫人」和「亞瑪力人」、去攻打「以色列人」、佔據「棕樹城」。
3:14於是「以色列人」服事摩押王「伊磯倫」十八年。
3:15「以色列人」呼求「耶和華」的時候、「耶和華」就爲他們興起一位拯救者、就是便雅憫
人「基拉」的兒子「以笏」、他是左手便利的．「以色列人」託他送禮物給摩押王「伊磯
倫」。
3:16「以笏」打了一把兩刃的劍、長一肘、帶在右腿上衣服裡面。
3:17將禮物獻給摩押王「伊磯倫」、原來「伊磯倫」極其肥胖。
3:18「以笏」獻完禮物、便將抬禮物的人打發走了。
3:19自己卻從靠近「吉甲鑿石之地」回來、說、王阿、我有一件機密事奏告你．王說、迴避罷．
於是左右侍立的人都退去了。
3:20「以笏」來到王面前．王獨自一人坐在「涼樓」上。「以笏」說、我奉　神的命報告你一件
事．王就從座位上站起來。
3:21「以笏」便伸左手、從右腿上拔出劍來、刺入王的肚腹。

3:22連劍把都刺進去了・劍被肥肉夾住、他沒有從王的肚腹拔出來、且穿通了後身。
3:23「以笏」就出到「遊廊」、將樓門盡都關鎖。
3:24「以笏」出來之後、王的僕人到了、看見樓門關鎖、就說、他必是在樓上大解。
3:25他們等煩了、見仍不開樓門、就拿鑰匙開了・不料、他們的主人已死、倒在地上。
3:26他們耽延的時候「以笏」就逃跑了・經過「鑿石之地」、逃到「西伊拉」。
3:27到了、就在以「法蓮山地」吹角・「以色列人」隨著他下了山地。他在前頭引路、
3:28對他們說、你們隨我來、因爲「耶和華」已經把你們的仇敵「摩押人」交在你們手中。於是
他們跟著他下去、把守「約但河」的渡口、不容「摩押」一人過去。
3:29那時擊殺了「摩押人」約有一萬、都是強壯的勇士、沒有一人逃脫。
3:30這樣、「摩押」就被「以色列人」制伏了。國中太平八十年。

「以笏」死後，「以色列人」又背叛了上帝「耶和華」，又惹惱了上帝「耶和華」，於是「以色列人」又被交到敵人的手中。「以色列人」不堪被敵人統治奴役之苦，於是又呼求上帝「耶和華」，上帝「耶和華」又派「士師」來拯救他們。

就這樣，「以色列人」重複的背叛，上帝「耶和華」重複的懲罰「以色列人」，「以色列人」不堪被敵人統治奴役之苦，於是又重複的呼求上帝「耶和華」，上帝「耶和華」又重複的派「士師」來拯救他們。

「以笏」以後的「士師」，尚有「珊迦、底波拉（女）、基甸、陀拉、睚珥、耶弗他、以比讚、以倫、押頓、參孫、以利、撒母耳」等人。

其中，「參孫（Samson）」是一個魯莽的大力士，他的故事在《舊約》中寫得很精采，我節錄重點如下：

● 《舊約聖經》士師記：

13:24 後來婦人生了一個兒子、給他起名叫「參孫」．孩子長大、「耶和華」賜福與他。
14:5 「參孫」跟他父母下「亭拿」去、到了「亭拿」的葡萄園、見有一隻少壯獅子向他吼叫．
14:6 「耶和華」的靈大大感動「參孫」、他雖然手無器械、卻將獅子撕裂、如同撕裂山羊羔一樣．他行這事並沒有告訴父母。
14:19 「耶和華」的靈大大感動「參孫」、他就下到「亞實基倫」擊殺了三十個人、奪了他們的衣裳、將衣裳給了猜出謎語的人．「參孫」發怒、就上父家去了。
15:3 「參孫」說、這回我加害於「非利士人」不算有罪。
15:4 於是「參孫」去捉了三百隻「狐狸」（或作「野狗」）、將狐狸尾巴一對一對地捆上、將火把捆在兩條尾巴中間、
15:5 點沖火把、就放「狐狸」進入「非利士人」站著的禾稼、將堆集的禾捆、和未割的禾稼、並「橄欖園」盡都燒了。
15:14 「參孫」到了「利希」、「非利士人」都迎著喧嚷．「耶和華」的靈大大感動「參孫」、他臂上的繩就像火燒的麻一樣、他的綁繩都從他手上脫落下來。
15:15 他見一塊未乾的「驢腮骨」、就伸手拾起來用以擊殺一千人。
15:16 「參孫」說、我用「驢腮骨」殺人成堆、用「驢腮骨」殺了一千人。

15:20當「非利士人」轄制「以色列人」的時候、「參孫」作「以色列」的「士師」二十年。
16:19「大利拉」使「參孫」枕著他的膝睡覺、叫了一個人來剃除他頭上的七條髮綹。於是「大利
拉」剋制他、他的力氣就離開他了。
16:20「大利拉」說、「參孫」哪、「非利士人」拿你來了。「參孫」從睡中醒來、心裡說、我要
像前幾次出去活動身體．他卻不知道「耶和華」已經離開他了。
16:21「非利士人」將他拿住、剜了他的眼睛、帶他下到「迦薩」、用銅鍊拘索他．他就在監裡推
磨。
16:22然而他的頭髮被剃之後、又漸漸長起來了。
16:23「非利士人」的首領聚集、要給他們的神「大袞」獻大祭、並且歡樂、因爲他們說、我們的
神將我們的仇敵「參孫」交在我們手中了。

（說明：「大袞」是「閃米特人」的一個主要的神，司「農業」，由早期「阿摩利人」所崇拜。他的形狀是一個披著魚皮的男性，是「非利士民族」的衆神之首，被信奉「猶太教」的「以色列人」認爲是「魔鬼」。）

16:28「參孫」求告「耶和華」說、主「耶和華」阿、求你眷念我．　神阿、求你賜我這一次的力
量、使我在「非利士人」身上報那剜我雙眼的仇。
16:29「參孫」就抱住托房的那兩根柱子．左手抱一根、右手抱一根、
16:30說、我情願與「非利士人」同死．就盡力屈身、房子倒塌、壓住首領和房內的衆人。這樣、
「參孫」死時所殺的人、比活著所殺的還多。

16:31「參孫」的弟兄和他父的全家、都下去取他的屍首、抬上來葬在「瑣拉」和「以實陶」中間、在他父瑪「挪亞」的墳墓裡。「參孫」作「以色列」的「士師」二十年。

最後一任「士師」是「撒母耳（Samuel）」，他促進了後來「以色列王國」的建立。因為，「撒母耳」年紀老邁，就立他的兩個兒子，做「以色列」的「士師」。但是，他的兩個兒子不行正道，貪圖財利，收受賄賂，屈枉正直。

「以色列」的「長老」就要求「撒母耳」像列國一樣，立一個「國王」來治理「以色列人」。於是，「士師時代」結束。從「撒母耳」之後，就進入「王國時代」了。

●《舊約聖經》撒母耳記上：

8:1「撒母耳」年紀老邁、就立他兒子作「以色列」的「士師」。

8:2 長子名叫「約珥」、次子名叫「亞比亞」．他們在「別是巴」作「士師」。

8:3 他兒子不行他的道、貪圖財利、收受賄賂、屈枉正直。

8:4「以色列」的「長老」都聚集、來到「拉瑪」見「撒母耳」。

8:5 對他說、你年紀老邁了、你兒子不行你的道．現在求你為我們立一個王治理我們、像列國一樣。

十六、「王國時代」的「掃羅王」

「撒母耳」是最後一任的「士師」，他順應「以色列人」的要求，希望有一位自己的君主。在向上帝「耶和華」請示過以後，宣布在他之後，「以色列人」將不再選出「士師」，而要產生「國王」。

●《舊約聖經》撒母耳記上：

8:6「撒母耳」不喜悅他們說、立一個王治理我們．他就禱告「耶和華」。
8:7「耶和華」對「撒母耳」說、百姓向你說的一切話、你只管依從、因爲他們不是厭棄你、乃
是厭棄我、不要我作他們的王。
8:8 自從我領他們出「埃及」到如今、他們常常離棄我、事奉別神、現在他們向你所行的、是照
他們素來所行的。

後來，「撒母耳」在「基比亞村」，找到了一個叫作「掃羅（Saul）」的孩子，「掃羅」屬於「以色列十二支派」中的最小支派「便雅憫」。在「撒母耳」的教導下，「掃羅」終於成了「以色列人」的「國王」。「掃羅」的登位，代表著「士師時代」的結束。

●《舊約聖經》撒母耳記上：

9:1 有一個「便雅憫人」、名叫「基士」、是便雅憫人「亞斐亞」的玄孫、「比歌拉」的曾孫、
「洗羅」的孫子、「亞別」的兒子．是個大能的勇士．（或作「大財主」）
9:2 他有一個兒子、名叫「掃羅」、又健壯、又俊美、在「以色列人」中沒有一個能比他的．身
體比眾民高過一頭。
9:15「掃羅」未到的前一日、「耶和華」已經指示「撒母耳」說。
9:16 明日這時候、我必使一個人從「便雅憫地」到你這裡來、你要膏他作我民以色列的君．他必
救我民脫離「非利士人」的手、因我民的哀聲上達於我、我就眷顧他們。

9:17「撒母耳」看見「掃羅」的時候、「耶和華」對他說、看哪、這人就是我對你所說的、他必治理我的民。

10:1「撒母耳」拿瓶膏油倒在「掃羅」的頭上、與他親嘴、說、這不是「耶和華」膏你作他產業的君麼。

10:24「撒母耳」對衆民說、你們看「耶和華」所揀選的人、衆民中有可比他的麼・衆民就大聲歡呼說、願王萬歲。

12:1「撒母耳」對「以色列」衆人說、你們向我所求的、我已應允了、爲你們立了一個王。

12:13現在你們所求所選的王在這裡、看哪、「耶和華」已經爲你們立王了。

「掃羅」做王之後，在位期間帶領「以色列人」多次與「亞捫人」和「非利士人」作戰，並且取得勝利。在一定程度上，「掃羅」奠定了「以色列民族」的統一，爲之後約一百多年的「聯合王國」打下基礎。

可是「掃羅」後來多次違背神的旨意，尤其在一次戰爭中，打敗了「亞瑪力人」的「亞甲王」，未將擄獲的畜群照規矩交給「祭司」，特別是未照「猶太」的律法將「全體俘虜」處死，赦免了「亞甲王」的生命。所以，觸怒了他的老師「撒母耳」，也觸怒了上帝「耶和華」，後悔立「掃羅」爲王。最後使上帝「耶和華」放棄「掃羅」，另外挑選新的繼承者「大衛」。

● **《舊約聖經》撒母耳記上：**

14:47「掃羅」執掌「以色列」的國權、常常攻擊他四圍的一切仇敵、就是「摩押人、亞捫人、以東人、和瑣巴諸王、並非利士人」・他無論往何處去、都打敗仇敵。

14:48「掃羅」奮勇攻擊「亞瑪力人」、救了「以色列人」脫離搶掠他們之人的手。
14:49「掃羅」的兒子是「約拿單、亦施韋、麥基舒亞」、他的兩個女兒、長女名「米拉」、次女
名「米甲」。
15:1「撒母耳」對「掃羅」說、「耶和華」差遣我膏你爲王、治理他的百姓「以色列」・所以你
當聽從「耶和華」的話。
15:2 萬軍之「耶和華」如此說、「以色列人」出「埃及」的時候、在路上「亞瑪力人」怎樣待他
們、怎樣抵擋他們、我都沒忘。
15:3 現在你要去擊打「亞瑪力人」、滅盡他們所有的、不可憐惜他們、將男女、孩童、喫奶的、
並牛、羊、駱駝、和驢盡行殺死。
15:4 於是「掃羅」招聚百姓在「提拉因」、數點他們、共有步兵二十萬、另有「猶大人」一萬。
15:5「掃羅」到了「亞瑪力」的京城、在谷中設下埋伏。
15:7「掃羅」擊打「亞瑪力人」、從「哈腓拉」、直到「埃及」前的「書珥」。
15:8 生擒了亞瑪力王「亞甲」、用刀殺盡「亞瑪力」的衆民。
15:9「掃羅」和百姓卻憐惜「亞甲」、也愛惜上好的牛、羊、牛犢、羊羔、並一切美物、不肯滅
絕・凡下賤瘦弱的、盡都殺了。
15:10「耶和華」的話臨到「撒母耳」說。
15:11 我立「掃羅」爲王、我後悔了・因爲他轉去不跟從我、不遵守我的命令・「撒母耳」便甚憂
愁、終夜哀求「耶和華」。

因爲「掃羅王」不順從神，他做王的時間被縮短，只做四十年。上帝「耶和華」另外揀選「大衛」取而代之。

●《舊約聖經》撒母耳記上：

15:35「撒母耳」直到死的日子、再沒有見「掃羅」．但「撒母耳」爲「掃羅」悲傷、是因「耶和華」後悔立他爲「以色列」的王。

16:1「耶和華」對「撒母耳」說、我既厭棄「掃羅」作「以色列」的王、你爲他悲傷要到幾時呢．你將膏油盛滿了角、我差遣你往伯利恆人「耶西」那裡去、因爲我在他眾子之內、預定一個作王的。

16:4「撒母耳」就照「耶和華」的話去行．到了「伯利恆」、那城裡的長老都戰戰兢兢的出來迎接他、問他說、你是爲平安來的麼．

16:5 他說、爲平安來的．我是給「耶和華」獻祭．你們當自潔、來與我同喫祭肉．「撒母耳」就使「耶西」和他眾子自潔、請他們來喫祭肉。

16:10「耶西」叫他七個兒子都從「撒母耳」面前經過、「撒母耳」說、這都不是「耶和華」所揀選的。

16:11「撒母耳」對「耶西」說、你的兒子都在這裡麼．他回答說、還有個小的、現在放羊．「撒母耳」對「耶西」說、你打發人去叫他來、他若不來、我們必不坐席。

16:12「耶西」就打發人去叫了他來．他面色光紅、雙目清秀、容貌俊美．「耶和華」說、這就是他、你起來膏他。

16:13「撒母耳」就用角裡的膏油、在他諸兄中膏了他．從這日起、「耶和華」的靈就大大感動
「大衛」．「撒母耳」起身回「拉瑪」去了。

「掃羅」和「大衛」第一次見面，是「大衛」爲「掃羅」彈琴驅魔。「大衛」善於彈琴，被推薦來服侍「掃羅」，藉著琴聲，趕走在「掃羅」身上的惡魔，使「掃羅」舒暢爽快。「掃羅」高興之餘，就把「大衛」留在身邊做貼身侍衛。

不過，我覺得很奇怪，上帝「耶和華」所居住的「天堂」，不是只有「天使」和祂在一起嗎？怎麼還會有「惡魔」呢？「惡魔」不都是住在「地獄」嗎？

●《舊約聖經》撒母耳記上：

16:14「耶和華」的靈離開「掃羅」、有「惡魔」從「耶和華」那裡來擾亂他。
16:15「掃羅」的臣僕對他說、現在有「惡魔」從 神那裡來擾亂你。
16:16 我們的主可以吩咐面前的臣僕、找一個善於彈琴的來、等 神那裡來的「惡魔」臨到你身上
的時候、使他用手彈琴、你就好了。
16:17「掃羅」對臣僕說、你們可以爲我找一個善於彈琴的、帶到我這裡來。
16:18 其中有一個少年人說、我曾見伯利恆人「耶西」的一個兒子善於彈琴．是大有勇敢的戰士、
說話合宜、容貌俊美、「耶和華」也與他同在。
16:19 於是「掃羅」差遣使者去見「耶西」、說、請你打發你放羊的兒子「大衛」到我這裡來。
16:21「大衛」到了「掃羅」那裡、就侍立在「掃羅」面前。「掃羅」甚喜愛他、他就作了「掃
羅」拿兵器的人。

16:22 「掃羅」差遣人去見「耶西」說、求你容「大衛」侍立在我面前、因爲他在我眼前蒙了恩。
16:23 從 神那裡來的「惡魔」臨到「掃羅」身上的時候、「大衛」就拿琴用手而彈、「掃羅」便
舒暢爽快、「惡魔」離了他。

有一次，「非利士人」大舉來犯，從「非利士」陣營中出來一個討戰的人，是一個名叫「歌利亞」的巨人，「以色列人」無人能夠對付他。

結果「大衛」完成了打敗巨人的任務，他用「投石器」，飛出一塊小石子，恰巧打中「歌利亞」的額頭，「歌利亞」馬上昏倒在地，「大衛」就用巨人的長劍，割下了巨人的頭。巨人一死，「非利士人」便紛紛逃跑，潰不成軍，「大衛」就成了「以色列人」的救星。

● **《舊約聖經》撒母耳記上：**

17:1 「非利士人」招聚他們的軍旅、要來爭戰・聚集在屬「猶大」的「梭哥」、安營在「梭哥」
和「亞西加」中間的「以弗大憫」。
17:2 「掃羅」和「以色列人」也聚集、在「以拉谷」安營、擺列隊伍、要與「非利士人」打仗。
17:4 從「非利士」營中出來一個討戰的人、名叫「歌利亞」・是「迦特人」、身高六肘○一虎
口。
17:5 頭戴銅盔、身穿鎧甲、甲重五千舍客勒。
17:6 腿上有銅護膝、兩肩之中背負銅戟。
17:7 槍桿粗如織布的機軸、鐵槍頭重六百舍客勒・有一個拿盾牌的人在他前面走。
17:8 「歌利亞」對著「以色列」的軍隊站立、呼叫說、你們出來擺列隊伍作甚麼呢・我不是「非

利士人」麼・你們不是「掃羅」的僕人麼・可以從你們中間揀選一人、使他下到我這裡來。
17:9 他若能與我戰鬥、將我殺死、我們就作你們的僕人・我若勝了他、將他殺死、你們就作我們
的僕人、服事我們。
17:10 那「非利士人」又說、我今日向「以色列人」的軍隊罵陣・你們叫一個人出來、與我戰鬥。
17:11 「掃羅」和「以色列」衆人聽見「非利士人」的這些話、就驚惶、極其害怕。
17:25 「以色列人」彼此說、這上來的人、你看見了麼・他上來、是要向「以色列人」罵陣・若有
能殺他的、王必賞賜他大財、將自己的女兒給他爲妻、並在「以色列人」中、免他父家納糧
當差。
17:26 「大衛」問站在旁邊的人、說、有人殺這「非利士人」、除掉「以色列人」的恥辱、怎樣待
他呢・這未受割禮的「非利士人」是誰呢、竟敢向永生　神的軍隊罵陣麼。
17:31 有人聽見「大衛」所說的話、就告訴了「掃羅」・「掃羅」便打發人叫他來。
17:32 「大衛」對「掃羅」說、人都不必因那「非利士人」膽怯・你的僕人要去與那「非利士人」
戰鬥。
17:33 「掃羅」對「大衛」說、你不能去與那「非利士人」戰鬥・因爲你年紀太輕、他自幼就作戰
士。
17:34 「大衛」對「掃羅」說、你僕人爲父親放羊・有時來了獅子、有時來了熊、從群中啣一隻羊
羔去。
17:35 我就追趕他、擊打他、將羊羔從他口中救出來・他起來要害我、我就揪著他的鬍子、將他打

死。
17:36 你僕人曾打死獅子和熊．這未受割禮的「非利士人」向永生　神的軍隊罵陣、也必像獅子和
熊一般。
17:37「大衛」又說、「耶和華」救我脫離獅子和熊的爪、也必救我脫離這「非利士人」的手。
「掃羅」對「大衛」說、你可以去罷．「耶和華」必與你同在。
17:38「掃羅」就把自己的戰衣給「大衛」穿上、將銅盔給他戴上、又給他穿上鎧甲。
17:39「大衛」把刀跨在戰衣外、試試能走不能走．因爲素來沒有穿慣、就對「掃羅」說、我穿戴
這些不能走．因爲素來沒有穿慣。於是摘脫了。
17:40 他手中拿杖、又在溪中挑選了五塊光滑石子、放在袋裡、就是牧人帶的囊裡．手中拿著甩石
的機弦、就去迎那「非利士人」。
17:45「大衛」對「非利士人」說、你來攻擊我、是靠著刀槍和銅戟．我來攻擊你、是靠著萬軍之
「耶和華」的名、就是你所怒罵帶領「以色列」軍隊的　神。
17:48「非利士人」起身、迎著「大衛」前來．「大衛」急忙迎著「非利士人」、往戰場跑去。
17:49「大衛」用手從囊中掏出一塊石子來、用機弦甩去、打中「非利士人」的額．石子進入額
內、他就仆倒、面伏於地。
17:50 這樣、「大衛」用機弦甩石、勝了那「非利士人」、打死他．「大衛」手中卻沒有刀。
17:51「大衛」跑去、站在「非利士人」身旁、將他的刀從鞘中拔出來、殺死他、割了他的頭。
「非利士」衆人看見他們討戰的勇士死了、就都逃跑。

17:52「以色列人」和「猶大人」便起身、吶喊、追趕「非利士人」、直到「迦特」（或「作
該」）和「以革倫」的城門。被殺的「非利士人」、倒在「沙拉音」的路上、直到「迦
特」、和「以革倫」。

「大衛」殺死「歌利亞」之後，成爲「以色列人」的英雄，但是由於在慶功宴中，婦女們的一句稱讚歌詞「掃羅殺死千千，大衛殺死萬萬」，引起「掃羅」的嫉妒與殺機。

從此以後，「掃羅」不斷的想辦法要殺掉「大衛」，「大衛」不得不四處逃離，而「掃羅」還是鍥而不捨的一路追殺到底。

●《舊約聖經》撒母耳記上：

18:6「大衛」打死了那「非利士人」、同衆人回來的時候、婦女們從「以色列」各城裡出來、歡
歡喜喜、打鼓擊磬、歌唱跳舞、迎接「掃羅王」。
18:7 衆婦女舞蹈唱和、說、「掃羅」殺死「千千」、「大衛」殺死「萬萬」。
18:8「掃羅」甚發怒、不喜悅這話、就說、將「萬萬」歸「大衛」、「千千」歸我、只剩下王位
沒有給他了。
18:9 從這日起、「掃羅」就怒視「大衛」。

「掃羅」想辦法要殺掉「大衛」，居然想將女兒「米甲」嫁給「大衛」，然後借刀殺人，借敵人「非利士人」的手害死「大衛」。結果，「大衛」殺了二百個「非利士人」，順利娶「米甲」爲妻，成爲「掃羅」的女婿。

●《舊約聖經》撒母耳記上：

18:17「掃羅」對「大衛」說、我將大女兒「米拉」給你爲妻・只要你爲我奮勇、爲「耶和華」爭
戰。「掃羅」心裡說、我不好親手害他、要藉「非利士人」的手害他。
18:19「掃羅」的女兒「米拉」到了當給「大衛」的時候、「掃羅」卻給了米何拉人「亞得列」爲
妻。
18:20「掃羅」的次女「米甲」愛大衛・有人告訴「掃羅」、「掃羅」就喜悅。
18:21「掃羅」心裡說、我將這女兒給「大衛」、作他的網羅、好藉「非利士人」的手害他。所以
「掃羅」對「大衛」說、你今日可以第二次作我的女婿。
18:25「掃羅」說、你們要對「大衛」這樣說、王不要甚麼聘禮、只要一百「非利士人」的「陽皮
（指男性的包皮）」、好在王的仇敵身上報仇。「掃羅」的意思要使「大衛」喪在「非利士
人」的手裡。
18:27「大衛」和跟隨他的人起身前往、殺了二百「非利士人」、將「陽皮」滿數交給王、爲要作
王的女婿。於是「掃羅」將女兒米甲給「大衛」爲妻。
18:28「掃羅」見「耶和華」與「大衛」同在、又知道女兒「米甲」愛「大衛」・
18:29就更怕「大衛」、常作「大衛」的仇敵。

從上帝「耶和華」那裡來的「惡魔」兩次降在「掃羅」的身上。「大衛」兩次照常彈琴，幫「掃羅」驅魔。可是，「掃羅」兩次都要殺「大衛」，「大衛」躲避他兩次。

●《舊約聖經》撒母耳記上：

18:10次日、從 神那裡來的「惡魔」、大大降在「掃羅」身上、他就在家中胡言亂語・「大衛」

照常彈琴・「掃羅」手裡拿著槍。

18:11「掃羅」把槍一掄、心裡說、我要將「大衛」刺透、釘在牆上。「大衛」躲避他兩次。

●《舊約聖經》撒母耳記上：

19:9 從「耶和華」那裡來的「惡魔」、又降在「掃羅」身上・（「掃羅」手裡拿槍坐在屋裡）「大衛」就用手彈琴。

19:10「掃羅」用槍想要刺透「大衛」、釘在牆上・他卻躲開、「掃羅」的槍刺入牆內・當夜「大衛」逃走躲避了。

19:11「掃羅」打發人到「大衛」的房屋那裡、窺探他、要等到天亮殺他。「大衛」的妻「米甲」對他說、你今夜若不逃命、明日你要被殺。

19:12 於是「米甲」將「大衛」從窗戶裡縋下去・「大衛」就逃走、躲避了。

「掃羅」對他兒子「約拿單」說要殺「大衛」，可是「約拿單」卻甚喜愛「大衛」，是「大衛」的知己好友。「大衛」不明白「掃羅」爲什麼千方百計要殺他，「約拿單」回去問「掃羅」，「掃羅」對兒子說出他的擔憂。「掃羅」內心恐懼王位被奪去，無法接受上帝「耶和華」挑選新的繼承人一事，所以多次想要謀殺「大衛」。

●《舊約聖經》撒母耳記上：

19:1「掃羅」對他兒子「約拿單」和眾臣僕說、要殺「大衛」。「掃羅」的兒子「約拿單」、卻甚喜愛「大衛」。

20:1「大衛」從「拉瑪」的「拿約」逃跑、來到「約拿單」那裡、對他說、我作了甚麼・有甚麼罪孽呢．在你父親面前犯了甚麼罪、他竟尋索我的性命呢。
20:28「約拿單」回答「掃羅」說、「大衛」切求我容他往「伯利恆」去。
20:30「掃羅」向「約拿單」發怒、對他說、你這頑梗背逆之婦人所生的、我豈不知道你喜悅「耶西」的兒子、自取羞辱、以至你母親露體蒙羞麼。
20:31「耶西」的兒子若在世間活著、你和你的國位必站立不住。現在你要打發人去、將他捉拿交給我．他是該死的。
20:32「約拿單」對父親「掃羅」說、他為甚麼該死呢．他作了甚麼呢。
20:33「掃羅」向「約拿單」掄槍要刺他．「約拿單」就知道他父親決意要殺「大衛」。
「大衛」過著多年逃亡的生活，途中有許多人跟隨著他，「掃羅」還是天天派人尋找大衛的下落。

●《舊約聖經》撒母耳記上：
23:13「大衛」和跟隨他的、約有六百人、就起身出了「基伊拉」、往他們所能往的地方去。有人告訴「掃羅」、「大衛」離開「基伊拉」逃走．於是「掃羅」不出來了。
23:14「大衛」住在曠野的山寨裡、常在「西弗」曠野的山地。「掃羅」天天尋索「大衛」、神卻不將「大衛」交在他手裡。
23:15「大衛」知道「掃羅」出來尋索他的命．那時他住在「西弗」曠野的樹林裡。
「大衛」因為「掃羅」的追殺而逃難，在逃難的過程中，有兩次機會可以暗中殺了「掃羅」，但是「大衛」都沒有下手殺害「掃羅」。而「掃羅」仍然不放棄殺「大衛」，可見對「權位」的「貪欲」和「執念」，會使人喪失「良知」。

●《舊約聖經》撒母耳記上：

24:1 「掃羅」追趕「非利士」人回來、有人告訴他說、「大衛」在「隱基底」的曠野。
24:2 「掃羅」就從「以色列人」中挑選三千精兵、率領他們往野羊的磐石去、尋索「大衛」和跟
隨他的人。
24:3 到了路旁的羊圈、在那裡有洞．「掃羅」進去大解。「大衛」和跟隨他的人正藏在洞裡的深
處。
24:4 跟隨的人對「大衛」說、「耶和華」曾應許你說、我要將你的仇敵交在你手裡、你可以任意
待他．如今時候到了．「大衛」就起來、悄悄的割下「掃羅」外袍的衣襟。
24:5 隨後「大衛」心中自責、因爲割下「掃羅」的衣襟．
24:6 對跟隨他的人說、我的主、乃是「耶和華」的「受膏者」、我在「耶和華」面前萬不敢伸手
害他、因他是「耶和華」的「受膏者」。
24:7 「大衛」用這話攔住跟隨他的人、不容他們起來害「掃羅」。「掃羅」起來、從洞裡出去行
路。
24:8 隨後「大衛」也起來、從洞裡出去、呼叫「掃羅」說、我主、我王。「掃羅」回頭觀看、
「大衛」就屈身臉伏於地下拜。
24:9 「大衛」對「掃羅」說、你爲何聽信人的讒言、說、「大衛」想要害你呢。
24:10 今日你親眼看見在洞中「耶和華」將你交在我手裡．有人叫我殺你、我卻愛惜你、說、我不

敢伸手害我的主．因爲他是「耶和華」的「受膏者」。
24:11 我父阿、看看你外袍的衣襟在我手中．我割下你的衣襟、沒有殺你、你由此可以知道我沒有
惡意叛逆你．你雖然獵取我的命、我卻沒有得罪你。
24:12 願「耶和華」在你我中間判斷是非、在你身上爲我伸冤．我卻不親手加害於你。
24:13 古人有句俗語說、「惡事出於惡人」．我卻不親手加害於你。
24:14 「以色列王」出來要尋找誰呢．追趕誰呢．不過追趕一條死狗、一個虼蚤就是了。
1Sa 24:15 願「耶和華」在你我中間施行審判、斷定是非、並且鑒察、爲我伸冤、救我脫離你的手。
24:16 「大衛」向「掃羅」說完這話、「掃羅」說、我兒「大衛」、這是你的聲音麼．就放聲大
哭．
24:17 對「大衛」說、你比我公義．因爲你以善待我、我卻以惡待你。
24:18 你今日顯明是以善待我．因爲「耶和華」將我交在你手裡、你卻沒有殺我。
24:19 人若遇見仇敵、豈肯放他平安無事的去呢。願「耶和華」因你今日向我所行的、以善報你。
24:20 我也知道你必要作王．「以色列」的國、必堅立在你手裡。
24:21 現在你要指著「耶和華」向我起誓、不剪除我的後裔、在我父家不滅沒我的名。
24:22 於是「大衛」向「掃羅」起誓、「掃羅」就回家去．「大衛」和跟隨他的人、上山寨去了。

●《舊約聖經》撒母耳記上：

26:1 「西弗人」到「基比亞」見「掃羅」、說、「大衛」不是在曠野前的「哈基拉山」藏著麼。
26:2 「掃羅」就起身、帶領「以色列人」中挑選的三千精兵、下到「西弗」的曠野、要在那裡尋

索「大衛」。
26:3「掃羅」在曠野前的「哈基拉山」、在道路上安營。「大衛」住在曠野、聽說「掃羅」到曠
野來追尋他。
26:4 就打發人去探聽、便知道「掃羅」果然來到。
26:5「大衛」起來、到「掃羅」安營的地方、看見「掃羅」和他的元帥「尼珥」的兒子「押尼
珥」睡臥之處・「掃羅」睡在「輜重營（軍隊中作後勤補給的人員和裝備）」裡、百姓安營
在他周圍。
26:6「大衛」對赫人「亞希米勒」、和「洗魯雅」的兒子「約押」的兄弟「亞比篩」說、誰同我
下到「掃羅」營裡去・「亞比篩」說、我同你下去。
26:7 於是「大衛」和「亞比篩」夜間到了百姓那裡、見「掃羅」睡在「輜重營」裡、他的槍在頭
旁、插在地上・「押尼珥」和百姓睡在他周圍。
26:8「亞比篩」對「大衛」說、現在　神將你的仇敵交在你手裡・求你容我拿槍將他刺透在地・
一刺就成、不用再刺。
26:9「大衛」對「亞比篩」說、不可害死他・有誰伸手害「耶和華」的「受膏者」而無罪呢。
26:10「大衛」又說、我指著永生的「耶和華」起誓、他或被「耶和華」擊打、或是死期到了、或
是出戰陣亡。
26:11 我在「耶和華」面前、萬不敢伸手害「耶和華」的「受膏者」・現在你可以將他頭旁的槍和
水瓶拿來、我們就走。

26:12「大衛」從「掃羅」的頭旁、拿了槍和水瓶・二人就走了、沒有人看見、沒有人知道、也沒
有人醒起、都睡著了・因爲「耶和華」使他們沉沉的睡了。
26:13「大衛」過到那邊去、遠遠的站在山頂上、與他們相離甚遠。
26:14「大衛」呼叫百姓、和「尼珥」的兒子「押尼珥」、說、「押尼珥」阿、你爲何不答應呢・
「押尼珥」說、你是誰、竟敢呼叫王呢。
26:15「大衛」對「押尼珥」說、你不是個勇士麼・「以色列」中誰能比你呢・民中有人進來要害
死王你的主、你爲何沒有保護王你的主呢。
26:16你這樣是不好的・我指著永生的「耶和華」起誓、你們都是該死的、因爲沒有保護你們的
主、就是「耶和華」的「受膏者」・現在你看看王頭旁的槍和水瓶在那裡。
26:17「掃羅」聽出是「大衛」的聲音、就說、我兒「大衛」、這是你的聲音麼・「大衛」說、主
我的王阿、是我的聲音。
26:18又說、我作了甚麼・我手裡有甚麼惡事・我主竟追趕僕人呢。
26:19求我主我王聽僕人的話・若是「耶和華」激發你攻擊我、願「耶和華」收納祭物・若是人激
發你、願他在「耶和華」面前受咒詛・因爲他現今趕逐我、不容我在「耶和華」的產業上有
分、說、你去事奉別神罷。
26:20現在求王不要使我的血流在離耶和華遠的地方・以色列王出來、是尋找一個虼蚤、如同人在
山上獵取一個鷓鴣一般。
26:21「掃羅」說、我有罪了・我兒「大衛」、你可以回來・因你今日看我的性命爲寶貴、我必不

再加害於你．我是糊塗人、大大錯了。
26:22「大衛」說、王的槍在這裡、可以吩咐一個僕人過來拿去。
26:23 今日「耶和華」將王交在我手裡、我卻不肯伸手害「耶和華」的「受膏者」．「耶和華」必
照各人的公義誠實報應他。
26:24 我今日重看你的性命、願「耶和華」也重看我的性命、並且拯救我脫離一切患難。
26:25「掃羅」對「大衛」說、我兒「大衛」、願你得福．你必作大事、也必得勝。於是「大衛」
起行、「掃羅」回他的本處去了。

「掃羅」和他三個兒子「約拿單」、「亞比拿達」、「麥基舒亞」，最後都死在和「非利士人」的戰爭中。「掃羅」的下場很慘，他的屍身被釘在「伯珊」的城牆上。

●《舊約聖經》撒母耳記上：

31:1 「非利士人」與「以色列人」爭戰．「以色列人」在「非利士人」面前逃跑、在「基利波」
有被殺仆倒的。
31:2 「非利士人」緊追「掃羅」和他兒子們、就殺了「掃羅」的兒子「約拿單」、「亞比拿
達」、「麥基舒亞」。
31:3 勢派甚大．「掃羅」被弓箭手追上、射傷甚重。
31:4 就吩咐拿他兵器的人說、你拔出刀來、將我刺死、免得那些未受割禮的人來刺我、凌辱我．
但拿兵器的人甚懼怕、不肯刺他．「掃羅」就自己伏在刀上死了。
31:5 拿兵器的人見「掃羅」已死、也伏在刀上死了。

31:6 這樣、「掃羅」和他三個兒子、與拿他兵器的人、以及跟隨他的人、都一同死亡。
31:7 住平原那邊並「約但河」西的「以色列人」、見「以色列」軍兵逃跑、「掃羅」和他兒子都死了、也就棄城逃跑．「非利士人」便來住在其中。
31:8 次日「非利士人」來剝那被殺之人的衣服、看見「掃羅」和他三個兒子仆倒在「基利波山」。
31:9 就割下他的首級、剝了他的軍裝、打發人到「非利士」地的四境、〔「到」或作「送到」〕報信與他們廟裡的偶像、和眾民。
31:10 又將「掃羅」的軍裝放在「亞斯他錄」廟裡、將他的屍身釘在「伯珊」的城牆上。

十七、「王國時代」的「大衛王」

「大衛王」是公元前十世紀，「以色列聯合王國」的第二任國王。「大衛（David）」是「被愛的、蒙愛者」的意思。他在位四十年；其中有七年六個月在「希伯侖」。

「大衛」是「猶太」支派「耶西」的第八個兒子，生於「伯利恆」，爲牧羊人。戰勝非利士人「歌利亞」，受「掃羅王」賞識。後來，「掃羅王」忌妒他受人民的愛戴，想要殺他。「大衛」爲了躲避「掃羅王」的追殺而四處流浪。「掃羅王」戰死之後，「大衛」做「猶大王」。在公元前一千年左右，建立統一的「以色列王國」，定都「耶路撒冷」。

「大衛」在「以色列」歷代國王中，《聖經》描述他是一位有爲的君主，並且是一位專心倚靠「上帝」的人，是個優秀的戰士、音樂家和詩人，在《聖經》中讚美「上帝」的「詩篇」絕大部分是他的著作。根據《聖經》的記載，「耶穌」的父親「約瑟」和母親「瑪麗亞」都是「大衛」的後裔。

「大衛」對「以色列」周圍，威脅「以色列」的民族發動了一系列的軍事征服，成功擊敗「非利士人」，爲「以色列」創造了一個安全的邊境。「以色列」從一個「王國」發展成「帝國」，其軍事和政治的影響力，在「中東」急劇擴展，一系列的小國像「非利士、摩押、以東、亞捫」和一些「亞蘭人」城邦國，變爲「以色列」的「附庸國」。「以色列」疆域，西到「地中海」，東到「阿拉伯沙漠」，北到「幼發拉底河」，南至「紅海」。

「掃羅王」陣亡後，「大衛」在「希伯崙」立爲「猶大國王」。後來，「大衛家族」逐漸強盛，七年半後，「掃羅家族」降伏於「大衛」，願意接受「大衛」爲國王。「大衛」被立爲全「以色列」國王，並繼續統治約三十三年，總共在位約四十年。

●《舊約聖經》撒母耳記下：

2:8 「掃羅」的元帥「尼珥」的兒子「押尼珥」、曾將「掃羅」的兒子「伊施波設」、帶過河到「瑪哈念」。

2:9 立他作王治理「基列、亞書利、耶斯列、以法蓮、便雅憫」、和「以色列」眾人。

2:10 「掃羅」的兒子「伊施波設」登基的時候、年四十歲、作「以色列王」二年・惟獨「猶大」家歸從「大衛」。

2:11 「大衛」在「希伯崙」作「猶大」家的王、共七年〇六個月。

爲什麼「掃羅家族」願意降伏於「大衛」，願意接受「大衛」爲國王呢？這是因爲「掃羅」的元帥「尼珥」的兒子「押尼珥」，將「掃羅」的兒子「伊施波設」帶過河到「瑪哈念」，並且立他作王治理「基列、亞書利、耶斯列、以法蓮、便雅憫」、和「以色列」衆人，而「大衛」在「希伯崙」做「猶大家族」的王。

「掃羅家族」和「大衛家族」爭戰許久，後來「大衛家族」日見強盛，而「掃羅家族」日見衰弱。

有一次，有權勢的「押尼珥」元帥被「伊施波設王」發現，他和她父王「掃羅王」的妃嬪同房，「伊施波設王」指責「押尼珥」元帥的荒唐行爲。「押尼珥」元帥就惱羞成怒，要將「伊施波設王」交在「大衛王」手裡。

●《舊約聖經》撒母耳記下：

3:1 「掃羅家」和「大衛家」爭戰許久．「大衛家」日見強盛、「掃羅家」日見衰弱。
3:6 「掃羅家」和「大衛家」爭戰的時候、「押尼珥」在「掃羅家」大有權勢。
3:7 「掃羅」有一妃嬪、名叫「利斯巴」、是「愛亞」的女兒．一日、「伊施波設」對「押尼
珥」說、你爲甚麼與我父的妃嬪同房呢。
3:8 「押尼珥」因「伊施波設」的話、就甚發怒、說、我豈是「猶大」的狗頭呢．我恩待你父
「掃羅」的家、和他的弟兄、朋友、不將你交在「大衛」手裡、今日你竟爲這婦人責備我
麼。
3:9 我若不照著「耶和華」起誓應許「大衛」的話行、廢去「掃羅」的位、建立「大衛」的位、
使他治理「以色列」和「猶大」、從「但」到「別是巴」、願 神重重的降罰與我。
3:11 「伊施波設」懼怕「押尼珥」、不敢回答一句。

3:12「押尼珥」打發人去見「大衛」、替他說、這國歸誰呢．又說、你與我立約、我必幫助你、
使「以色列人」都歸服你。
3:20「押尼珥」帶著二十個人、來到「希伯崙」見「大衛」．「大衛」就爲「押尼珥」和他帶來
的人、設擺筵席。
3:21「押尼珥」對「大衛」說、我要起身去招聚「以色列」衆人來見我主我王、與你立約．你就
可以照著心願作王．於是「大衛」送「押尼珥」去、「押尼珥」就平平安安的去了。

經文看到這裡，我以爲這位賣主求榮的「押尼珥」，詭計將要得逞。沒想到因果報應，不是不報，只是時機未到。最後，「押尼珥」還是死於非命，惡有惡報。

●《舊約聖經》撒母耳記下：

3:22「約押」和「大衛」的僕人、攻擊敵軍帶回許多的掠物．那時「押尼珥」不在「希伯崙」
「大衛」那裡、因「大衛」已經送他去、他也平平安安的去了。
3:23「約押」和跟隨他的全軍到了、就有人告訴「約押」說、「尼珥」的兒子「押尼珥」來見
王、王送他去、他也平平安安的去了。
3:24「約押」去見王說、你這是作甚麼呢、「押尼珥」來見你、你爲何送他去、他就蹤影不見了
呢。
3:25你當曉得「尼珥」的兒子「押尼珥」來、是要誆哄你、要知道你的出入、和你一切所行的
事。
3:26「約押」從「大衛」那裡出來、就打發人去追趕「押尼珥」、在「西拉井」追上他、將他帶

回來．「大衛」卻不知道。
3:27「押尼珥」回到「希伯崙」、「約押」領他到城門的甕洞、假作要與他說機密話、就在那裡
刺透他的肚腹、他便死了．這是報殺他兄弟「亞撒黑」的仇。
3:30「約押」和他兄弟「亞比篩」殺了「押尼珥」、是因「押尼珥」在「基遍」爭戰的時候、殺
了他們的兄弟「亞撒黑」。

「約押」是誰？他是「大衛王」身旁驍勇善戰的大將軍。「約押」和「亞比篩」爲什麼一定要殺「押尼珥」呢？因爲，「押尼珥」殺了「約押」的兄弟「亞撒黑」。「約押」、「亞比篩」和「亞撒黑」，是三個親兄弟，三個都是「大衛王」身旁的重要部屬。

●《舊約聖經》撒母耳記下：

2:12「尼珥」的兒子「押尼珥」、和「掃羅」的兒子「伊施波設」的僕人、從「瑪哈念」出來、
往「基遍」去。
2:13「洗魯雅」的兒子「約押」、和「大衛」的僕人也出來、在「基遍池」旁與他們相遇．一班
坐在池這邊、一班坐在池那邊。
2:14「押尼珥」對「約押」說、讓少年人起來、在我們面前戲耍罷．「約押」說、可以。
2:15就按著定數起來、屬「掃羅」兒子「伊施波設」的「便雅憫人」過去十二名、「大衛」的僕
人也過去十二名。
2:16彼此揪頭、用刀刺肋、一同仆倒．所以那地叫作「希利甲哈素林」、就在「基遍」。
2:17那日的戰事兇猛、「押尼珥」和「以色列人」、敗在「大衛」的僕人面前。

2:18 在那裡有「洗魯雅」的三個兒子、「約押、亞比篩、亞撒黑」・「亞撒黑」腳快如野鹿一般。
2:19「亞撒黑」追趕「押尼珥」、直追趕他不偏左右。
2:20「押尼珥」回頭說、你是「亞撒黑」麼、回答說、是。
2:21「押尼珥」對他說、你或轉向左、轉向右、拿住一個少年人、剝去他的戰衣・「亞撒黑」卻
不肯轉開不追趕他。
2:22「押尼珥」又對「亞撒黑」說、你轉開不追趕我罷、我何必殺你呢・若殺你、有甚麼臉見你
哥哥「約押」呢。
2:23「亞撒黑」仍不肯轉開、故此「押尼珥」就用槍鐏刺入他的肚腹、甚至槍從背後透出・「亞
撒黑」就在那裡仆倒而死・眾人趕到「亞撒黑」仆倒而死的地方、就都站住。

「掃羅王」的兒子「伊施波設王」的下場也很慘，他不僅被他父王「掃羅王」的元帥「尼珥」的兒子「押尼珥」元帥出賣，最後還死在自己兩位軍長的手裡，「伊施波設王」的王國，因此滅亡。而同樣賣主求榮的兩位軍長，最後被「大衛王」處死。

●《舊約聖經》撒母耳記下：

4:1「掃羅」的兒子「伊施波設」聽見「押尼珥」死在「希伯崙」、手就發軟・「以色列」眾人
也都驚惶。
4:2「掃羅」的兒子「伊施波設」有兩個「軍長」、一名「巴拿」、一名「利甲」、是「便雅
憫」支派、比錄人「臨門」的兒子・「比錄」也屬「便雅憫」。
4:5 一日、比錄人「臨門」的兩個兒子、「利甲」和「巴拿」出去、約在午熱的時候、到了「伊

施波設」的家、「伊施波設」正睡午覺。
4:6 他們進了房子、假作要取麥子、就刺透「伊施波設」的肚腹、逃跑了。
4:7 他們進房子的時候、「伊施波設」正在臥房裡躺在床上、他們將他殺死、割了他的首級、拿著首級在「亞拉巴」走了一夜。
4:8 將「伊施波設」的首級拿到「希伯崙」見「大衛王」、說、王的仇敵「掃羅」、曾尋索王的性命、看哪、這是他兒子「伊施波設」的首級、「耶和華」今日為我主我王、在「掃羅」和他後裔的身上報了仇。
4:9 「大衛」對比錄人「臨門」的兒子「利甲」和他兄弟「巴拿」說、我指著救我性命脫離一切苦難、永生的「耶和華」起誓。
4:10 從前有人報告我說、「掃羅」死了、他自以為報好消息．我就拿住他、將他殺在「洗革拉」、這就作了他報消息的賞賜。
4:11 何況惡人將義人殺在他的床上、我豈不向你們討流他血的罪、從世上除滅你們呢。
4:12 於是「大衛」吩咐少年人將他們殺了、砍斷他們的手腳、挂在「希伯崙」的池旁．卻將「伊施波設」的首級、葬在「希伯崙」「押尼珥」的墳墓裡。

「伊施波設王」一死，他王國裡的人民頓失依靠，就來投靠「大衛王」。「大衛王」就從「猶大王」變成「以色列」的王，建立統一的「以色列王國」。

● **《舊約聖經》撒母耳記下：**

5:1 「以色列」眾支派來到「希伯崙」見「大衛」、說、我們原是你的骨肉。

5:2 從前「掃羅」作我們王的時候、率領「以色列人」出入的是你・「耶和華」也曾應許你說、
你必牧養我的民「以色列」、作「以色列」的君。
5:3 於是「以色列」的長老都來到「希伯崙」見「大衛王」、「大衛」在「希伯崙」「耶和華」
面前與他們立約、他們就膏「大衛」作「以色列」的王。
5:4 「大衛」登基的時候年三十歲、在位四十年。
5:5 在「希伯崙」作「猶大王」七年〇六個月・在「耶路撒冷」作「以色列」和「猶大王」
三十三年。
5:10 「大衛」日見強盛、因爲「耶和華」萬軍之 神與他同在。
8:1 此後「大衛」攻打「非利士人」、把他們治服・從他們手下奪取了京城的權柄。（原文作
「母城的嚼環」）
8:2 又攻打「摩押人」、使他們躺臥在地上、用繩量一量、量二繩的殺了、量一繩的存留・「摩
押人」就歸服「大衛」、給他進貢。

但是，飽暖思淫欲，偉大的聖王，照樣也會做最壞的壞事。「大衛王」與他的部將「烏利亞」的妻子「拔示巴」通姦，並謀害「烏利亞」，犯下罪行。

有一天晚上，「大衛王」在宮殿屋頂上乘涼，望見遠處有個美婦人在沐浴，他便爲之心動。打聽之下，知道是他的部將「烏利亞」的妻子。他便設計故意把「烏利亞」送到一個危險的戰場陣地中，結果正如「大衛王」所期盼的一樣，「烏利亞」死於敵人的刀下，「大衛王」就娶了他的妻子「拔示巴」。

對這件壞事，「大衛王」被先知「拿單」訓了一頓，他才後悔認錯。「大衛王」是經常後悔的，當然，上帝「耶和華」也是特別優待他的。當他犯罪而又懊悔之後，一會兒，上帝「耶和華」就寬恕他，不再使他受罰。所以，上帝「耶和華」也是有私心的，祂喜歡的人，只要肯認錯就沒事。

另外，我對上帝「耶和華」懲罰「大衛王」的方式，很不以爲然。上帝「耶和華」擊打「烏利亞妻」給「大衛王」所生的孩子，使他得重病，七天後不治死亡。孩子是無辜的，應該直接懲罰「大衛王」，而不是去殺死無辜的孩子。

●**《舊約聖經》撒母耳記下：**

11:2 一日太陽平西、「大衛」從床上起來、在王宮的平頂上遊行、看見一個婦人沐浴、容貌甚
美。
11:3 「大衛」就差人打聽那婦人是誰．有人說、他是「以連」的女兒、赫人「烏利亞」的妻「拔
示巴」。
11:4 「大衛」差人去、將婦人接來．那時他的月經纔得潔淨．他來了、「大衛」與他同房、他就
回家去了。
11:5 於是他懷了孕、打發人去告訴「大衛」說、我懷了孕。
11:6 「大衛」差人到「約押」那裡、說、你打發赫人「烏利亞」到我這裡來．「約押」就打發
「烏利亞」去見「大衛」。
11:13 「大衛」召了「烏利亞」來、叫他在自己面前喫喝、使他喝醉．到了晚上、「烏利亞」出去
與他主的僕人一同住宿、還沒有回到家裡去。

11:14 次日早晨、「大衛」寫信與「約押」、交「烏利亞」隨手帶去。
11:15 信內寫著說、要派「烏利亞」前進、到陣勢極險之處、你們便退後、使他被殺。
11:16 「約押」圍城的時候、知道敵人那裡有勇士、便將「烏利亞」派在那裡。
11:17 城裡的人出來和「約押」打仗・「大衛」的僕人中有幾個被殺的、赫人「烏利亞」也死了。
11:18 於是、「約押」差人去將爭戰的一切事、告訴「大衛」。
11:26 「烏利亞」的妻聽見丈夫「烏利亞」死了、就爲他哀哭。
11:27 哀哭的日子過了、「大衛」差人將他接到宮裡、他就作了「大衛」的妻、給「大衛」生了一
個兒子。但「大衛」所行的這事、「耶和華」甚不喜悅。
12:1 「耶和華」差遣「拿單」去見「大衛」。「拿單」到了「大衛」那裡、對他說、在一座城裡
有兩個人・一個是「富戶」、一個是「窮人」。
12:2 「富戶」、有許多牛群羊群。
12:3 「窮人」、除了所買來養活的一隻小母羊羔之外、別無所有・羊羔在他家裡和他兒女一同長
大・喫他所喫的、喝他所喝的、睡在他懷中、在他看來如同女兒一樣。
12:4 有一客人來到這「富戶」家裡・「富戶」捨不得從自己的牛群羊群中、取一隻預備給客人
喫、卻取了那「窮人」的羊羔、預備給客人喫。
12:5 「大衛」就甚惱怒那人、對「拿單」說、我指著永生的「耶和華」起誓、行這事的人該死。
12:6 他必償還羊羔四倍、因爲他行這事、沒有憐恤的心。
12:7 「拿單」對「大衛」說、你就是那人・「耶和華」「以色列」的　神如此說、我膏你作「以

色列」的王、救你脫離「掃羅」的手．
12:8 我將你主人的家業賜給你、將你主人的妻交在你懷裡、又將「以色列」和「猶大」家賜給
你．你若還以爲不足、我早就加倍的賜給你。
12:9 你爲甚麼藐視「耶和華」的命令、行他眼中看爲惡的事呢。你借「亞捫人」的刀、殺害赫人
「烏利亞」、又娶了他的妻爲妻。
12:10 你既藐視我、娶了赫人「烏利亞」的妻爲妻、所以刀劍必永不離開你的家。
12:11 「耶和華」如此說、我必從你家中興起禍患攻擊你．我必在你眼前、把你的妃嬪賜給別人、
他在日光之下就與他們同寢。
12:12 你在暗中行這事、我卻要在「以色列」眾人面前、日光之下、報應你。
12:13 「大衛」對「拿單」說、我得罪「耶和華」了．「拿單」說、「耶和華」已經除掉你的罪．
你必不至於死。
12:14 只是你行這事、叫「耶和華」的仇敵大得褻瀆的機會、故此你所得的孩子、必定要死。
12:15 「拿單」就回家去了。「耶和華」擊打「烏利亞妻」給「大衛」所生的孩子、使他得重病。
12:18 到第七日、孩子死了。「大衛」的臣僕不敢告訴他孩子死了、因他們說、孩子還活著的時
候、我們勸他、他尚且不肯聽我們的話、若告訴他孩子死了、豈不更加憂傷麼。
12:19 「大衛」見臣僕彼此低聲說話、就知道孩子死了．問臣僕說、孩子死了麼．他們說、死了。
12:24 「大衛」安慰他的妻「拔示巴」、與他同寢、他就生了兒子、給他起名叫「所羅門」。「耶
和華」也喜愛他。

12:25 就藉先知「拿單」賜他一個名字叫「耶底底亞」、因爲「耶和華」愛他。

雖然上帝「耶和華」寬恕「大衛王」的罪行，不再使他受罰。但是，因果報應還是逃不掉的，惡報就報應在「大衛王」的兒女身上。

「大衛王」共有八個妻子，她們分別是：米甲（掃羅王的女兒）、亞希暖、亞比該、瑪迦、哈及、亞比他、以格拉和拔示巴（「烏利亞」的妻）。

●《舊約聖經》撒母耳記下：

3:2 「大衛」在「希伯崙」、得了幾個兒子、長子「暗嫩」、是耶斯列人「亞希暖」所生的·
3:3 次子「基利押」、（基利押歷代上三章一節作「但以利」）是作過迦密人「拿八」的妻「亞
比該」所生的·三子「押沙龍」、是基述王「達買」的女兒「瑪迦」所生的。
3:4 四子「亞多尼雅」、是「哈及」所生的·五子「示法提雅」、是「亞比他」所生的。
3:5 六子「以特念」、是「大衛」的妻「以格拉」所生的·「大衛」這六個兒子、都是在「希伯
崙」生的。
5:13「大衛」離開「希伯崙」之後、在「耶路撒冷」又立后妃、又生兒女。
5:14在「耶路撒冷」所生的兒子、是「沙母亞、朔罷、拿單、所羅門」。
5:15「益轄、以利書亞、尼斐、雅非亞」。
5:16「以利沙瑪、以利雅大、以利法列」。

「大衛王」的女兒「他瑪」，爲「瑪迦」所生，被她同父異母的哥哥「暗嫩」非禮。「暗嫩」是長子，爲「亞希暖」所生。「他瑪」的同母哥哥「押沙龍」是三子，他等待了兩年，派「僕人了殺死

了「暗嫩」，爲妹妹「他瑪」報仇。

●《舊約聖經》撒母耳記下：

13:1「大衛」的兒子「押沙龍」有一個美貌的妹子、名叫「他瑪」·「大衛」的兒子「暗嫩」愛
他。
13:6 於是「暗嫩」躺臥裝病·王來看他、他對王說、求父叫我妹子「他瑪」來、在我眼前爲我作
兩個餅、我好從他手裡接過來喫。
13:7「大衛」就打發人到宮裡、對「他瑪」說、你往你哥哥「暗嫩」的屋裡去、爲他預備食物。
13:8「他瑪」就到他哥哥「暗嫩」的屋裡·「暗嫩」正躺臥。「他瑪」摶麵、在他眼前作餅、且
烤熟了。
13:10「暗嫩」對「他瑪」說、你把食物拿進臥房、我好從你手裡接過來喫·「他瑪」就把所作的
餅、拿進臥房、到他哥哥「暗嫩」那裡。
13:11 拿著餅上前給他喫、他便拉住「他瑪」、說、我妹妹、你來與我同寢。
13:12「他瑪」說、我哥哥、不要玷辱我·「以色列人」中不當這樣行·你不要作這醜事。
13:13 你玷辱了我、我何以掩蓋我的羞恥呢。你在「以色列」中也成了愚妄人·你可以求王、他必
不禁止我歸你。
13:14 但「暗嫩」不肯聽他的話·因比他力大就玷辱他、與他同寢。
13:15 隨後、「暗嫩」極其恨他、那恨他的心、比先前愛他的心更甚·對他說、你起來去罷。
13:19「他瑪」把灰塵撒在頭上、撕裂所穿的彩衣·以手抱頭、一面行走、一面哭喊。

13:20他胞兄「押沙龍」問他說、莫非你哥哥「暗嫩」與你親近了麼。我妹妹、暫且不要作聲、他
是你的哥哥．不要將這事放在心上．「他瑪」就孤孤單單的住在他胞兄「押沙龍」家裡。
13:21「大衛王」聽見這事、就甚發怒。
13:22「押沙龍」並不和他哥哥「暗嫩」說好說歹．因爲「暗嫩」玷辱他妹妹「他瑪」、所以「押
沙龍」恨惡他。
13:23過了二年、在靠近「以法蓮」的「巴力夏瑣」、有人爲「押沙龍」剪羊毛．「押沙龍」請王
的衆子與他同去。
13:24「押沙龍」來見王、說、現在有人爲僕人剪羊毛、請王、和王的臣僕、與僕人同去。
13:25王對「押沙龍」說、我兒、我們不必都去、恐怕使你耗費太多。「押沙龍」再三請王．王仍
是不肯去、只爲他祝福。
13:26「押沙龍」說、王若不去、求王許我哥哥「暗嫩」同去．王說、何必要他去呢。
13:27「押沙龍」再三求王、王就許「暗嫩」、和王的衆子、與他同去。
13:28「押沙龍」吩咐「僕人」說、你們注意、看「暗嫩」飲酒暢快的時候．我對你們說、殺「暗
嫩」、你們便殺他、不要懼怕．這不是我吩咐你們的麼。你們只管壯膽奮勇。
13:29「押沙龍」的「僕人」就照「押沙龍」所吩咐的、向「暗嫩」行了。王的衆子都起來、各人
騎上騾子、逃跑了。
13:30他們還在路上、有風聲傳到「大衛」那裡、說、「押沙龍」將王的衆子都殺了、沒有留下一
個。

13:32「大衛」的長兄、「示米亞」的兒子「約拿達」說、我主、不要以爲王的衆子少年人都殺
了・只有「暗嫩」一個人死了・自從「暗嫩」玷辱「押沙龍」妹子「他瑪」的那日、「押沙
龍」就定意殺「暗嫩」了。

「大衛王」的惡報還沒有完，繼長子「暗嫩」被三子「押沙龍」，派「僕人」殺死之後。雖然「大衛王」原諒了「押沙龍」，但是「押沙龍」居然起了謀叛父王之心，雖然「押沙龍」最後被殺，但是「大衛王」先後失去了兩個兒子，傷心不已。

●《舊約聖經》撒母耳記下：

13:37「押沙龍」逃到基述王「亞米忽」的兒子「達買」那裡去了。「大衛」天天爲他兒子悲哀。
13:38「押沙龍」逃到「基述」、在那裡住了三年。
13:39「暗嫩」死了以後、「大衛王」得了安慰・心裡切切想念「押沙龍」。
14:1「洗魯雅」的兒子「約押」、知道王心裡想念「押沙龍」。
14:20王的僕人「約押」如此行、爲要挽回這事、我主的智慧、卻如 神使者的智慧、能知世上一
切事。
14:21王對「約押」說、我應允你這事・你可以去、把那少年人「押沙龍」帶回來。
14:23於是「約押」起身往「基述」去、將「押沙龍」帶回「耶路撒冷」。
14:24王說、使他回自己家裡去、不要見我的面、「押沙龍」就回自己家裡去、沒有見王的面。
14:28「押沙龍」住在「耶路撒冷」足有二年・沒有見王的面。
14:29「押沙龍」打發人去叫「約押」來、要託他去見王・「約押」卻不肯來・第二次打發人去叫

他、他仍不肯來。
14:30 所以「押沙龍」對「僕人」說、你們看、「約押」有一塊田、與我的田相近、其中有大麥．
你們去放火燒了。「押沙龍」的「僕人」就去放火燒了那田。
14:31 於是「約押」起來、到了「押沙龍」家裡、問他說、你的「僕人」爲何放火燒了我的田呢。
14:32 「押沙龍」回答「約押」說、我打發人去請你來、好託你去見王、替我說．我爲何從「基
述」回來呢。不如仍在那裡。現在要許我見王的面．我若有罪、任憑王殺我就是了。
14:33 於是「約押」去見王、將這話奏告王．王便叫「押沙龍」來．「押沙龍」來見王、在王面前
俯伏於地．王就與「押沙龍」親嘴。
15:1 此後、「押沙龍」爲自己預備車馬、又派五十人在他前頭奔走。
15:2 「押沙龍」常常早晨起來站在城門的道旁、凡有爭訟要去求王判斷的、「押沙龍」就叫他過
來、問他說、你是那一城的人．回答說、僕人是「以色列」某支派的人。
15:3 「押沙龍」對他說、你的事有情有理．無奈王沒有委人聽你伸訴。
15:4 「押沙龍」又說、恨不得我作國中的「士師」．凡有爭訟求審判的、到我這裡來、我必秉公
判斷。
15:5 若有人近前來要拜「押沙龍」、「押沙龍」就伸手拉住他、與他親嘴。
15:6 「以色列人」中、凡去見王求判斷的、「押沙龍」都是如此待他們。這樣、「押沙龍」暗中
得了「以色列人」的心。
15:7 滿了四十年、(有作「四年」的)、「押沙龍」對王說、求你准我往「希伯崙」去、還我向

「耶和華」所許的願・
15:8 因爲僕人住在「亞蘭」的「基述」、曾許願說、「耶和華」若使我再回「耶路撒冷」、我必
事奉他。
15:9 王說、你平平安安的去罷。「押沙龍」就起身、往「希伯崙」去了。
15:10 「押沙龍」打發「探子」走遍「以色列」各支派、說、你們一聽見角聲、就說、「押沙龍」
在「希伯崙」作王了。
15:12 押沙龍獻祭的時候、打發人去將大衛的謀士、基羅人亞希多弗、從他本城請了來。於是叛逆
的勢派甚大・因爲隨從押沙龍的人民、日漸增多。
15:13 有人報告「大衛」說、「以色列人」的心、都歸向「押沙龍」了。
15:14 「大衛」就對「耶路撒冷」跟隨他的臣僕說、我們要起來逃走・不然都不能躲避「押沙龍」
了・要速速的去、恐怕他忽然來到、加害於我們、用刀殺盡合城的人。
15:16 於是王帶著全家的人出去了、但留下十個妃嬪、看守宮殿。
15:17 王出去、衆民都跟隨他、到「伯墨哈」、就住下了。
16:20 「押沙龍」對「亞希多弗」說、你們出個主意、我們怎樣行纔好。
16:21 「亞希多弗」對「押沙龍」說、你父所留下看守宮殿的妃嬪、你可以與他們親近・「以色
列」衆人聽見你父親憎惡你・凡歸順你人的手、就更堅強。
16:22 於是人爲「押沙龍」在宮殿的平頂上、支搭帳棚・「押沙龍」在「以色列」衆人眼前、與他
父的妃嬪親近。

17:22於是「大衛」和跟隨他的人、都起來過「約但河」·到了天亮、無一人不過「約但河」的。
17:24「大衛」到了「瑪哈念」、「押沙龍」和跟隨他的「以色列人」、也都過了「約但河」。
18:5 王囑咐「約押、亞比篩、以太」、說、你們要爲我的緣故、寬待那少年人「押沙龍」。王爲
「押沙龍」囑咐衆將的話、兵都聽見了。
18:6 兵就出到田野迎著「以色列人」、在「以法蓮」樹林裡交戰。
18:7「以色列人」敗在「大衛」的「僕人」面前·那日陣亡的甚多、共有二萬人。
18:8 因爲在那裡四面打仗·死於樹林的、比死於刀劍的更多。
18:9「押沙龍」偶然遇見「大衛」的「僕人」。「押沙龍」騎著騾子、從「大橡樹」密枝底下經
過、他的頭髮被樹枝繞住、就懸掛起來·所騎的騾子便離他去了。
18:10有個人看見、就告訴「約押」說、我看見「押沙龍」掛在「橡樹」上了。
18:14「約押」說、我不能與你留連。「約押」手拿三杆短槍、趁「押沙龍」在「橡樹」上還活
著、就刺透他的心。
18:15給「約押」拿兵器的「十個少年人」圍繞「押沙龍」、將他殺死。
18:16「約押」吹角、攔阻衆人、他們就回來、不再追趕「以色列人」。
18:17他們將「押沙龍」丟在林中一個大坑裡、上頭堆起一大堆石頭·「以色列」衆人都逃跑、各
回各家去了。
18:24「大衛」正坐在城甕裡·守望的人上城門樓的頂上、舉目觀看、見有一個人獨自跑來。
18:27「守望的人」說、我看前頭人的跑法好像「撒督」的兒子「亞希瑪斯」的跑法一樣。王說、

他是個好人、必是報好信息。
18:28 「亞希瑪斯」向王呼叫、說、平安了·就在王面前臉伏於地、叩拜、說、「耶和華」你的
神是應當稱頌的、因他已將那舉手攻擊我主我王的人交給王了。
18:32 王問「古示人」說、少年人「押沙龍」平安不平安。「古示人」回答說、願我主我王的仇
敵、和一切興起要殺害你的人、都與那「少年人」一樣。
18:33 王就心裡傷慟、上城門樓去哀哭、一面走、一面說、我兒「押沙龍」阿、我兒、我兒「押沙
龍」阿·我恨不得替你死·「押沙龍」阿、我兒、我兒。
19:1 有人告訴「約押」說、王爲「押沙龍」哭泣悲哀。
19:4 王蒙著臉、大聲哭號、說、我兒「押沙龍」阿、「押沙龍」、我兒、我兒阿。
19:5 「約押」進去見王、說、你今日使你一切「僕人」臉面慚愧了·他們今日救了你的性命、和
你兒女妻妾的性命。
19:6 你卻愛那恨你的人、恨那愛你的人。你今日明明的不以「將帥僕人」爲念·我今日看明、若
「押沙龍」活著、我們都死亡、你就喜悅了。
19:7 現在你當出去、安慰你「僕人」的心·我指著「耶和華」起誓、你若不出去、今夜必無一人
與你同在一處·這禍患就比你從幼年到如今所遭的更甚。
19:8 於是王起來、坐在城門口·眾民聽說、王坐在城門口、就都到王面前。「以色列人」已經逃
跑、各回各家去了。
19:9 「以色列」眾支派的人紛紛議論、說、王曾救我們脫離仇敵的手、又救我們脫離「非利士

人」的手·現在他躲避「押沙龍」逃走了。
19:10 我們膏「押沙龍」治理我們、他已經陣亡。現在爲甚麼不出一言請王回來呢。
20:3 「大衛王」來到「耶路撒冷」、進了宮殿·就把從前留下看守宮殿的「十個妃嬪」禁閉在冷
宮·養活他們、不與他們親近。他們如同寡婦被禁、直到死的日子。

「大衛王」到了晚年，又做了一件觸怒上帝「耶和華」的事情。「大衛王」爲了顯耀自己的偉大，而「數點百姓的人數」。爲了懲罰「大衛王」，上帝「耶和華」用「瘟疫」殺死百姓七萬人。哎！上帝「耶和華」爲什麼總是那麼喜歡殺人呢？「大衛王」有錯，應該懲罰「大衛王」一個人，爲什麼要殺害那麼多無辜的百姓，來當做懲罰的方式呢？

●《舊約聖經》撒母耳記下：

24:1 「耶和華」又向「以色列人」發怒、就激動「大衛」、使他吩咐人去數點「以色列人」和
「猶大人」。
24:2 「大衛」就吩咐跟隨他的元帥「約押」說、你去走遍「以色列」眾支派、從「但直」到「別
是巴」、數點百姓、我好知道他們的數目。
24:3 「約押」對王說、無論百姓多少、願「耶和華」你的 神再加增百倍、使我主我王親眼得
見·我主我王何必喜悅行這事呢。
24:4 但王的命令勝過「約押」和眾軍長、「約押」和眾軍長、就從王面前出去、數點「以色列」
的百姓。
24:8 他們走遍全地、過了九個月二十天就回到「耶路撒冷」。

24:9 「約押」將百姓的總數奏告於王・「以色列」拿刀的勇士有八十萬・「猶大」有五十萬。
24:10 「大衛」數點百姓以後、就心中自責、禱告「耶和華」、說、我行這事大有罪了・「耶和
華」阿、求你除掉「僕人」的罪孽・因我所行的甚是愚昧。
24:11 「大衛」早晨起來、「耶和華」的話臨到先知「迦得」、就是「大衛」的先見、說。
24:12 你去告訴「大衛」說、「耶和華」如此說、我有三樣災、隨你選擇一樣、我好降與你。
24:13 於是「迦得」來見「大衛」、對他說、你願意「國中有七年的饑荒」呢・是「在你敵人面前
逃跑、被追趕三個月」呢・是「在你國中有三日的瘟疫」呢・現在你要揣摩思想、我好回覆
那差我來的。
24:14 「大衛」對「迦得」說、我甚爲難・我願落在「耶和華」的手裡、因爲他有豐盛的憐憫・我
不願落在人的手裡。
24:15 於是「耶和華」降「瘟疫」與「以色列人」、自早晨到所定的時候・從「但直」到「別是
巴」、民間死了七萬人。
24:16 「天使」向「耶路撒冷」伸手要滅城的時候、「耶和華」後悔、就不降這災了、吩咐滅民的
「天使」說、夠了、住手罷。那時「耶和華」的「使者」在耶布斯人「亞勞拿」的禾場那
裡。
24:17 「大衛」看見滅民的「天使」、就禱告「耶和華」、說、我犯了罪、行了惡・但這群羊作了
甚麼呢。願你的手攻擊我、和我的父家。
24:25 「大衛」在那裡爲「耶和華」築了一座壇、獻「燔祭」和「平安祭」。如此「耶和華」垂聽

國民所求的、「瘟疫」在「以色列人」中就止住了。

隨著時間的流逝，「大衛王」的年紀老邁，但是他的惡報還沒有完了。繼長子「暗嫩」被三子「押沙龍」，派「僕人」殺死；三子「押沙龍」謀叛篡位，最後也被殺；「大衛王」到了晚年，四子「亞多尼雅」也謀叛篡位，一度發動革命，最後向「所羅門」投降，可是後來「亞多尼雅」還是被殺。

●《舊約聖經》列王記上：

1:1 「大衛王」年紀老邁、雖用被遮蓋、仍不覺暖。
1:5 那時、「哈及」的兒子「亞多尼雅」自尊、說、我必作王、就爲自己預備車輛、馬兵、又派
五十人在他前頭奔走。
1:6 他父親素來沒有使他憂悶、說、你是作甚麼呢·他甚俊美、生在「押沙龍」之後。
1:7 「亞多尼雅」與「洗魯雅」的兒子「約押」、和祭司「亞比亞他」商議·二人就順從他、幫
助他。
1:8 但祭司「撒督」、「耶何耶大」的兒子「比拿雅」、先知「拿單」、示每、利以」、並「大
衛」的勇士、都不順從「亞多尼雅」。
1:9 一日「亞多尼雅」在「隱羅結」旁、「瑣希列磐石」那裡、宰了牛羊、肥犢、請他的諸弟
兄、就是王的眾子、並所有作王臣僕的「猶大人」、
1:10 惟獨先知「拿單」、和「比拿雅」、並勇士、與他的兄弟「所羅門」、他都沒有請。
1:11 「拿單」對「所羅門」的母親「拔示巴」說、「哈及」的兒子「亞多尼雅」作王了、你沒有

聽見麼・我們的主「大衛」卻不知道。
1:12現在我可以給你出個主意、好保全你和你兒子「所羅門」的性命。
1:13你進去見「大衛王」、對他說、我主我王阿、你不曾向婢女起誓說、你兒子「所羅門」必接
續我作王、坐在我的位上麼・現在「亞多尼雅」怎麼作了王呢。
1:14你還與王說話的時候、我也隨後進去、證實你的話。
1:15「拔示巴」進入內室見王、王甚老邁、「書念」的童女「亞比煞」正伺候王。
1:16「拔示巴」向王屈身下拜・王說、你要甚麼。
1:17他說、我主阿、你曾向婢女指著「耶和華」你的 神起誓說、你兒子「所羅門」必接續我作
王、坐在我的位上。
1:18現在「亞多尼雅」作王了、我主我王卻不知道。
1:19他宰了許多牛羊、肥犢、請了王的眾子、和祭司「亞比亞他」、並元帥「約押」、惟獨王的
僕人「所羅門」、他沒有請。
1:20我主我王阿、「以色列」眾人的眼目都仰望你、等你曉諭（明白告知）（明白告知）他們、
在我主我王之後、誰坐你的位。
1:21若不然、到我主我王與列祖同睡以後、我和我兒子「所羅門」、必算爲罪人了。
1:22「拔示巴」還與王說話的時候、先知「拿單」也進來了。
1:24「拿單」說、我主我王果然應許「亞多尼雅」說、你必接續我作王、坐在我的位上麼。
1:25他今日下去、宰了許多牛羊、肥犢、請了王的眾子和軍長、並祭司「亞比亞他」、他們正在

「亞多尼雅」面前喫喝、說、願「亞多尼雅王」萬歲。
1:26惟獨我、就是你的僕人、和祭司「撒督」、「耶何耶大」的兒子「比拿雅」、並王的僕人
「所羅門」、他都沒有請。
1:27這事果然出乎我主我王麼、王卻沒有告訴僕人們、在我主我王之後、誰坐你的位。
1:28「大衛王」吩咐說、叫「拔示巴」來、「拔示巴」就進來站在王面前。
1:29王起誓說、我指著救我性命脫離一切苦難、永生的「耶和華」起誓、
1:30我既然指著「耶和華」「以色列」的 神向你起誓、說、你兒子「所羅門」必接續我作王、
坐在我的位上、我今日就必照這話而行。
1:31於是「拔示巴」臉伏於地、向王下拜、說、願我主「大衛王」萬歲。
1:32「大衛王」又吩咐說、將祭司「撒督」、先知「拿單」、「耶何耶大」的兒子「比拿雅」召
來、他們就都來到王面前。
1:33王對他們說、要帶領你們主的僕人、使我兒子「所羅門」騎我的騾子、送他下到「基訓」。
1:34在那裡祭司「撒督」、和先知「拿單」要膏他作「以色列」的王・你們也要吹角、說、願
「所羅門王」萬歲。
1:35然後要跟隨他上來、使他坐在我的位上、接續我作王・我已立他作「以色列」和「猶大」的
君。
1:38於是祭司「撒督」、先知「拿單」、「耶何耶大」的兒子「比拿雅」、和「基利提人」、
「比利提人」、都下去使「所羅門」騎「大衛王」的騾子、將他送到「基訓」。

1:39 祭司「撒督」、就從帳幕中取了盛膏油的角來、用膏膏「所羅門」．人就吹角、衆民都說、願「所羅門王」萬歲。
1:40 衆民跟隨他上來、且吹笛、大大歡呼、聲音震地。
1:41「亞多尼雅」和所請的衆客筵宴方畢、聽見這聲音．「約押」聽見角聲就說、城中爲何有這響聲呢。
1:42 他正說話的時候、祭司「亞比亞他」的兒子「約拿單」來了、「亞多尼雅」對他說、進來罷、你是個忠義的人、必是報好信息。
1:43.「約拿單」對「亞多尼雅」說、我們的主「大衛王」、誠然立「所羅門」爲王了。
1:46 並且「所羅門」登了國位。
1:49「亞多尼雅」的衆客聽見這話、就都驚懼、起來四散。
1:50「亞多尼雅」懼怕「所羅門」、就起來、去抓住祭壇的角。
1:51 有人告訴「所羅門」說、「亞多尼雅」懼怕「所羅門王」、現在抓住祭壇的角、說、願「所羅門王」今日向我起誓、必不用刀殺僕人。
1:52「所羅門」說、他若作忠義的人、連一根頭髮也不至落在地上．他若行惡、必要死亡。
1:53 於是「所羅門王」差遣人、使「亞多尼雅」從壇上下來、他就來向「所羅門王」下拜、「所羅門」對他說、你回家去罷。

「大衛王」臨終前，勉勵「所羅門」要剛強壯膽，照神的指示進行建殿的事、誡命、典章、法度，若能如此，定能凡事亨通。最後，要「所羅門」以智慧處理「約押」、「示每」，並恩待「巴西萊」的衆子。

「押沙龍」的死亡，使「大衛王」痛悔終身。「大衛王」可說是在罪惡與光榮偉大之中，過完了
他的一生。

● 《舊約聖經》列王記上：

2:1 「大衛」的死期臨近了、就囑咐他兒子「所羅門」說。
2:2 我現在要走世人必走的路、所以你當剛強作大丈夫。
2:3 遵守「耶和華」你　神所吩咐的、照著「摩西律法」上所寫的行主的道、謹守他的律例、誡
命、典章、法度、這樣、你無論作甚麼事、不拘往何處去、盡都亨通。
2:4 「耶和華」必成就向我所應許的話說、你的子孫若謹慎自己的行爲、盡心盡意誠誠實實的行
在我面前、就不斷人坐以色列的國位。
2:5 你知道「洗魯雅」的兒子「約押」向我所行的、就是殺了「以色列」的兩個元帥、「尼珥」
的兒子、「押尼珥」、和「益帖」的兒子「亞瑪撒」、他在太平之時流這二人的血、如在爭
戰之時一樣、將這血染了腰間束的帶、和腳上穿的鞋。
2:6 所以你要照你的智慧行、不容他白頭安然下陰間。
2:10 「大衛」與他列祖同睡、葬在「大衛城」。
2:11 「大衛」作「以色列王」四十年．在「希伯崙」作王七年、在「耶路撒冷」作王三十三年。

十八、「王國時代」的「所羅門王」

「所羅門王」是「以色列王國」第三位國王，「大衛」家族的第二位國王，是北方「以色列王國」和南方「猶大王國」分裂前的最後一位君主。

「所羅門王」是「耶路撒冷」「第一聖殿」的建造者，並有超人的智慧，大量的財富和無上的權力，相傳生前著有衆多作品，《箴言》、《雅歌》、《傳道書》包括對歷史植物和動物，以及天文地理也有廣泛研究。但是，最後由於「所羅門王」晚年的罪過，導致在他的兒子「羅波安」執政時期，王國發生了分裂。

「大衛王」死後，「所羅門王」開始鞏固他的王位。首先是篡位失敗的「亞多尼雅」透過「拔示巴」請求與「亞比煞」結婚，但是「所羅門王」認爲這個請求無異於覬覦王位，所以處死了「亞多尼雅」。

● **《舊約聖經》列王記上：**

2:12「所羅門」坐他父親的位、他的國甚是堅固。
2:13「哈及」的兒子「亞多尼雅」、去見「所羅門」的母親「拔示巴」、「拔示巴」問他說、你
來是爲平安麼．回答說、是爲平安。
2:14又說、我有話對你說、拔示巴說、你說罷。
2:15「亞多尼雅」說、你知道國原是歸我的．「以色列」衆人也都仰望我作王．不料國反歸了我
兄弟、因他得國是出乎「耶和華」。
2:16現在我有一件事求你、望你不要推辭．「拔示巴」說、你說罷。

2:17他說、求你請「所羅門王」、將「書念」的女子「亞比煞」賜我爲妻、因他必不推辭你。
2:18「拔示巴」說、好、我必爲你對王提說。
2:19於是「拔示巴」去見「所羅門王」、要爲「亞多尼雅」提說、王起來迎接、向他下拜、就坐
在位上、吩咐人爲王母設一座位．他便坐在王的右邊。
2:20「拔示巴」說、我有一件小事求你、望你不要推辭．王說、請母親說、我必不推辭。
2:21「拔示巴」說、求你將「書念」的女子「亞比煞」賜給你哥哥「亞多尼雅」爲妻。
2:22「所羅門王」對他母親說、爲何單替他求「書念」的女子「亞比煞」呢、也可以爲他求國
罷．他是我的哥哥、他有祭司「亞比亞他」、和「洗魯雅」的兒子「約押」爲輔佐。
2:23「所羅門王」就指著「耶和華」起誓、說、「亞多尼雅」這話是自己送命、不然、願　神重
重的降罰與我。
2:24「耶和華」堅立我、使我坐在父親「大衛」的位上、照著所應許的話爲我建立家室、現在我
指著永生的「耶和華」起誓、「亞多尼雅」今日必被治死。
2:25於是「所羅門王」差遣「耶何耶大」的兒子「比拿雅」、將「亞多尼雅」殺死。

「所羅門王」處死「亞多尼雅」之後，開始整肅異己，以鞏固自己的王位。「所羅門王」把當初輔助「亞多尼雅」做王的祭司「亞比亞他」、元帥「約押」和掃羅族「基拉」的兒子「示每」等人，一一處理掉。

●《舊約聖經》列王記上：

2:26王對祭司「亞比亞他」說、你回「亞拿突歸」自己的田地去罷、你本是該死的、但因你在我

父親「大衛」面前抬過主「耶和華」的「約櫃」、又與我父親同受一切苦難、所以我今日不將你殺死。

2:28「約押」雖然沒有歸從「押沙龍」、卻歸從了「亞多尼雅」・他聽見這風聲、就逃到「耶和華」的帳幕、抓住祭壇的角。

2:29有人告訴「所羅門王」說、「約押」逃到「耶和華」的帳幕、現今在祭壇的旁邊・「所羅門」就差遣「耶何耶大」的兒子「比拿雅」說、你去將他殺死。

2:34於是「耶何耶大」的兒子「比拿雅」上去、將「約押」殺死、葬在曠野約押自己的墳墓裡。

（「墳墓」原文作「房屋」）

2:35王就立「耶何耶大」的兒子「比拿雅」作「元帥」、代替「約押」・又使祭司「撒督」代替「亞比亞他」。

2:36王差遣人將「示每」召來、對他說、你要在「耶路撒冷」建造房屋居住、不可出來往別處去。

2:38「示每」對王說、這話甚好・我主我王怎樣說、僕人必怎樣行・於是「示每」多日住在「耶路撒冷」。

2:39過了三年、「示每」的兩個僕人逃到迦特王「瑪迦」的兒子「亞吉」那裡去・有人告訴「示每」說、你的僕人在「迦特」。

2:40「示每」起來、備上驢、往「迦特」到「亞吉」那裡去找他的僕人・就從「迦特」帶他僕人回來。

2:41有人告訴「所羅門」說、「示每」出「耶路撒冷」往「迦特」去回來了。
2:42王就差遣人將「示每」召了來、對他說、我豈不是叫你指著「耶和華」起誓、並且警戒你
說、你當確實的知道你那日出來往別處去、那日必死麼・你也對我說、這話甚好、我必聽
從。
2:43 現在你爲何不遵守你指著「耶和華」起的誓、和我所吩咐你的命令呢。
2:44 王又對「示每」說、你向我父親「大衛」所行的一切惡事、你自己心裡也知道、所以「耶和
華」必使你的罪惡歸到自己的頭上。
2:46 於是王吩咐「耶何耶大」的兒子「比拿雅」、他就去殺死「示每」・這樣、便堅定了「所羅
門」的國位。

「所羅門王」有一個特質，就是他的「智慧」，這個「智慧」是他向上帝「耶和華」祈禱求來的。「所羅門王」祈禱求上帝「耶和華」賜給他「智慧」，可以讓他能夠辨別是非。上帝「耶和華」喜悅「所羅門王」的祈求，就賜給「所羅門王」高人一等的「智慧」。

●《舊約聖經》列王記上：

3:4 「所羅門王」上「基遍」去獻祭、因爲在那裡有極大的「丘壇」・（「極大」或作「出
名」）他在那壇上獻一千犧牲作「燔祭」。
3:5 在「基遍」夜間夢中、「耶和華」向「所羅門」顯現、對他說、你願我賜你甚麼、你可以
求。
3:7 「耶和華」我的　神阿、如今你使僕人接續我父親「大衛」作王、但我是幼童、不知道應當

怎樣出入。
3:9 所以求你賜我「智慧」、可以判斷你的民、能辨別是非．不然、誰能判斷這衆多的民呢。
3:10「所羅門」因爲求這事、就蒙主喜悅。
3:11 神對他說、你既然求這事、不爲自己求壽、求富、也不求滅絕你仇敵的性命、單求「智慧」
可以聽訟。
3:12 我就應允你所求的、賜你「聰明智慧」、甚至在你以前沒有像你的、在你以後也沒有像你
的。
4:29 神賜給「所羅門」極大的「智慧聰明」、和廣大的心、如同海沙不可測量。
4:30「所羅門」的「智慧」超過「東方人」、和「埃及人」的一切智慧。
4:31 他的「智慧」勝過萬人．勝過以斯拉人「以探」、並「瑪曷」的兒子「希幔、甲各、達大」
的智慧、他的名聲傳揚在四圍的列國。
4:32 他作「箴言」三千句．「詩歌」一千〇五首。
4:33 他講論草木、自利巴嫩的香柏樹、直到牆上長的牛膝草．又講論飛禽走獸、昆蟲水族。
4:34 天下列王聽見「所羅門」的智慧、就都差人來聽他的智慧話。

「所羅門王」有一個讓後人津津樂道的審判故事，兩位「新生兒」的母親帶著一名「男嬰」來到「所羅門王」的面前，請求「所羅門王」裁決，誰才是這個孩子的眞正的母親。

當「所羅門王」提議將「孩子」劈爲兩半，這時候，「男孩」眞正的母親說她願意放棄這個「孩子」，而假的母親則同意把「孩子」劈了。「所羅門王」立即宣布，那位願意放棄「孩子」的母親，

才是那個「孩子」眞正的母親，並將「孩子」還給了她。

●《舊約聖經》列王記上：

3:16 一日有兩個「妓女」來、站在王面前。
3:17 一個說、我主阿、我和這婦人同住一房、他在房中的時候、我生了一個「男孩」。
3:18 我生孩子後第三日、這婦人也生了孩子．我們是同住的、除了我們二人之外、房中再沒有別人。
3:19 夜間這婦人睡著的時候、壓死了他的孩子。
3:20 他半夜起來、趁我睡著、從我旁邊把我的孩子抱去、放在他懷裡、將他的死孩子放在我懷裡。
3:21 天要亮的時候、我起來要給我的孩子喫奶、不料、孩子死了．及至天亮、我細細的察看、不是我所生的孩子。
3:22 那婦人說、不然、活孩子是我的、死孩子是你的。這婦人說、不然、死孩子是你的、活孩子是我的。他們在王面前如此爭論。
3:23 王說、這婦人說、活孩子是我的、死孩子是你的、那婦人說、不然、死孩子是你的、活孩子是我的。
3:24 就吩咐說、拿刀來、人就拿刀來．
3:25 王說、將活孩子劈成兩半、一半給那婦人、一半給這婦人。
3:26 活孩子的母親爲自己的孩子心裡急痛、就說、求我主將活孩子給那婦人罷、萬不可殺他。那婦人說、這孩子也不歸我、也不歸你、把他劈了罷。
3:27王說、將活孩子給這婦人、萬不可殺他、這婦人實在是他的母親。
3:28「以色列」衆人聽見王這樣判斷、就都敬畏他、因爲見他心裡有 神的智慧、能以斷案。

《舊約聖經》用兩篇簡短的文章，形容了「所羅門王」的智慧和財富的聲望是如此廣泛傳播，以至於「示巴女王」決定去見「所羅門王」，「示巴女王」是一位統治「非洲」東部「示巴王國」的女王。

「示巴」是跨越「紅海」、「厄利垂亞」、「索馬利亞」、「衣索比亞」和「葉門」，直到「阿拉伯」「費利克斯區」的國家。「示巴」的位置大約相等於今日的「衣索比亞」，相傳也是「閃」的後人。「示巴」的勢力，在最強盛的時期，疆域涵蓋「非洲之角」及現今的「沙烏地阿拉伯」南部地區和「葉門」。

「示巴女王」去見「所羅門王」的時候帶了許多的禮物，包括黃金，用各種用來裝飾廟宇的罕有的寶石裝飾，以及一些謎語。當「所羅門王」給了她所有她渴求的，任何她所提出的要求之後，她感到非常的滿足，並將所帶的禮物都給了「所羅門王」。

●《舊約聖經》列王記上：

10:1「示巴女王」聽見「所羅門」因「耶和華」之名所得的名聲、就來要用難解的話、試問「所
羅門」。
10:2 跟隨他到「耶路撒冷」的人甚多・又有「駱駝」馱著「香料」、「寶石」、和許多「金
子」・他來見了「所羅門王」、就把心裡所有的、對「所羅門」都說出來。

10:3 「所羅門王」將他所問的都答上了．沒有一句不明白、不能答的。
10:4 「示巴女王」見「所羅門」大有智慧、和他所建造的「宮室」。
10:5 席上的珍饈美味、「群臣」分列而坐、「僕人」兩旁侍立、以及他們的衣服裝飾、和「酒
政」的衣服裝飾、又見他上「耶和華」殿的臺階、（或作「他在耶和華殿裡所獻的燔祭」）
就詫異得神不守舍。
10:6 對王說、我在本國裡所聽見論到你的事、和你的「智慧」、實在是眞的。
10:7 我先不信那些話．及至我來親眼見了、纔知道人所告訴我的、還不到一半．你的「智慧」和
你的「福分」、越過我所聽見的風聲。
10:8 你的「臣子」、你的「僕人」、常侍立在你面前、聽你「智慧」的話、是有福的。
10:9 「耶和華」你的　神是應當稱頌的、他喜悅你、使你坐「以色列」的「國位」．因爲他永遠
愛「以色列」、所以立你作王、使你秉公行義。
10:10 於是「示巴女王」將一百二十他連得金子、和寶石與極多的香料、送給「所羅門王」．他送
給王的香料、以後奉來的不再有這樣多。
10:11 「希蘭」的船隻從「俄斐」運了「金子」來、又從「俄斐」運了許多「檀香木」（或作「烏
木」下同）和「寶石」來。
10:12 王用「檀香木」爲「耶和華殿」、和「王宮」、作「欄杆」、又爲「歌唱的人」作「琴
瑟」．以後再沒有這樣的「檀香木」進國來、也沒有人看見過、直到如今。
10:13 「示巴女王」一切所要所求的、「所羅門王」都送給他．另外照自己的厚意餽送他。於是

「女王」和他「臣僕」轉回本國去了。

●《舊約聖經》歷代志下：

9:1 「示巴女王」聽見「所羅門」的名聲、就來到「耶路撒冷」要用「難解的話」試問「所羅
門」・跟隨他的人甚多、又有「駱駝」馱著「香料」、「寶石」、和許多「金子」・他來見
了「所羅門」、就把心裡所有的、對「所羅門」都說出來・
9:2 「所羅門」將他所問的都答上了、沒有一句不明白、不能答的。
9:3 「示巴女王」見「所羅門」的「智慧」、和他所建造的「宮室」。
9:4 席上的珍饈美味、「群臣」分列而坐、「僕人」兩旁侍立、以及他們的衣服裝飾、「酒政」
和「酒政」的衣服裝飾、又見他上「耶和華殿」的臺階、就詫異得神不守舍。
9:5 對王說、我在本國裡所聽見論到你的事、和你的「智慧」、實在是眞的。
9:6 我先不信那些話、及至我來親眼見了、纔知道你的「大智慧」、人所告訴我的、還不到一
半・你的實跡、越過我所聽見的名聲。
9:7 你的「群臣」、你的「僕人」、常侍立在你面前、聽你「智慧」的話、是有福的。
9:8 「耶和華」你的 神是應當稱頌的、他喜悅你、使你坐他的「國位」、爲「耶和華」你的
神作王、因爲你的 神愛「以色列人」、要永遠堅立他們、所以立你作他們的王、使你秉公
行義。
9:9 於是「示巴女王」將一百二十他連得「金子」、和「寶石」、與極多的「香料」送給「所羅
門王」・他送給王的「香料」、以後再沒有這樣的。

9:10「希蘭」的「僕人」、和「所羅門」的「僕人」、從「俄斐」運了「金子」來、也運了「檀
香木」（或作「烏木」下同）和「寶石」來。
9:11王用「檀香木」爲「耶和華殿」和「王宮」作臺、又爲「歌唱的人」作「琴瑟」・「猶大
地」從來沒有見過這樣的。
9:12「所羅門王」按「示巴女王」所帶來的還他禮物、另外照他一切所要所求的、都送給他・於
是「女王」和他「臣僕」轉回本國去了。

在《舊約聖經》中，略用文字提及「示巴女王」，而在傳說中，她是一位「阿拉伯半島」的「女王」，在與「所羅門王」見面之後，仰慕其英明及智慧，與「所羅門王」有過一場甜蜜的戀情，並且孕有一子。

根據「阿克蘇姆國」的其他歷史資料的記載，「示巴女王」因爲仰慕當時「以色列國王」「所羅門」的才華與智慧，不惜紆尊降貴，前往「以色列」向「所羅門」提親。

「阿克蘇姆國」是公元初在東北「非洲」的國家，首都爲「阿克蘇姆城（今屬衣索比亞的提格雷省）。十世紀，「阿克蘇姆國」滅亡。

有人認爲《列王紀上》第三章第一節的「法老的女兒」就是「示巴女王」，但也有認爲是兩個不同的人。「示巴女王」返回「衣索比亞」之時，據說已經懷有「所羅門王」的骨肉。

●**《舊約聖經》列王記上：**

3:1「所羅門」與埃及王「法老」結親、娶了「法老的女兒」爲妻、接他進入「大衛城」、直等
到造完了自己的宮、和「耶和華的殿」、並「耶路撒冷」周圍的城牆。

有人憑著《雅歌》第一章第五節的一句經文，而認爲《雅歌》是「所羅門王」與「示巴女王」之間的情話，因爲當時的人不愛把皮膚曬黑。

●《舊聖經》雅歌：

1:5 「耶路撒冷」的「衆女子」阿、我雖然黑、卻是秀美、如同「基達」的帳棚、好像「所羅門」的「幔子」。

根據「埃塞俄比亞（衣索比亞）版的聖經」的傳說，雖然「所羅門王」對「示巴女王」一見鍾情，卻無奈「示巴女王」對他無意。後來，「所羅門王」設計引誘，才逼迫「示巴女王」成婚的。

這個有趣的傳說，大意是說，「所羅門王」在「耶路撒冷」見到「示巴女王」時，對她一見鍾情。無奈「示巴女王」把「貞潔」視若「生命」，在「所羅門王」發誓不去觸碰她之後，她才肯住進「所羅門王」的王宮。然而，狡詐的「所羅門王」也提出一個條件，禁止女王觸碰他宮殿裡的任何東西。

在「示巴女王」啟程回國前，「所羅門王」爲她舉行了盛大晚宴，故意讓「示巴女王」吃下許多「辛辣食物」。「示巴女王」半夜感到口渴時，偷偷溜進「所羅門王」的房間喝了一瓶水。早有所圖的「所羅門王」聲稱「示巴女王」食言在先，使他得以解除誓言的約束。就這樣，「所羅門王」得以和「示巴女王」共度良宵。

他們在婚後生下一子，名叫「曼尼里克」，但是「示巴女王」做爲一國君主，不得不選擇離開「所羅門王」。「曼尼里克」就隨「示巴女王」而去。「曼尼里克」長大後到「耶路撒冷」拜謁父親「所羅門王」，並被封爲「埃塞俄比亞國」的第一代皇帝。

「曼尼里克」回國時，所羅門王送他一個「複製的約櫃」，但是「曼尼里克」設計換成「眞的約櫃」，並成功將「約櫃」帶回「埃塞俄比亞（衣索比亞）」，目前則存放在「阿克森」的「聖瑪莉教堂」。

傳說「眞的約櫃」仍在「埃塞俄比亞（衣索比亞）」，電影《法櫃奇兵》是這樣說的。又傳說，「以色列政府」已經在公元一九九三年，祕密派「特種部隊」將「約櫃」運回「以色列」。「約櫃」的眞假，仍有待考證，不過可以確定的是，「埃塞俄比亞（衣索比亞）」皇族的確有「猶太人」的血統，他們的膚色的確較一般平民爲白。

「所羅門王」爲了避免與鄰國發生衝突，安定國家，他娶了幾位強大鄰國（埃及、摩押、赫族、以東、亞捫、腓尼基）的公主爲妻，並保留他們各自的宗教信仰。使「所羅門王」的後宮中存在了繁殖女神「亞斯他錄」和太陽神「米勒公」之類的異教偶像。甚至爲了討好嬪妃，「所羅門王」甚至允許她們在「耶路撒冷」對面的山上建築「丘壇」，爲自己的神燒香獻祭。

雖然這些舉措讓「嬪妃」很高興，但是上帝「耶和華」向「所羅門王」發怒，因爲他背叛「以色列」的神。上帝「耶和華」曾吩咐他不可隨從別神，他卻沒有遵守上帝「耶和華」所吩咐的。

所以，上帝「耶和華」要懲罰「所羅門王」，要將「所羅門王」的國奪回，賜給他的臣子。然而，因爲「所羅門王」父親「大衛」的緣故，上帝「耶和華」不在他活著的日子行這事，祂必從他兒子的手中將國奪回。只是不將全國奪回，要爲「大衛」和祂所選擇的「耶路撒冷」，還保留一個支派給他的兒子。

●《舊約聖經》列王記上：

11:1「所羅門王」在「法老」的女兒之外、又寵愛許多「外邦女子」、就是摩押女子、亞捫女
子、以東女子、西頓女子、赫人女子。
11:2 論到這些國的人、「耶和華」曾曉諭（明白告知）「以色列人」、說、你們不可與他們往來
相通・因爲他們必誘惑你們的心、去隨從他們的神・「所羅門」卻戀愛這些女子。
11:3「所羅門」有妃七百、都是公主・還有嬪三百・這些妃嬪誘惑他的心。
11:4「所羅門」年老的時候、他的妃嬪誘惑他的心、去隨從別神、不效法他父親「大衛」、誠誠
實實的順服「耶和華」他的　神。
11:5 因爲「所羅門」隨從西頓人的女神「亞斯他錄」、和亞捫人可憎的神「米勒公」。
（「米勒公」又叫「摩洛」，是古代中東各地所崇奉的神明，信徒用火燒自己的孩子當作祭物獻
上。）
11:6「所羅門」行「耶和華」眼中看爲惡的事、不效法他父親「大衛」、專心順從「耶和華」。
11:7「所羅門」爲「摩押」可憎的神「基抹」、和「亞捫人」可憎的神「摩洛」、在「耶路撒
冷」對面的山上建築「丘壇」。
11:8 他爲那些向自己的神燒香獻祭的外邦女子、就是他娶來的妃嬪、也是這樣行。
（「基抹」是「摩押人」崇拜的「太陽神」，該名稱也與「火」有關。）
11:9「耶和華」向「所羅門」發怒、因爲他的心偏離向他兩次顯現的「耶和華」「以色列」的
神。
11:10「耶和華」曾吩咐他不可隨從別神・他卻沒有遵守「耶和華」所吩咐的。

11:11 所以「耶和華」對他說、你既行了這事、不遵守我所吩咐你守的約和律例、我必將你的國奪
回、賜給你的臣子。
11:12 然而因你父親「大衛」的緣故、我不在你活著的日子行這事・必從你兒子的手中將國奪回。
11:13 是我不將全國奪回・要因我僕人「大衛」、和我所選擇的「耶路撒冷」、還留一支派給你的
兒子。

上帝「耶和華」開始懲罰「所羅門王」的行動，祂使以東人「哈達」興起，又使「以利亞大」的兒子「利遜」興起，做「所羅門王」的敵人。

●《舊約聖經》列王記上：

11:14「耶和華」使以東人「哈達」興起、作「所羅門」的敵人・他是「以東王」的後裔。
11:23 神又使「以利亞大」的兒子「利遜」興起、作「所羅門」的敵人・他先前逃避主人瑣巴王
「哈大底謝」。
11:25「所羅門」活著的時候、「哈達」爲患之外、「利遜」也作「以色列」的敵人・他恨惡「以
色列人」、且作了「亞蘭人」的王。

上帝「耶和華」派先知示羅人「亞希雅」，在「耶路撒冷」城外將他的一件新外衣撕成十二片，請「耶羅波安」拿走十片，意思是上帝「耶和華」在「所羅門王」去世之後，會將聯合的「以色列王國」撕裂成爲兩個王國，「北國以色列」由十個支派組成，將歸「耶羅波安一世」統治。「南國猶太」則剩下「猶大」和「便雅憫」兩個支派，繼續由「所羅門王」的兒子「羅波安」統治。

●《舊約聖經》列王記上：

11:26「所羅門」的臣僕、「尼八的」兒子「耶羅波安」、也舉手攻擊王・他是「以法蓮」支派的
「洗利達人」・他母親是寡婦、名叫「洗魯阿」。
11:27他舉手攻擊王的緣故、乃由先前「所羅門」建造「米羅」、修補他父親「大衛城」的破口。
11:28「耶羅波安」是大有才能的人・「所羅門」見這少年人殷勤、就派他監管「約瑟」家的一切
工程。
11:29一日「耶羅波安」出了「耶路撒冷」、示羅人先知「亞希雅」在路上遇見他・「亞希雅」身
上穿著一件新衣、他們二人在田野、以外並無別人。
11:30「亞希雅」將自己穿的那件新衣撕成十二片。
11:31對「耶羅波安」說、你可以拿十片・「耶和華」「以色列」的　神如此說、我必將國從「所
羅門」手裡奪回、將十個支派賜給你。
11:32（我因僕人「大衛」、和我在「以色列」衆支派中所選擇的「耶路撒冷城」的緣故、仍給
「所羅門」留一個支派）
11:33因爲他離棄我、敬拜「西頓人」的女神「亞斯他錄」、「摩押」的神「基抹」、和「亞捫
人」的神「米勒公」、沒有遵從我的道、行我眼中看爲正的事、守我的律例典章、像他父親
「大衛」一樣。
11:34但我不從他手裡將全國奪回、使他終身爲君、是因我所揀選的僕人「大衛」謹守我的誡命律
例。

11:35 我必從他兒子的手裡將國奪回、以十個支派賜給你。
11:36 還留一個支派給他的兒子、使我僕人「大衛」在我所選擇立我名的「耶路撒冷城」裡、在我
面前、長有燈光。
11:37 我必揀選你、使你照心裡一切所願的、作王治理「以色列」。
11:38 你若聽從我一切所吩咐你的、遵行我的道、行我眼中看爲正的事、謹守我的律例誡命、像我
僕人「大衛」所行的、我就與你同在、爲你立堅固的家、像我爲「大衛」所立的一樣、將
「以色列人」賜給你。
11:39 我必因「所羅門」所行的、使「大衛」後裔受患難、但不至於永遠。
11:40 「所羅門」因此想要殺「耶羅波安」‧「耶羅波安」卻起身逃往「埃及」、到了埃及王「示
撒」那裡、就住在「埃及」、直到「所羅門」死了。
11:42 「所羅門」在「耶路撒冷」作「以色列」衆人的王共四十年。
11:43 「所羅門」與他列祖同睡、葬在他父親「大衛」的城裡‧他兒子「羅波安」接續他作王。

十九、「南北國時代」的「猶太人」

「以色列王國」歷經「掃羅」、「大衛」和「所羅門」等三位國王，存在了三代，都城都在「耶路撒冷」。「所羅門王」死後，統一的「以色列王國」分裂爲「南國」和「北國」。

「所羅門王」一死，叛亂就爆發了，直接的起因，是由於「所羅門」時代沉重的賦稅和徭役。「所羅門王」在晚年揮霍無度，奢靡成風，激化了人民的不滿；間接的原因，是由於「所羅門王」年

老時，隨著他的嬪妃去敬拜、事奉諸多的神明，並沒有專一侍奉上帝「耶和華」，因此招惹上帝「耶和華」的憤怒，分裂統一的「以色列王國」。

「所羅門王」的兒子「羅波安」即位後，由於民眾反抗他的統治，不久分裂爲北國「以色列」和南國「猶大」。

「北國」繼續使用「以色列王國」名稱，先後定都「示劍、毗努伊勒、得撒」和「撒馬利亞」，而分裂後的「南國」，則稱爲「猶大王國」，首都繼續在「耶路撒冷」，因爲繼承「大衛家」，被視爲正統。

● **《舊約聖經》列王記上：**

12:1 「羅波安」往「示劍」去・因爲「以色列人」都到了「示劍」、要立他作王。
12:2 「尼八」的兒子「耶羅波安」先前躲避「所羅門王」、逃往「埃及」、住在那裡。（他聽見
這事）
12:3 「以色列人」打發人去請他來、他就和「以色列」會眾都來見「羅波安」、對他說、
12:4 你父親使我們負重軛、作苦工・現在求你使我們作的苦工、負的重軛、輕鬆些、我們就事奉
你。
12:6 「羅波安」之父「所羅門」在世的日子、有侍立在他面前的老年人、「羅波安王」和他們商
議、說、你們給我出個甚麼主意、我好回覆這民。
12:7 老年人對他說、現在王若服事這民如僕人、用好話回答他們、他們就永遠作王的僕人。
12:8 王卻不用老年人給他出的主意、就和那些與他一同長大在他面前侍立的少年人商議、

12:9 說、這民對我說、你父親使我們負重軛、求你使我們輕鬆些．你們給我出個甚麼主意、我好
回覆他們。
12:10 那同他長大的少年人說、這民對王說、你父親使我們負重軛、求你使我們輕鬆些．王要對他
們如此說、我的小拇指頭、比我父親的腰還粗。
12:11 我父親使你們負重軛、我必使你們負更重的軛．我父親用鞭子責打你們、我要用蠍子鞭責打
你們。
12:12 「耶羅波安」和眾百姓遵著「羅波安王」所說、你們第三日再來見我的那話、第三日他們果
然來了。
12:13 王用嚴厲的話回答百姓、不用老年人給他所出的主意。
12:14 照著少年人所出的主意對民說、我父親使你們負重軛、我必使你們負更重的軛．我父親用鞭
子責打你們、我要用蠍子鞭責打你們。
12:16 「以色列」眾民見王不依從他們、就對王說、我們與「大衛」有甚麼分兒呢、與「耶西」的
兒子並沒有關涉．「以色列人」哪、各回各家去罷．「大衛」家阿、自己顧自己罷。於是
「以色列人」都回自己家裡去了。
12:17 惟獨住「猶大」城邑的「以色列人」、「羅波安」仍作他們的王。
12:18 「羅波安王」差遣掌管服苦之人的「亞多蘭」、往「以色列人」那裡去．「以色列人」就用
石頭打死他。「羅波安王」急忙上車、逃回「耶路撒冷」去了。
12:19 這樣、「以色列人」背叛「大衛家」、直到今日。

12:20「以色列」衆人聽見「耶羅波安」回來了、就打發人去請他到會衆面前、立他作「以色列」衆人的王・除了「猶大」支派以外、沒有順從「大衛」家的。
14:30「羅波安」與「耶羅波安」時常爭戰。

後來，亞述王「撒縵以色」滅了北國「以色列」，並且把「以色列人」放逐到外國去，這批人的後代終於消失了，應該是被外國人同化而不見了。

●《舊約聖經》列王記下：

17:1 猶大王「亞哈斯」十二年、「以拉」的兒子「何細亞」在「撒瑪利亞」登基、作「以色列王」九年。
17:2 他行「耶和華」眼中看爲惡的事、只是不像在他以前的「以色列」諸王。
17:3 亞述王「撒縵以色」上來攻擊「何細亞」、「何細亞」就服事他、給他進貢。
17:4「何細亞」背叛、差人去見埃及王「梭」、不照往年所行的、與「亞述王」進貢。「亞述王」知道了、就把他鎖禁、囚在監裡。
17:5「亞述王」上來攻擊「以色列」遍地、上到「撒瑪利亞」、圍困三年。
17:6「何細亞」第九年「亞述王」攻取了「撒瑪利亞」、將「以色列人」擄到「亞述」、把他們安置在「哈臘」、與「歌散」的「哈博河」邊、並「瑪代人」的城邑。
17:7 這是因「以色列人」得罪那領他們出「埃及地」、脫離埃及王「法老」手的「耶和華」他們的 神、去敬畏別神、

再過半個世紀，後來也被巴比倫王「尼布甲尼撒」滅亡，而「猶太教聖殿」也被燒毀，大批「猶

太」精英作爲俘虜，被帶到「巴比倫（史稱『巴比倫囚虜』）」，「猶太人」失去了自己的國土和家園。至此，「猶太人」歷史上所謂的「第一聖殿時期」結束。

但是，南國「猶大」的兩個支派，要比北國「以色列」的十個支派幸運得多，他們雖然被放逐到了「美索不達米亞平原」，卻仍保持著自己的血統和宗教。

●《舊約聖經》列王記下：

23:26 然而「耶和華」向「猶大」所發猛烈的怒氣、仍不止息、是因「瑪拿西」諸事惹動他。

23:27「耶和華」說、我必將「猶大人」從我面前趕出、如同趕出「以色列人」一般・我必棄掉我從前所選擇的這城「耶路撒冷」、和我所說立我名的殿。

23:36「約雅敬」登基的時候、年二十五歲・在「耶路撒冷」作王十一年・他母親名叫「西布大」、是魯瑪人「毗大雅」的女兒。

23:37「約雅敬」行「耶和華」眼中看爲惡的事、效法他列祖一切所行的。

24:1「約雅敬」年間巴比倫王「尼布甲尼撒」上到猶大「約雅敬」服事他三年・然後背叛他。

24:2「耶和華」使「迦勒底軍、亞蘭軍、摩押軍」、和「亞捫人」的軍來攻擊「約雅敬」毀滅「猶大」、正如「耶和華」藉他僕人衆先知所說的。

24:10 那時、巴比倫王「尼布甲尼撒」的軍兵、上到「耶路撒冷」、圍困城。

24:11 當他軍兵圍困城的時候、巴比倫王「尼布甲尼撒」就親自來了。

24:12 猶大王「約雅斤」、和他母親、臣僕、首領、太監、一同出城、投降「巴比倫王」・「巴比倫王」便拿住他・那時、是「巴比倫王」第八年。

24:13「巴比倫王」將「耶和華殿」、和王宮裡的寶物、都拿去了、將以色列王「所羅門」所造耶
和華殿裡的金器、都毀壞了、正如「耶和華」所說的。
24:14 又將「耶路撒冷」的眾民、和眾首領、並所有大能的勇士、共一萬人、連一切木匠、鐵匠、
都擄了去．除了國中極貧窮的人以外、沒有剩下的。
24:15 並將「約雅斤」、和王母、后妃、太監、與國中的大官、都從「耶路撒冷」擄到「巴比倫」
去了．
24:16 又將一切勇士七千人、和木匠鐵匠一千人、都是能上陣的勇士、全擄到「巴比倫」去了。

後來，「波斯王國」擊敗「巴比倫王國」，波斯王「古列」解放了「猶太人」，釋放「猶太人」回到「巴勒斯坦」故鄉。不久，「猶太人」又得到「波斯人」的資助，建造了「耶路撒冷」的第二座「猶太教聖殿」，從而開創了「第二聖殿時期」。

當「猶太人」回到「耶路撒冷」重建「第二聖殿」時，主要由地方官員「尼希米」和祭司「以斯拉」帶領，「以斯拉」帶領「猶太人」宣讀律法，重新確立「猶太人」的信仰。

●《舊約聖經》以斯拉記：

1:1 波斯王「古列」元年、「耶和華」爲要應驗藉「耶利米」口所說的話、就激動波斯王「古
列」的心、使他下詔通告全國說、
1:2 波斯王「古列」如此說、「耶和華」天上的　神、已將天下萬國賜給我．又囑咐我在「猶
大」的「耶路撒冷」、爲他建造殿宇。
1:3 在你們中間凡作他子民的、可以上「猶大」的「耶路撒冷」、在「耶路撒冷」重建「耶和

華」「以色列」 神的殿・（只有他是 神）願 神與這人同在。
1:4 凡剩下的人、無論寄居何處、那地的人要用金銀財物牲畜幫助他・另外也要爲「耶路撒冷」
神的殿、甘心獻上禮物。
1:5 於是「猶大」和「便雅憫」的族長、祭司「利未人」、就是一切被 神激動他心的人、都起
來要上「耶路撒冷」去建造「耶和華」的殿。
1:6 他們四圍的人就拿銀器、金子、財物、牲畜、珍寶幫助他們・（原文作「堅固他們的手」）
另外還有甘心獻的禮物。
1:7 「古列王」也將「耶和華」殿的器皿拿出來・這器皿是「尼布甲尼撒」從「耶路撒冷」掠
來、放在自己神之廟中的。
1:8 波斯王「古列」派庫官「米提利達」、將這器皿拿出來、按數交給「猶大」的首領「設巴
薩」。
2:1 巴比倫王「尼布甲尼撒」、從前擄到「巴比倫」之「猶大省」的人、現在他們的子孫從被擄
到之地、回「耶路撒冷」和「猶大」、各歸本城。

《舊約聖經》對於「猶太人」的歷史，就記載到此爲止。

「猶太人」在《舊約聖經》和《新約聖經》這兩約之間四百年的歷史，是「帝國統治時期」，可以分成六個時期：就是波斯時期、希臘時期、埃及時期、敍利亞時期、馬加比時期和羅馬時期。

二十、「帝國統治時期」的「猶太人」

（一）波斯時期（公元前五三六～三三三年）

「波斯時期」就是波斯王「古列」統治「巴勒斯坦」的時期。從公元前五三六年，波斯王「古列」讓「猶太人」回歸「巴勒斯坦」故鄉的時候開始，直到公元前三三三年，「巴勒斯坦」淪陷在「亞歷山大大帝」所帶領的希臘「馬其頓帝國」之下為止。

「波斯法律」對「猶太人」相當優待，「猶太人」的「祭司」備受尊敬。雖然「大祭司」的「民政權力」和「宗教權力」越來越大，但是仍然須要服從「敍利亞省」波斯政府首長的命令。

在這個時期，有二件事情值得注意，一件是「反猶太運動」，另一件是有關「撒瑪利亞人」。

這件令人觸目驚心的「反猶太運動」，是因為貪得無厭的「大祭司」，為了想得到更大的「民政權力」，竟然陰謀策動卑鄙的行刺手段。就在「聖殿」裡，「以利亞撒」的孫子「約拿單」，把他的兄弟「約書亞」殺了，「約書亞」是當時「波斯總督」所寵愛的人，「波斯總督」為了報仇洩憤，就攻進了「耶路撒冷」，破壞了「聖殿」，縱火焚燒，將城中的大部分地區，變成廢墟。

另一件關於「撒瑪利亞人」，先說明「撒馬利亞人」的源起。

「撒馬利亞人」是古代「撒馬利亞教」的後裔，與「猶太教」共同起源於「亞伯拉罕諸教（包括猶太教、基督教和伊斯蘭教）」，信奉「撒馬利亞五經」。「撒馬利亞人」自稱是「北國以色列」的後裔，保存有「摩西律法」的教導，並且以「基利心山」為他們信仰的敬拜中心。

但是，南國「猶太人」並不會接納他們是同為古代「以色列人」的後裔。因為，在公元前七二一年的時候，「亞述王」消滅了那個擁有十個支派的「以色列王國」，又把「以色列人」分散在「亞述」的各城裡；另外把一些混血的人民遷徙到「以色列」各城，他們就是日後的混血後裔，被稱爲「撒瑪利亞人」。

後來「撒瑪利亞人」居住的地方，也更名爲「撒瑪利亞省」，這個名字本來就是從前「以色列王國」首都的名稱。「撒瑪利亞省」與「猶大省（巴勒斯坦）」接連，也是「敘利亞省」的一部分。

另外，「撒馬利亞人」受到鄰近的兄弟民族，例如：「摩押人」、「以東人」的影響，有部分「撒馬利亞人」轉而崇拜他們的「神祇偶像」。所以，他們一直不爲後來「巴比倫」回歸的「以色列人（主要來自南國猶大國）」所接納，只被視爲是一個汙穢的旁支。

再加上「以色列人」和「撒馬利亞人」，他們雖然是兄弟，但是因爲經過數百年的分裂、戰爭，早就已經變成了仇敵。

到了「波斯」統治的末期，「撒瑪利亞省」建立一座「巴力神」的廟宇，與「耶路撒冷聖殿」再次形成對峙的禮拜地方。自從這座廟宇建成以後，「猶太人」與「撒瑪利亞人」就完全絕交了。那兩個對峙的禮拜地方，一直維持到《新約聖經》的時期，彼此的仇恨就變成更普遍更尖銳了。

（二）希臘時期（公元前三三三～三二三年）

「亞歷山大大帝」在歷史上是一個戰績輝煌的大人物，他在短短十幾年之內，把世界的政治局勢完全改觀。在「但以理」的異象中，他就是那「有非常的角」的「公山羊」。

●《舊約聖經》但以理書：

8:1「伯沙撒王」在位第三年、有異象現與我「但以理」是在先前所見的異象之後。

8:2 我見了異象的時候、我以爲在「以攔省」、「書珊城」中．（「城」或作「宮」）我見異象又如在「烏萊河」邊。
8:3 我舉目觀看、見有雙角的「公綿羊」站在河邊、兩角都高、這角高過那角、更高的是後長的。
8:4 我見那「公綿羊」往西、往北、往南牴觸、獸在他面前都站立不住、也沒有能救護脫離他手
的、但他任意而行、自高自大。
8:5 我正思想的時候、見有一隻「公山羊」從西而來、遍行全地、腳不沾塵・這山羊兩眼當中、
有一非常的角。
8:6 他往我所看見站在河邊、有雙角的「公綿羊」那裡去、大發忿怒、向他直闖。
8:7 我見「公山羊」就近「公綿羊」、向他發烈怒、牴觸他・折斷他的兩角、「綿羊」在他面前
站立不住、他將「綿羊」觸倒在地、用腳踐踏、沒有能救「綿羊」脫離他手的。

「波斯王國」日漸式微，最後在公元前三三二年失去「以色列」。在長達數十年的征服中，希臘「亞歷山大大帝」開創的「亞歷山大帝國（馬其頓帝國）」擊敗「波斯王國」的「大流士三世」，征服了整個「波斯王國」，「猶太人」被「亞歷山大大帝」實行「希臘化」統治。

在那次「敍利亞之役」中，「亞歷山大大帝」帶領軍隊南下直攻「耶路撒冷」，「耶路撒冷」的大祭司「雅都亞」穿上祭服，帶領一隊穿上白袍的祭司出來請降。據說「亞歷山大大帝」認爲「雅都亞」應驗了他的異夢，所以不但不攻打「耶路撒冷」，而且獻祭給「耶和華」，又聆聽「祭司」在他面前誦讀「但以理預言」中有關一位「希臘王」推翻「波斯帝國」的經文。

經過這件事情之後，「亞歷山大大帝」特別優待「猶太人」，准許他們住在自己的新城「亞歷山大」，並在其他城市之內與「希臘人」同享所有的公民權利。這就造成了日後「猶太人」對「希臘」

衷心的支持和仰慕；而且再加上「亞歷山大大帝」將「希臘文化」散佈到各地，結果產生了非常長遠的影響力，使日後「猶太人」的思想有了不能磨滅的「希臘精神」。

（三）埃及時期（公元前三二三～二〇四年）

「亞歷山大大帝」突然的去世，結果他的大帝國給他的四名將軍瓜分了，這四位將軍就是「卡山得、萊西馬庫斯、托勒密、塞琉古」，也就是「但以理書」八章廿一至廿二節所預言的取代了「大角」的「四角」。

這四名將軍瓜分大帝國的範圍如下：

(1)「安提帕德（Antipater）」統治「馬其頓」及「希臘」。

(2)「安提哥努斯（Antigonus）」管「亞洲」西部，包括「猶大地區」。

(3)「塞琉古（Seleucus）」得到「美索不達米亞」和「波斯」。

(4)「托勒密（Ptolemy）」分得「黎凡特」和「埃及」。

●《舊約聖經》但以理書：

8:8 這「山羊」極其自高自大、正強盛的時候、那「大角」折斷了．又在角根上向天的四方、（「方」原文作「風」）長出四個非常的角來。

8:9 「四角」之中、有一角長出一個小角、向南、向東、向榮美之地、漸漸成為強大。

8:10 他漸漸強大、高及天象、將些天象和星宿拋落在地、用腳踐踏。

8:11 並且他自高自大、以為高及天象之君．除掉常獻給君的燔祭、毀壞君的聖所。

「亞歷山大大帝」逝世以後，「亞歷山大大帝」的將領互相爭奪他帝國的最高權力，其中埃及總督「托勒密」率先發難，自立爲王。其他有力大員也反叛，迫使帝國攝政「佩爾狄卡斯」身亡，並導致繼業者戰爭爆發。

「托勒密王國」的創始者「托勒密一世」，曾經是「亞歷山大大帝」七個近身護衛官之一，在公元前三二三年「亞歷山大大帝」逝世後，被任命爲「埃及總督」。「托勒密一世」在公元前三〇五年自立爲國王，建立「托勒密王國」。而「埃及人」很快接受了「托勒密一世」爲「埃及法老」，「托勒密」的家族一直統治「埃及」到公元前三十年被「羅馬」征服爲止。

「亞歷山大大帝」逝世以後，「猶太人」被「托勒密王國」統治。「托勒密王國」對「猶太人」非常好，當時「猶太人」不但有宗教自由，甚至有不少「托勒密王國」統治下的外邦人，信奉「猶太教」。

第一本《舊約聖經》的希臘文譯本「七十士譯本」就是當年「托勒密王國」爲了編纂「亞歷山大城」圖書館的書籍，而請了一群「猶太教」的「拉比（老師）」來翻譯《舊約聖經》，最後花了七十年才完成。

可是，後來因爲「托勒密王國」的式微，公元前一九八年，「猶太人」便爲「塞琉古帝國」所統治。

埃及豔后「克利奧帕特拉七世」，是古埃及「托勒密王國」的最後一任「法老」。她先色誘了「羅馬共和國」的「凱撒大帝」，直到成爲「羅馬」實際上的「第一夫人」。「凱撒大帝」遇刺後，她立卽返回「埃及」，又與羅馬統帥「安東尼」相好。

而後，「安東尼」與「凱撒大帝」的侄子「屋大維」爭奪「羅馬」的統治權，雙方在「亞克興」

進行大海戰，「克利奧帕特拉七世」也出兵支持「安東尼」。正值戰鬥方酣，「安東尼」艦隊受挫之時，「克利奧帕特拉七世」乘坐的船突然撤離戰場，駛回「埃及」，「安東尼」隨卽追趕而去，拋下戰鬥部隊，任其遭受殲滅。公元前三十年，「屋大維」進攻「埃及」，包圍「亞歷山大港」。「安東尼」看到大勢已去，伏劍自刎。

「屋大維」進入「亞歷山大港」後，不僅無意與「克利奧帕特拉七世」協商，反而將她囚禁。「克利奧帕特拉七世」了解到已經無路可走，而且不願受辱，終於決定自殺結束自己的生命。

在這之前，「克利奧帕特拉七世」已經祕密派人把她的兒子「托勒密十五世」送到「紅海」邊的港口避難，準備逃亡到「印度」。但是，他最終落入「屋大維」的手中，下令將他處死。

隨著「克利奧帕特拉七世」與其兒子「托勒密十五世」的逝世，「托勒密王國」就成爲歷史，「埃及」最終淪爲「羅馬」的一個行省。

（四）敍利亞時期（主前二〇四～一六五年）

在這個時期，有兩件重要的事情：

(1)這個時候「巴勒斯坦」已經分成五個省，就是在「新約時代」所提到的「猶大（Judaea）省」、「撒瑪利亞（Samaria）省」、「加利利（Galilee）省」、「比利亞（Peraea）省」和「特拉可尼（Trachonitis）省」，前三個省，有時候也稱爲「猶大省」。

(2)這個時期是本土「猶太人」在「舊約時代」和「新約時代」，兩約之間最悲慘的時期。「托勒密」的反叛導致「亞歷山帝國」重新分割，經過繼業者戰爭，「塞琉古」因協助行刺「佩爾狄卡斯」並獲分得「巴比倫尼亞行省」，並從此開始他的勢力。

「塞琉古」是「亞歷山大大帝」的另一位將軍，在公元前三〇五年自行稱王，建立「塞琉古王國」，稱爲「塞琉古一世」。又在「巴比倫」北部的「底格里斯河」建立另一首都「塞琉西亞」。他的統治範圍除了「巴比倫」，還包括「亞歷山大帝國」在東部龐大的一部分。

「塞琉古王國」繼「托勒密王國」之後，統治「猶太人」。可是，「塞琉古王國」和「托勒密王國」對統治「猶太人」的政策相反，「塞琉古」國王「安條克四世」在公元前一六七年的政令中，禁止「猶太教」的信仰，甚至在「聖殿」中擺放「宙斯（是古希臘神話中的第三代神王，統治世間萬物至高無上的天神。）」的神像，要求「猶太人」敬拜希臘諸神。

（五）馬加比時期（公元前一六五～六三年）

最後，「安條克四世」這些行爲激起「猶太人」的反抗。「猶太人」在「祭司」的後代「馬加比」家族的帶領之下，於公元前一六六年趕走「塞琉古」的軍隊，建立「哈斯蒙尼王國」，可以視爲一個獨立的「以色列王國」。

「塞琉古王國」的後期，在公元前二三八年，東部的「帕提亞」和「巴克特里亞」獨立之後，東部被「安息王國」所擾，西面又面臨「羅馬」的擴張，最終被「羅馬」在公元前六四年征服。

公元前六三年，「哈斯蒙尼王國」被「羅馬共和國」的「龐培」將軍攻陷「耶路撒冷」，擄回「羅馬」爲奴的「猶太人」成千上萬，並將其瓜分，變爲「附庸國」。從此「猶太人」的獨立喪失，直到一九四八年復國，「猶太國」亡近二千年之久。

（六）羅馬帝國時期（公元前六三年以後）

「哈斯蒙尼王國」在被「希律王國」取代之前，維持了一百〇三年。

「羅馬帝國」在占領「巴勒斯坦」以後，「龐培」將軍先立支持他的「許爾堪一世」為「哈斯蒙尼王國」的統治者，卻不立他為王。並且，下令「猶太人」要每年交稅給「羅馬」。

「許爾堪一世」過世後，「龐培」又派「以士買（希臘對古以東地之名）」的「安提帕特」擔任「許爾堪二世」的顧問，以幫助他對外的戰爭戰爭。「安提帕特（Antipater）」就是「耶穌」降生之時，在任的「希律王」的父親。

公元前四八年，「龐培」因為和「凱撒」在「法沙勒」的一場權力爭奪戰中戰死以後，「安提帕特」馬上改變立場，支持「凱撒」，使「凱撒」升他為「猶大省長」，地位比「許爾堪二世」更要高。同時，「凱撒」又對「猶太人」有很大的寬容的態度給「猶太人」宗教自由。

「安提帕特」徹底向「羅馬」效忠，在「凱撒」的支持下便成為「巴勒斯坦」裡最有權力的人。然而「猶太人」卻恨他，因為他是「以士買人」，是他們以前死敵的後代。因而，他在上任後一年便被人毒死。他的兒子「希律」便接任他的「省長」的職位，三年之後，「凱撒」也在「羅馬」被人謀殺了。

（七）希律王朝時期

「希律」生於公元前七四年，死於公元前四年，是「哈斯蒙尼王國（馬加比家族）」的後裔，他代表「羅馬」政府去對付「猶太人」。

「凱撒」死後，「羅馬」由「屋大維」、「安東尼」和「雷必達」三人共同執政。東方「敘利亞」地區由「安東尼」統治，「希律」便成為「安東尼」的部下。

這時候，「猶太」又發生內戰，「希律」就急忙趕到「羅馬」，請示「安東尼」。「希律」更說服「安東尼」，只有他自己才能維持「巴勒斯坦」的秩序，使「安東尼」任命他爲「全猶太」的最高統治者。

「希律」被認爲是一個奸狡而無恥的人，他整天都在鞏固自己在「猶太」的地盤。「希律」的成就，都是藉著暗殺和陰謀所建立的，他的家族中有不少人也死在他的手中。甚至，他心愛的妻子「瑪莉安妮」，也是被他下令殺死的。她死後，「希律」非常後悔，幾乎要發狂。

公元前三十七年，「希律」登上王位，成爲「大希律王」，這意味著「哈斯蒙尼王朝」結束，「以色列」成爲「羅馬帝國」內的「從屬國」。公元六年，「羅馬」將「猶太」、「撒馬利亞」和「以東」合併爲統一的「猶太行省」。

公元前四年，「耶穌」誕生。三位前往拜訪「小耶穌」的「先知」去見「大希律王」，「大希律王」爲了解決這個未來新的王，就下令將兩歲以下的嬰兒殺光。因此，「耶穌」出生後不久，一度前往「埃及」，以逃避「大希律王」的追殺。

後來，「大希律王」死了，他的兒子「希律安提帕斯」繼位。大約在公元二十七到三十年左右，「耶穌」開始在「加利利海」和「希伯崙」一帶傳道，並在「耶路撒冷」被「猶大」出賣移交「猶太公會」判定死刑後，交給「羅馬」總督「彼拉多」判釘十字架殉道。

以上所敍述的，就是從《舊約聖經》「瑪拉基書」到《新約聖經》「馬太福音」之間四百年的「猶太歷史」。

在探討《新約聖經》，也就是「基督教的歷史」之前，下一單元我先來介紹上帝「耶和華」。

一、「作者」的「道歉聲明」

上帝「耶和華」是誰？這個問題對於「基督宗教（猶太教、天主教和基督教）」的信徒而言，都知道上帝「耶和華」是萬能的神，是造物主，神是慈愛的，神愛世人。

但是，當我把《舊約聖經》看完，我對上帝「耶和華」這位慈愛的神，卻有不同的看法，甚至存在諸多疑點。我曾經把我對上帝「耶和華」的疑惑，請教過多位信仰「基督教」的朋友。但是，他們給我的答案都很牽強，甚至答不出來，啞口無言。

在探討〈上帝耶和華是誰？〉這個單元之前，我要先聲明一件事情：我不是有意在批評「基督宗教」，我只是針對《聖經》裡的經文，提出我個人的質疑、看法和心得，就「經文」來評論「經文」，讓「讀者」看完「經文」，再聽聽我的意見，就可以幫助「讀者」看懂「基督宗教」。

然而，我很清楚對「基督宗教」的信徒而言，上帝「耶和華」是神聖不可侵犯的，不可褻瀆的，甚至不可直接稱呼「神的名字」。那就更不用說要探討神的言行舉止，是否有不對的地方，這是大不敬，要下「火湖地獄」的罪。

所以，在這個地方我要先向所有的「基督宗教」信徒，誠摯的說一聲「抱歉」。因為，「眞實的話」往往容易傷人。

我不排斥「基督徒」，我有幾位「基督徒」好朋友，待人接物都非常好，都是很善良的好人。但是，我對《聖經》的一些「經文」有異議。尤其是上帝「耶和華」經常「殺滅人類的行為」，最讓我無法接受。

我很尊敬一些品行很好的「修女、神父」和「牧師」，例如：「加爾各答」的「德蕾莎修女」為了消除對和平造成威脅的貧窮以及困苦，所作的工作與成就，她榮獲「諾貝爾和平獎」。

在「台灣」服務的「西班牙籍」「瑞賴甘霖神父」，他在「台灣大學醫學院」授課、探訪病友、協助古亭「耶穌聖心堂」的牧靈服事、在「兒童主日學」帶小朋友、擔任「同學會輔導司鐸」、照顧「耶穌會會士們」的健康。每天到「耕莘醫院」探視病人，他於二〇一五年獲總統府頒發「景星勳章」，最後也歸化「台灣國籍」，為台北市首位以殊勳歸化我國籍的外國人。

「馬偕牧師」，生於加拿大「安大略省」，屬於「長老教會」的牧師，於十九世紀末期，到「台灣」傳教與行醫。現在「台灣」的「馬偕紀念醫院」，就是為了紀念「馬偕牧師」而創立的。

我對上帝「耶和華」的評論，是從《舊約聖經》的角度來探討，請不要認為我是惡意的批評。

假如，有虔誠的「基督徒」不認同以下的探討，那也請你不要生氣。因為，依照「啟示錄」所說，「不信的」和「拜偶像的（我是『彌勒佛』的弟子）」，「末日審判」時，我將被丟到「火湖地獄」裡受苦。

●《舊約聖經》啟示錄：

21:8 惟有膽怯的、「不信的」、可憎的、殺人的、淫亂的、行邪術的、「拜偶像的」、和一切說謊話的、他們的分就在燒著硫磺的火湖裡．這是第二次的死。

爲了探求事情的「眞相事實」，我是以「我不入地獄，誰入地獄。」的願力，來探討〈上帝耶和華是誰？〉這個單元的。希望藉這個單元的探討，讓「讀者們」眞正了解上帝「耶和華」是怎樣的一位神。至於，要不要信奉上帝「耶和華」，就要看各人的因緣了。

二、上帝「耶和華」是誰？

「耶和華（Jehovah）」，或者是「四字神名（YHWH，YHVH）」加上母音，進行拉丁化，而產生的一個專有名詞，是「猶太教」尊奉的神名，也是「基督宗教」中的神，可翻譯作「雅威」或「亞威」或「亞呼威」。

《希伯來聖經》在公元前二世紀，被翻譯爲「希臘文」的「七十士譯本」，當時將「耶和華」這個名詞，翻譯成「主」。

在《舊約聖經》裡，第一次出現「耶和華」這個名詞，是在「創世記」的第二章第四節。

●《舊約聖經》創世記：

2:4 創造天地的來歷、在「耶和華」神造天地的日子、乃是這樣。

「耶和華」這個神的獨特名字，是神自己取名的，並且說「我是自有永有的」，「自有永有」的意思，就是「神是自己存在，不依靠任何別的存在而存在，祂是永恆的存在，他不是被造。」這件事情記載在「出埃及記」，當時「以色列人」在「埃及」做奴隸，神呼召「摩西」，讓他帶領「以色列人」出「埃及」。

●《舊約聖經》出埃及記：

3:13「摩西」對　神說、我到「以色列人」那裡、對他們說、你們祖宗的　神打發我到你們這裡
來・他們若問我說、他叫甚麼名字、我要對他們說甚麼呢。
3:14神對「摩西」說、我是「自有永有的」・又說、你要對「以色列人」這樣說、那「自有的」
打發我到你們這裡來。
3:15神又對「摩西」說、你要對「以色列人」這樣說、「耶和華」你們祖宗的　神、就是「亞伯
拉罕」的　神、「以撒」的　神、「雅各」的　神、打發我到你們這裡來・「耶和華」是我
的名、直到永遠、這也是我的紀念、直到萬代。

現今常用的《中文聖經譯本》，神的名字有譯作「耶和華」、「上帝」、「耶威」或「雅威」。「天主教」最常用的《聖經譯本》，大多採用「雅威」做爲神的名字；「基督教」則採用「耶和華」做爲神的名字。

下面列舉《聖經》上，對上帝「耶和華」的重要描述。

⑴《聖經》上說「耶和華」是獨一的「眞神」，他創造了宇宙萬物。

●《新約聖經》啟示錄：

4:11我們的主、我們的　神、你是配得榮耀尊貴權柄的・因爲你創造了萬物、並且萬物是因你的
旨意被創造而有的。

⑵古代的先知「亞伯拉罕」和「摩西」，以及「耶穌」都崇拜這位上帝「耶和華」。

●《舊約聖經》創世記：

24:27說、「耶和華」我主人「亞伯拉罕」的　神是應當稱頌的、因他不斷的以慈愛誠實待我主

人・至於我、「耶和華」在路上引領我、直走到我主人的兄弟家裡。

●《新約聖經》約翰福音：

20:17「耶穌」說、不要摸我・因我還沒有升上去見我的父・你往我弟兄那裡去、告訴他們說、我要升上去、見我的父、也是你們的父・見我的 神、也是你們的 神。

(3)上帝「耶和華」不只是「某個民族的上帝」，而是「全人類的上帝」。

●《舊約聖經》詩篇：

47:2 因爲「耶和華」至高者是可畏的・他是治理「全地」的大君王。

●《舊約聖經》詩篇：

83:18 使他們知道惟獨你名爲「耶和華」的、是「全地」以上的至高者。

另外，爲什麼沒有人知道「上帝」名字的正確「古希伯來語」讀音呢？因爲，「古希伯來語」書寫的時候，只寫「子音（輔音）」，不寫「母音（元音）」。說「古希伯來語」的人，在閱讀時，會自己爲「子音」配上適當的「母音」。

當《希伯來語經卷》（《舊約聖經》）完成之後，有些「猶太人」受傳統和迷信的影響，認爲不應該把「上帝」的名字讀出來。當他們讀到一些經文裡有「上帝」的名字時，就會自動讀成「主」或「上帝」。幾個世紀過後，隨著迷信流傳下來，「上帝」名字原本的「古希伯來語」讀音，最後也失傳了。

「基督宗教」對上帝「耶和華」，大致上有以下的觀點：

(1)獨一眞神：神，那永恆的存在與萬物的創造者，只有一位。

⑵有位格：神有自我的意識，並進而有思想、意志、情感。
⑶三位一體：獨一的神有三個位格：聖父、聖子、聖靈。
⑷是一個靈：神的本質不是局限於肉體或者物質的存在。
⑸自有永有：神不是被造，他存在於萬物之前，他自己就是圓滿的存在。
⑹永恆：神是初，是終，從永遠到永遠。
⑺全能：神無所不知，無所不能。
⑻全善：神就是愛，是聖潔、公義、信實。
⑼全在：神無所不在。
⑽創造：神創造宇宙萬物，宇宙萬物都是他所造的，神照著祂的形象造人。

在古代中國的信仰中，「上帝」是中國君主（天子）所祭拜的「至上神」，又稱為「天帝、昊（ㄏㄠˋ）皇天、皇天上帝」或「昊（ㄏㄠˋ）天上帝」，民間俗稱為「上天、老天、老天爺、天主、天公、天公伯」。

對「昊天上帝」的信仰，源自於古代中國對於天空（蒼天、昊天），以及北極星（北辰、帝星）的崇拜。以上天廣大，稱「昊（ㄏㄠˋ）天」。遠望青色，稱「蒼天」。人尊莫過於帝，托之於天，故稱「上帝」。

「上帝」一詞，首先出現於周朝的「五經（《詩經》、《尚書》、《禮記》、《周易》和《春秋》）」，而「四書（《論語》、《孟子》、《大學》、《中庸》）」等其他儒家經典，以及「史書」中也提到了「上帝」。

現今，受到「基督宗教」傳入「華人世界」的的影響，「上帝」一詞在現代社會用來專指「基督宗教」的神。

「基督宗教」的「God」，這個名詞的中文翻譯「上帝」，就是借用中國人對「上帝」尊敬崇拜的文化傳統，把上帝「耶和華（God）」和中國人心目中的「上帝」，畫上等號。

翻開「基督宗教」傳入中國的歷史，在「唐朝」時期，曾經一度流行「景教」，就是今日的「基督教」；「元朝」時期，「天主教」進入中國；但是到了「明朝」建立以後，「中國」基本上已經沒有「基督徒」。

天主教「耶穌會」，「義大利籍」神父「利瑪竇」，於公元一五八三年（明神宗萬曆十一年）來到中國居住。在「明朝」頗受「士大夫」的敬重，被尊稱爲「泰西儒士」。

「利瑪竇」神父是「天主教」在「中國」傳教的開拓者之一，也是第一位閱讀中國文學，並且對中國典籍進行鑽研的西方學者。他除了傳播「天主教教義」外，還廣交「中國官員」和「社會名流」，傳播西方「天文、數學、地理」等科學技術知識。他的著述不僅對中西交流作出了重要貢獻，對「日本」和「朝鮮半島」上的國家，認識「西方文明」，也產生了重要影響。

「利瑪竇」神父成功在「北京」覲見「皇帝」，本人更穿著中國「士大夫」服飾，而且在「士大夫」中，建立良好聲譽和關係，開啟了日後其他「傳教士」進入「中國」之門，而且也開創了日後二百多年，「傳教士」在「中國」的活動方式，一方面用「漢語」傳播「基督教」，另一方面用「自然科學知識」來吸引「中國人」的興趣。

「利瑪竇」撰寫很多重要的中文著作，例如：《西字奇蹟》、《二十五言》、《畸人十篇》、

《交友論》、《西國記法》、《辯學遺牘》、《同文算指》、《測量法義》、《圜容較義》、《渾蓋通憲圖說》等。此外，他還寫過或參與寫過《西琴八曲》、《齋旨》、《乾坤體義》等著作。

「利瑪竇」和「徐光啟」等人翻譯的歐幾里得《幾何原本》等書，不僅帶給「中國」許多先進的科學知識和哲學思想，而且許多中文詞彙，例如點、線、面、平面、曲線、曲面、直角、鈍角、銳角、垂線、平行線、對角線、三角形、四邊形、多邊形、圓心、外切、幾何等等辭彙，就是由他們創造並沿用至今。

還有，「利瑪竇」製作的世界地圖《坤輿萬國全圖》，是中國歷史上第一個世界地圖，在中國先後被十二次刻印。

「利瑪竇」最重要的著作是《天主實錄》，這本書是第一次有系統的向中國人論證了「上帝」的存在，人的靈魂不朽，不同於禽獸，以及人死後必有天堂和地獄的賞罰，報應世人所爲善惡的「天主教教義」。

《天主實義》是「天主」譯文的來源，《舊約聖經》中的「天」是「耶和華」的居所，「主」是對「耶和華」的另外一個稱呼，顧名思義爲「天主」。

「利瑪竇」也創造了另一個譯文「上帝」，他在《天主實錄》中將此「天主」與中國「儒家」經典《中庸》、《詩經》、《易》、《禮》中的「上帝」相互印證，他說「吾天主卽古經書所稱上帝也，……歷觀古書，則知「上帝」與「天主」，特異以名也。」

《天主實錄》後來被「乾隆皇帝」收錄在《四庫全書》中，並且有蒙、滿、朝鮮、越南及日文翻譯本，《天主實錄》也是最早把「星期制度」引進中國的書。

在《天主實錄》一書中，「利瑪竇」把YHWH譯作「天主」、「天」、「上帝」、「天帝」。他在《天主實錄》中說：「天主之稱，謂物之原。如謂有所由生，則非天主也。物之有始有終者，鳥獸草木是也；有始無終者，天地鬼神及人之靈魂是也。天主則無始無終，而爲萬物始焉，爲萬物根柢焉。無天主則無物矣。物由天主生，天主無所由生也。」

「利瑪竇」在他所編制的《坤輿萬國全圖》中說：「天主創作萬物於寰宇。」

「利瑪竇」在他所撰寫的《交友論》中還說：「上帝給人雙目、雙耳、雙手、雙足，欲兩友相助，方爲事有成矣。」

「利瑪竇」在《二十五言》中又說：「上帝者，生物原始，宰物本主也。其《上大明皇帝貢獻土物奏》云：「謹以原攜本國土物，所有天帝圖像一幅，天帝母圖像二幅，天帝經一本。」

「利瑪竇」用「上帝」稱呼「基督宗教的神」，認爲「儒教」與「基督教」並不對立，實際上也非常相似。「利瑪竇」在他的傳教工作中使用了這篇《天主實錄》來改變許多受過「儒學」和「中國經典」教育的中國人。

但是，在歐洲的「天主教」內部，就「基督宗教」中的「天主」與中文的「上帝」是否可以等同一事，展開了激烈的辯論。最後，在公元一六四五年九月十二日，當時的教宗「依諾增爵十世」，宣布禁止用「上帝」稱呼「造物主」。

「天主教」於公元一九六八年出版的「思高本」將「造物主」翻譯爲「天主」，把一般的神明，翻譯作「神」。

後來，「基督新教」傳入中國，公元一八二三年「英格蘭」的「馬禮遜（Robert Morrison）」

出版《聖經》的第一本完整的漢譯本，將「造物主」譯爲「神」，有的地方譯爲「天」，有的地方譯爲「神天」，這是另一個譯文「神」的方式。

公元一八四三年，「英國」和「美國」的「傳教士」重新翻譯《聖經》，「英國傳教士」堅持使用「上帝」，「美國傳教士」堅持使用「神」，後來這成爲雙方中斷合作的一個原因，各自出版自己的中文翻譯《聖經》。

現今，不少「華人基督新教徒」覺得「上帝」或「神」，哪個都可以用，「名稱之爭」沒有什麼意義，不再爲這兩個「翻譯名詞」激烈辯論，有時候爲了行文和詩歌音節的方便，來加以選擇使用。

社會上的一般人，常用「上帝」來指「基督教」的神。但是，有些「基督教會」仍然堅持只用「神」，而反對用「上帝」，來稱呼「基督徒」的神。

三、上帝「耶和華」是誰創造的？

很多人會問一個問題：「如果『上帝』創造了『宇宙萬物』，那麼究竟是誰創造了『上帝』呢？」

「基督教徒」會回答說：「沒有人創造『上帝』，祂一直都存在著。」

很多人又會問：「既然連『宇宙』也有開始，『上帝』怎麼可能沒有開始呢？『上帝』到底是怎麼來的？『上帝』是誰造的呢？」

「基督教徒」會回答說：「根據《舊約聖經》的作者『摩西』所說，主阿！從永恆的以往，到永恆的未來，你都是神。」

●《舊約聖經》詩篇：

90:1 （神人「摩西」的祈禱。）主阿、你世世代代作我們的居所。

90:2 諸山未曾生出、地與世界你未曾造成、從亙古到永遠、你是 神。

另一位《舊約聖經》的作者「以賽亞」先知也說：「難道你不知道嗎？難道你沒有聽見嗎？『耶和華』是創造『地極』的主。」

●《舊約聖經》以賽亞書：

40:28 你豈不曾知道麼、你豈不曾聽見麼、永在的 神耶和華、創造地極的主、並不疲乏、也不困倦．他的智慧無法測度。

「猶大書」上也說：「『上帝』從古到今，一直存在，直到永遠。」

●《新約聖經》猶大書：

1:25 願榮耀、威嚴、能力、權柄、因我們的主耶穌基督、歸與他、從萬古以前、並現今、直到永永遠遠。阿們。

上帝「耶和華」對「摩西」說：「我是自有永有的。」因此，「永恆」的特性可說是「上帝」的本質。

●《舊約聖經》出埃及記：

3:14 神對「摩西」說、「我是自有永有的」．又說、你要對「以色列人」這樣說、那「自有的」打發我到你們這裡來。

●《新約聖經》啟示錄：

1:8 主 神說、我是「阿拉法」、我是「俄梅戛」、（「阿拉法」、「俄梅戛」乃希臘字母首末
二字）是昔在今在以後永在的全能者。

甚至有些「基督教徒」會進一步的解釋說：「爲什麼『沒有人創造上帝，祂一直都存在著。』，這個概念會那麼難以理解呢？原因是，我們的『時間觀念』受到我們『有限的生命』所影響。」上帝「耶和華」和我們人類完全不同，祂的生命「無始無終」，對祂來說，千年有如一日。

●《新約聖經》彼得後書：

3:8 親愛的弟兄阿、有一件事你們不可忘記、就是主看一日如千年、千年如一日。

請想想，「蝗蟲」只有五十天的壽命，牠們能夠明白人類一生有七、八十年這件事嗎？當然不能。《舊約聖經》上說，跟偉大的「造物主」相比，我們跟「蝗蟲」差不多，智慧也跟上帝「耶和華」天差地遠。因此，人類不能夠完全了解上帝「耶和華」的本質。

●《舊約聖經》以賽亞書：

40:22 神坐在地球大圈之上、地上的居民好像「蝗蟲」．他鋪張穹蒼如幔子、展開諸天如可住的帳
棚。
55:8 「耶和華」說、我的意念、非同你們的意念、我的道路、非同你們的道路。
55:9 天怎樣高過地、照樣我的道路、高過你們的道路、我的意念、高過你們的意念。

上帝「耶和華」既然是「創造者」，就不能「被創造」。「萬有」不能獨立存在，必定是有來源的。就好像我們每個人，都是從父母而來，而追溯人類的源頭，必定有一位人類的「創造者」。

●《新約聖經》羅馬書：

11:36因爲「萬有」都是本於他、倚靠他、歸於他・願榮耀歸給他、直到永遠。阿們。

還有一些「基督教徒」會說：「『上帝』創造了『宇宙』，包括『時間』和『空間』，所以「『上帝』必須存在於『時間』和空間』出現之前。」

又說：「上帝自己的存在，超越宇宙之外，不依賴於『時間』，不依賴於『空間』，上帝是從永遠到永遠的。」

又說：「『宇宙』的開始需要一個『起因』，正如同『羅馬書』所述。」

●《新約聖經》羅馬書：

1:20自從造天地以來、 神的『永能』和『神性』是明明可知的、雖是眼不能見、但藉著所造之物、就可以曉得、叫人無可推諉・

又說：「『上帝』是『時間』的創造者，超越『時間』之外，祂沒有『時間』意義上的開端，祂是『永存的』，因此不需要『起因』。」

又說：「這是『眞理』，『眞理』不需要『開始』，也不需要『結束』；『眞理』不需要有『創造者』，也不需要有『被造者』；『眞理』本身就是『永恆的』。所以，『上帝』就是『眞理』的源頭。」

又說：「那一位『萬有』的『創造者』自己啟示我們說祂是『自有永有的』，祂的名爲『耶和華』，祂的名就是『自有永有』的意思。」

又說：「我們『基督徒』所信靠的這一位『上帝』，是『自有永有的』，祂是萬物的創造者。」

以上是我所聽過，大多數「基督徒」，對於「『上帝』是誰創造的？」這個問題的各種解釋。

但是，這些答案都不能說服我。因爲，「基督徒」都是大量引用《聖經》的經文，來做爲依據。其餘的論點，都是來自於自己的「推測」和「認定」。也就是說，根本就沒有「眞正的證據」，來證明上帝「耶和華」是「造物者」；還有，祂不是「被造者」。

實際上的事實是，「摩西」被上帝「耶和華」，或者是外星人「耶和華指揮官」呼喚到「西奈山」上，直接告訴「摩西」，祂是「上帝」，祂是「造物主」，祂是「自有永有的」。

最重要的是，當時沒有第二個人聽到這些事情，只有「摩西」自己一個人。試問，我是否可以質疑這些事情，都是「摩西」自己一個人杜撰出來的情節呢？

四、上帝「耶和華」爲何要創造「人類」呢？

我曾經很好奇的問過一位，立志要當「牧師」的「基督教」朋友一個問題：上帝「耶和華」爲何要創造人類呢？

結果，他回答我說：「因爲要人類榮耀上帝。」

我一聽到這個答案，頓時傻眼：「什麼？因爲要人類榮耀上帝？」

我回家一查《舊約聖經》，果然「榮耀（glory）」這兩個字，在《舊約聖經》裡，出現好多次，下面列舉幾個章節來說明。

● 《舊約聖經》歷代志上：

29:13 我們的　神阿、現在我們稱謝你、讚美你「榮耀」之名。

● 《舊約聖經》詩篇：

24:8 「榮耀的王」是誰呢・就是有力有能的「耶和華」、在戰場上有能的「耶和華」。
24:10 「榮耀的王」是誰呢・萬軍之「耶和華」、他是榮耀的王。〔細拉〕
26:8 「耶和華」阿、我喜愛你所住的殿、和你顯「榮耀」的居所。
29:9 「耶和華」的聲音驚動母鹿落胎、樹木也脫落淨光。凡在他殿中的、都稱說他的「榮耀」。
50:23 凡以感謝獻上爲祭的、便是「榮耀」我・那按正路而行的、我必使他得著我的救恩。
57:5 神阿、願你崇高、過於諸天・願你的「榮耀」、高過全地。
63:2 我在聖所中曾如此瞻仰你、爲要見你的能力、和你的「榮耀」。
71:8 你的讚美、你的「榮耀」、終日必滿了我的口。
72:19 他「榮耀」的名、也當稱頌、直到永遠・願他的「榮耀」、充滿全地。阿們、阿們。
86:9 主阿、你所造的萬民、都要來敬拜你・他們也要「榮耀」你的名。
86:12 主我的　神阿、我要一心稱讚你・我要「榮耀」你的名、直到永遠。
96:3 在列邦中述說他的「榮耀」、在萬民中述說他的奇事。
97:6 諸天表明他的公義、萬民看見他的「榮耀」。
104:31 願「耶和華」的「榮耀」存到永遠・願「耶和華」喜悅自己所造的。
138:5 他們要歌頌「耶和華」的作爲・因「耶和華」大有「榮耀」。
148:13 願這些都讚美「耶和華」的名・因爲獨有他的名被尊崇・他的「榮耀」在天地之上。

●《舊約聖經》以賽亞書：

24:15 因此你們要在東方「榮耀」「耶和華」、在眾海島「榮耀」「耶和華」「以色列」　神的名。

42:8 我是「耶和華」、這是我的名．我必不將我的「榮耀」歸給「假神」、也不將我的稱讚歸給雕刻的偶像。
42:12 他們當將「榮耀」歸給「耶和華」、在海島中傳揚他的頌讚。
43:7 就是凡稱爲我名下的人、是我爲自己的「榮耀」創造的、是我所作成、所造作的。
66:18 我知道他們的行爲和他們的意念．時候將到、我必將萬民萬族（「族」原文作「舌」）聚來．看見我的「榮耀」。

朋友的這句「因爲要人類榮耀上帝」，讓我的腦海中出現一個畫面。有一位「程式設計師」太無聊了，於是寫「程式」存入「晶片」，再把「晶片」植入他所製造的「機器人」腦內，這個「機器人」就按照「晶片」的指示，一天到晚「榮耀」這位「程式設計師」，他就很開心。

說實在的就只是爲了要人類「榮耀」上帝「耶和華」，所以上帝「耶和華」才要創造人類。然後又創造「分別善惡的樹」、「蛇」和「魔鬼撒但」；然後被「撒但的靈」附身的「蛇」，誘使「夏娃」被去摘取「分別善惡的樹」的果實來吃，「夏娃」也給「亞當」吃；然後上帝「耶和華」很生氣，把「亞當」和「夏娃」趕出「伊甸園」；然後人類的後代子孫，從此一出生就背負「原罪」；然後一定要信仰上帝「耶和華」，否則「末日大審判」一到，不信上帝「耶和華」的人，就會被丟到「火湖地獄」。

萬能的上帝「耶和華」，能夠預知未來，其實這一切的結果，祂老早就知道，也是祂一手精心策畫的「戲劇」，我們人類只是照著「劇本」來演戲的演員而已。

五、上帝「耶和華」賜給人類「自由意志」？

突然間，我又想到一個問題，我再問這位立志要當「牧師」的朋友說：「『上帝』造人，只要植入一個絕對服從『上帝』的指令，那『人類』不就永遠不會背叛『上帝』了啊？」

他神情崇拜的回答我說：「不！『上帝』賜給我們『人類』寶貴的『自由意志』，讓『人類』自己選擇信不信『上帝』。」

什麼是「自由意志」呢？即有「自主」的意志活動能力，可以進行選擇、相信、懷疑、接受、拒絕的「意志活動」，這也是「基督教」的《聖經》中，提到能夠使人犯罪或者得到救贖的自主部分。

聽到「朋友」的回答，我就問他說：「『上帝』給予人類『自由意志』，不就好像是有一位『程式設計師』，寫一個『自由意志』的程式，輸入到一批『機器人』的腦部，讓這批『機器人』可以選擇聽命於『程式設計師』，或者抗命，那一定會天下大亂的。然後，『程式設計師』看到有些『機器人』抗命，一生氣就銷毀這些抗命的『機器人』。上帝『耶和華』也是一生氣，毫不手軟的殺掉抗命或者背叛祂，改信外族神的『猶太人』。」

後來，我查遍《舊約聖經》的經文，並沒有直接提到，人的「自由意志」這件事情。所以，「自由意志」應該是後人創造出來的名詞。

但是，我卻從《舊約聖經》的經文中，查到上帝「耶和華」確實會操縱人的「自由意志」。

● **《舊約聖經》出埃及記：**

7:3 我要使「法老」的「心剛硬」、也要在「埃及地」多行神蹟奇事。

9:12「耶和華」使「法老」的「心剛硬」、不聽他們、正如「耶和華」對「摩西」所說的。

10:1 「耶和華」對「摩西」說、你進去見「法老」、我使他和他臣僕的「心剛硬」、爲要在他們中間顯我這些神蹟．

10:20 但「耶和華」使「法老」的心「剛硬」、不容「以色列人」去。

10:27 但「耶和華」使「法老」的「心剛硬」、不肯容他們去。

11:10 「摩西」「亞倫」在「法老」面前行了這一切奇事、「耶和華」使「法老」的「心剛硬」、不容「以色列人」出離他的地。

14:4 我要使「法老」的「心剛硬」、他要追趕他們、我便在「法老」和他全軍身上得榮耀、「埃及人」就知道我是「耶和華」．於是「以色列人」這樣行了。

14:8 「耶和華」使埃及王「法老」的「心剛硬」、他就追趕「以色列人」、因爲「以色列人」是昂然無懼的出「埃及」。

14:17 我要使「埃及人」的「心剛硬」、他們就跟著下去、我要在「法老」和他的全軍、車輛、馬兵上得榮耀。

●《舊約聖經》申命記：

2:30 但希實本王「西宏」、不容我們從他那裡經過、因爲「耶和華」你的　神使他「心中剛硬」、性情頑梗、爲要將他交在你手中、像今日一樣。

●《舊約聖經》約書亞記：

11:20 因爲「耶和華」的意思、是要使他們「心裡剛硬」、來與「以色列人」爭戰、好叫他們盡被殺滅、不蒙憐憫、正如「耶和華」所吩咐「摩西」的。

●《新約聖經》羅馬書：

9:18 如此看來、 神要憐憫誰、就憐憫誰、「要叫誰剛硬、就叫誰剛硬」。

上帝「耶和華」「激動（moving）」「大衛王」去做的，原文「moving」是「促使（某人）採取行動」的意思，根本不是「大衛王」自己的意思。

●《舊約聖經》撒母耳記下：

24:1 「耶和華」又向「以色列人」發怒、就「激動（moving）」「大衛」、使他吩咐人去數點「以色列人」和「猶大人」。

下面的經文，說明了上帝「耶和華」經常「激動」人類的心，控制人類的思想，以達到祂的目的。所以，上帝「耶和華」確實會操縱人的「自由意志」。

●《舊約聖經》歷代志上：

5:26 故此、「以色列」的 神「激動」亞述王「普勒」、和亞述王「提革拉毗尼色」的心、他們就把「流便人、迦得人、瑪拿西半支派」的人、擄到「哈臘、哈博、哈拉」與「歌散河」邊、直到今日還在那裡。

●《舊約聖經》歷代志下：

21:16 以後「耶和華」「激動」「非利士人」、和靠近「古實」的「亞拉伯人」、來攻擊「約蘭」。

36:22 波斯王「古列」元年、「耶和華」爲要應驗藉「耶利米」口所說的話、就「激動」波斯王「古列」的心、使他下詔通告全國、說。

●**《舊約聖經》以斯拉記：**

1:5 於是「猶大」和「便雅憫」的族長、祭司「利未人」、就是一切被 神「激動」他心的人、都起來要上「耶路撒冷」去建造「耶和華」的殿。

●**《舊約聖經》耶利米書：**

51:11 你們要磨尖了箭頭、抓住盾牌．「耶和華」定意攻擊「巴比倫」、將他毀滅、所以「激動」了「瑪代」君王的心、因這是「耶和華」報仇、就是爲自己的殿報仇。

●**《舊約聖經》以西結書：**

23:22 「阿荷利巴」阿、主「耶和華」如此說、我必「激動」你先愛而後生疏的人來攻擊你．我必使他們來、在你四圍攻擊你。

●**《舊約聖經》哈該書：**

1:14 「耶和華」「激動」猶大省長「撒拉鐵」的兒子「所羅巴伯」、和「約撒答」的兒子大祭司「約書亞」、並剩下之百姓的心．他們就來爲萬軍之「耶和華」他們 神的殿作工。

所以，我這位「基督徒」朋友說錯了，上帝「耶和華」是會操縱人類的「自由意志」。

直到後來，我才查到，原來所謂的「自由意志」這個說法，是由「伯拉糾」所提出的。

「伯拉糾（拉丁語：Pelagius）」生於公元三六〇年，是羅馬時期「不列顛行省」的「英格蘭」教師，也是「基督教」神學家和修道士。

由於「伯拉糾」與「奧古斯丁」的辯論，因此被「教皇」定爲「異端」，遭到判處「破門律」，逐出教會。

「奧古斯丁（Augustine）」，俗稱「聖奧古斯丁」，他是「羅馬帝國」末期，「北非」的「柏柏爾人」，他是早期西方「天主教」的神學家、哲學家，曾經擔任「大公教會」在「阿爾及利亞」城市「安納巴」的前身「希波（Hippo Regius）」的「主教」。

「奧古斯丁」撰有一本有名的《懺悔錄》，是用「拉丁文」寫的自傳體回憶，全書分為十三卷。內容概述了「奧古斯丁」年輕時，犯下的罪過和他改信基督教的過程。

「奧古斯丁」死後被「天主教會」封為「聖人」和「教會聖師」，也被「東正教會」等奉為「聖人」。

我們先來比較「伯拉糾」和「奧古斯丁」兩個人的理論如下：

（一）人性論

⑴「伯拉糾」的理論：

①人有完全的「自由意志」和相應的責任，是「伯拉糾思想」的基石。

②每個人像「亞當」一樣，是一個「新受造物」，不特別傾向犯罪。

③沒有任何特別外力，能使「人的意志」，一定選擇善。

④關於「原罪」，不講遺傳的「罪性」，也不講「罪咎」；而說世人都犯罪，是因為代代相傳「亞當」的壞榜樣與積習。

⑵「奧古斯丁」的理論：

①「亞當」原有自由選擇善惡，但卻犯罪，使得所有人都受罪綑綁。

②每個人都因是「亞當」的後裔，而有「原罪」。

③人的「意志」完全敗壞，在得救的事上，「意志」完全沒有用。

（二）拯救論

(1)「伯拉糾」的理論：

①教導的恩典：「上帝」賜《聖經》、「理性」、「基督」的榜樣，來幫助人。

②寬恕的恩典：人如果悔改，努力行正路，又彌補所行的惡，「上帝」就寬恕。這「恩典」並不幫助他的「意志」，只赦免他的「罪」。

③沒有必要嬰兒「洗禮」，因爲沒有「原罪」。

(2)「奧古斯丁」的理論：

①只有蒙揀選的人，因「上帝」在「基督」裡的恩典，可以得救。

②「重生」是「聖靈」的工作，「意志」完全沒有用。

③「上帝」加力給人的「意志」，也使人的「意志」能接受「救恩」。

「伯拉糾」的「神學觀」與「奧古斯丁」的「恩典論」，幾乎相反。在「伯拉糾」與「奧古斯丁」的爭辯中，「自由意志」與「原罪」是最重要的問題。

「奧古斯丁」強調「原罪」、人類完全墮落，「上帝」的選民才能得救，且得救完全是「恩典」。

「伯拉糾」則否認「原罪」，但是承認「人類本性」是惡的，強調人的「自由意志」的教義，認爲「得救」是靠「上帝」給的「誡命」。他的名言是「如果我應該做，我就能做」，認爲「上帝恩典」不是人所不配得的，也不是「得救」的所須。

「伯拉糾」和「奧古斯丁」的思想爭辯，最後「伯拉糾」勝出，但是「奧古斯丁」此次失敗後，繼續與友人發動論述，以遏止「伯拉糾思想」的蔓延。

「伯拉糾」則於公元四〇九至四一一年之間，首先在「羅馬」推行他自己的見解，此後由他的門生「色勒斯丟（Coelestius）」將此思想介紹到「北非」的教會中；同時，「伯拉糾」也到「帕勒斯丁」傳佈他的見解。

但是，由於「伯拉糾」判離教會一致的教義，所以在數次「教會」的會議中，被提起公訴。公元四一二年於「迦太基」，他的門生「色勒斯丟」被判決爲「異端」，也由於他拒絕收回他的意見，他便被逐出「教會」。

而「伯拉糾」本人，在「耶路撒冷」與「狄奧波裡（Diopolis）」的總會上，也被被定爲「異端」，但是由於他的巧言善辯，以及他的幾項夠份量的陳述答辯，讓「審判者」感到滿意，而無罪開釋，這是公元四一四至四一六年的事情。

公元四一六年，「伯拉糾主義」在「麥爾威」與「迦太基」總會上被定爲「異端」，而且此項決議，最後被「羅馬」的主教「卓悉莫（Zozimus）」所簽署生效。這位「主教」，就是在公元四一八年頒發「信仰純正證書」給「伯拉糾」的同一位「主教」。最終，於公元四三一年，「以弗所大會」也通過了裁定「伯拉糾主義」爲「異端」的判決。

「奧古斯丁」的「罪與恩教義」，雖然未經普遍的接受，但是卻被「西方教會」採納爲有關「人」的教義，並且特別強調人類奴役的「意志」，並且「重生」特別需要神的「恩典」。

大多數「天主教」重要的領袖，在「奧古斯丁」死後二、三百年，仍然對「奧古斯丁」的「罪與恩教義」，表示忠實的信靠。

「伯拉糾」雖然表面上辯論贏了「奧古斯丁」，但是最後的結局，卻是「伯拉糾主義」被定罪爲「違抗純正信仰」，而唯獨靠「恩典」而得救的「奧古斯丁主義」，反而得到實質上的勝利。

在「伯拉糾」以後，有「半伯拉糾派」興起，以「約翰．卡湘（John Cassian）」爲首，認爲「在人的得救上，人的意志與上帝的恩典，各占一半地位。」但是，這種說法也在公元五二九年的「奧倫治主教團會議」的會議中，被定罪爲「異端」。

其實，不管是「伯拉糾」，或者是「奧古斯丁」，所謂的「自由意志」這個說法，實際上是由「伯拉糾」所提出的。《舊約聖經》的經文，根本沒有「自由意志」這四個字，都是人類自己穿鑿附會字面上的意思，「望文生義」的臆測。

六、上帝「耶和華」是「殘暴的神」？

信仰「基督教」的朋友，告訴我：「神愛世人。」我在「布里斯本」的家時，也時常有「基督教」的「傳道人員」來按門鈴，要介紹我認識「上帝」，說「上帝」是愛世人的。

我在我撰寫的第一本書《看懂心經》裡，有詳細敘述我皈依「彌勒佛」的因緣。在我的想像中，「佛菩薩」都是「慈悲的」，都是來救渡「衆生」的，那麼「基督教」的上帝「耶和華」，應該也是「慈悲的神」才對。

有一位信仰「基督教」的朋友，引用三處《舊約聖經》的經文，來說明上帝「耶和華」的「慈愛」。

●《舊約聖經》出埃及記：

34:6 「耶和華」在他面前宣告說、「耶和華、耶和華」、是有憐憫、有恩典的 神、「不輕易發怒」、並有豐盛的「慈愛」和「誠實」。

34:7 爲千萬人存留「慈愛」、赦免罪孽、過犯、和罪惡．萬不以有罪的爲無罪、必追討他的罪、自父及子、直到三四代。

●《新約聖經》約翰一書：

4:8 沒有愛心的、就不認識 神．因爲 神就是「愛」。

●《舊約聖經》詩篇：

136:1 你們要稱謝「耶和華」、因他本爲「善」．他的「慈愛」永遠長存。

結果，後來我研讀《舊約聖經》之後，才驚覺發現，天啊！這世界上怎麼會有這麼殘暴的神？《舊約聖經》裡的上帝「耶和華」，是一位殘忍好殺、以嗜殺爲樂、殺人如草的神，上帝「耶和華」擊殺人類的事件是「罄竹難書」，祂所殺害的人類難以估計。

我讀《舊約聖經》的時候，每每讀得毛骨悚然，這位被「基督徒」視爲「愛的化身」的上帝「耶和華」，是多麼的可怕、可怖、可憎的神，人類若有一點點的過錯，必欲置之於死地而後快。那位被「基督徒」所懼怕的魔鬼「撒但」，跟祂相比，簡直是小巫見大巫，上帝「耶和華」擊殺的人類，比魔鬼「撒但」還要多得多。

各位「讀者」！你們現在一定心想：「這個作者『呂冬倪』好大膽，居然敢批評汙衊『上帝』是殘暴的神？」

但是，請你們繼續往下看《舊約聖經》的經文，和我的分析，你們就會明白，我爲什麼會指控上帝「耶和華」是一位殘暴的神。

上帝「耶和華」對於他要懲罰的人，通常會「降大災」。

● **《舊約聖經》創世記：**

12:17「耶和華」因「亞伯蘭」妻子「撒萊」的緣故、「降大災」與「法老」和他的全家。

翻開《舊約聖經》的「出埃及記」，上帝「耶和華」爲了要逼迫「埃及法老王」釋放做奴隸的「以色列人」，向「埃及」降下十場連續的災殃。

首先出場的是「血災」，「尼羅河」和「埃及」全地的水，都變成血水；然後第二場是「蛙災」，大量「青蛙」遍佈「埃及」，全地受「蛙災」蹂躪；接著第三場是「虱災」，是使人和牲畜身上長滿「虱子」的災禍。

最初的三場災殃，使「埃及人」和「以色列人」同受打擊。但是，從第四場災殃起，受打擊的人，只限於「埃及人」，「以色列人」在上帝「耶和華」的保護之下，得以從「埃及人」當中分別出來。

第四場災殃是「蠅災」，「蒼蠅」肆虐「埃及地」；然後第五場災殃是「畜疫之災」，「埃及人」的「家畜」感染「瘟疫」後死亡；接著第六場災殃是「瘡災」，人和牲畜身上都長滿起泡的「瘡」；其後第七場災殃是「雹災」，天降冰雹，打死「埃及人」和他們的牲畜。

第八場「蝗災」和第九場「黑暗之災」迅速相繼降臨，風把「蝗蟲」從四面颳了來，佈滿「埃及」；此外「埃及」三天三夜不見太陽，遍地陷入一片黑暗之中。

最後一場災殃，是最殘忍的「殺長子之災」，上帝「耶和華」宣布，所有「埃及」家庭的「長子」，以及「埃及」一切「頭生的牲畜」，我都要擊殺。

然後，災禍臨到了，在午夜時分，上帝「耶和華」把「埃及地」所有的「長子」，連同一切「頭生的牲畜」，盡都殺了，但是「天使們」卻忙著拯救「以色列」頭生的人畜。

終於，「埃及法老王」大聲對「摩西」喊叫說：「起來！連你們帶『以色列人』，從我民中出去。」「埃及人」也催促「以色列」百姓快快離開那地。「以色列」人並非空手離去，因爲他們向「埃及人」索取「金器銀器」和「衣裳」。

眞是好殘忍啊！「埃及人」的「長子」何辜？「剛出生的嬰兒」何辜？「埃及」一切「頭生的牲畜」何辜？盡都殺滅！這些被殺滅的人畜，不都是上帝「耶和華」所創造的嗎？他們都犯下什麼滔天大罪呢？

爲什麼上帝「耶和華」不單獨殺「埃及法老王」一個人就好了？而要濫殺無辜，順我者生，逆我者亡，眞是殘暴啊！

難怪「基督徒」常說要「敬畏上帝」，而不是「敬愛上帝」，因爲這是生命問題，違背上帝「耶和華」，是會遭來「殺身之禍」的，性命不保。

●**《舊約聖經》出埃及記：**

7:17「耶和華」這樣說、我要用我手裡的杖擊打河中的水、水就變作血、因此、你必知道我是
「耶和華」。
7:18河裡的魚必死、河也要腥臭、「埃及人」就要厭惡喫這河裡的水。

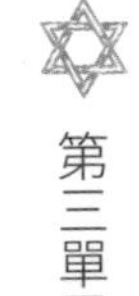

●《舊約聖經》出埃及記：

8:1「耶和華」吩咐「摩西」說、你進去見「法老」、對他說、「耶和華」這樣說、容我的百姓
去、好事奉我。
8:2 你若不肯容他們去、我必使「青蛙」糟蹋你的四境。
8:3 河裡要滋生「青蛙」、這「青蛙」要上來進你的宮殿、和你的臥房、上你的床榻、進你臣僕
的房屋、上你百姓的身上、進你的爐、和你的摶麵盆。
8:4 又要上你和你百姓並你眾臣僕的身上。
8:5「耶和華」曉諭（明白告知）（明白告知）「摩西」說、你對「亞倫」說、把你的杖伸在
江、河、池以上、使「青蛙」到「埃及地」上來。
8:6「亞倫」便伸杖在「埃及」的諸水以上、「青蛙」就上來遮滿了「埃及地」．

●《舊約聖經》出埃及記：

8:16「耶和華」吩咐「摩西」說、你對「亞倫」說、伸出你的杖擊打地上的塵土、使塵土在「埃
及」遍地變作「虱子」。（或作「蛇蚤」下同）
8:17 他們就這樣行．「亞倫」伸杖擊打地上的塵土、就在人身上和牲畜身上有了「虱子」、「埃
及」遍地的塵土、都變成「虱子」了。

●《舊約聖經》出埃及記：

8:20「耶和華」對「摩西」說、你清早起來、「法老」來到水邊、你站在他面前、對他說、「耶
和華」這樣說、容我的百姓去、好事奉我。

8:21 你若不容我的百姓去、我要叫成群的「蒼蠅」到你和你臣僕、並你百姓的身上、進你的房
屋・並且「埃及人」的房屋、和他們所住的地、都要滿了成群的「蒼蠅」。
8:22 當那日我必分別我百姓所住的「歌珊地」、使那裡沒有成群的「蒼蠅」、好叫你知道我是天
下的「耶和華」。

●《舊約聖經》出埃及記：

9:3 「耶和華」的手加在你田間的牲畜上、就是在馬、驢、駱駝、牛群、羊群上、必有重重的
「瘟疫」。
9:4 「耶和華」要分別「以色列」的牲畜和「埃及」的牲畜、凡屬「以色列人」的、一樣都不
死。

●《舊約聖經》出埃及記：

9:8 「耶和華」吩咐「摩西」「亞倫」說、你們取幾捧爐灰、「摩西」要在「法老」面前向天揚
起來。
9:9 這灰要在「埃及」全地變作塵土、在人身上和牲畜身上、成了起泡的「瘡」。
9:10 「摩西」「亞倫」取了爐灰、站在「法老」面前・「摩西」向天揚起來、就在人身上和牲畜
身上、成了起泡的「瘡」。
9:11 行法術的在「摩西」面前站立不住、因爲在他們身上、和一切「埃及人」身上、都有這
「瘡」。

●《舊約聖經》出埃及記：

9:18 到明天約在這時候、我必叫重大的「冰雹」降下、自從「埃及」開國以來、沒有這樣的「冰雹」。

9:19 現在你要打發人把你的牲畜、和你田間一切所有的催進來、凡在田間不收回家的、無論是人是牲畜、「冰雹」必降在他們身上、他們就必死。

●《舊約聖經》出埃及記：

10:12 「耶和華」對「摩西」說、你向「埃及地」伸杖、使「蝗蟲」到「埃及地」上來、喫地上一切的菜蔬、就是「冰雹」所剩的。

10:13 「摩西」就向「埃及地」伸杖、那一晝一夜、「耶和華」使「東風」颳在「埃及地」上、到了早晨、「東風」把「蝗蟲」颳了來。

10:14 「蝗蟲」上來、落在「埃及」的四境、甚是利害、以前沒有這樣的、以後也必沒有。

10:15 爲這「蝗蟲」遮滿地面、甚至地都黑暗了、又喫地上一切的菜蔬、和「冰雹」所剩樹上的果子。「埃及」遍地、無論是樹木、是田間的菜蔬、連一點青的也沒有留下。

●《舊約聖經》出埃及記：

10:21 「耶和華」對「摩西」說、你向天伸杖、使「埃及地」黑暗、這黑暗似乎摸得著。

10:22 「摩西」向天伸杖、「埃及」遍地就烏黑了三天。

10:23 三天之久、人不能相見、誰也不敢起來離開本處、惟有「以色列人」家中都有亮光。

●《舊約聖經》出埃及記：

11:4 「摩西」說、「耶和華」這樣說、約到半夜我必出去巡行「埃及」遍地、

11:5 凡在「埃及地」、從坐寶座的「法老」、直到磨子後的「婢女」所有的長子、以及一切頭生
的牲畜、都必死。
11:6 「埃及」遍地必有大哀號、從前沒有這樣的、後來也必沒有。
11:7 至於「以色列」中、無論是人是牲畜、連狗也不敢向他們搖舌、好叫你們知道「耶和華」是
將「埃及人」和「以色列人」分別出來。

●《舊約聖經》出埃及記：

12:1 「耶和華」在「埃及」地曉諭（明白告知）（明白告知）「摩西」「亞倫」說、
12:11 你們喫羊羔當腰間束帶、腳上穿鞋、手中拿杖、趕緊地喫、這是「耶和華」的「逾越節」。
12:12 因爲那夜我要巡行「埃及地」、把「埃及地」一切頭生的、無論是人是牲畜、都擊殺了・又
要敗壞「埃及」一切的神、我是「耶和華」。
12:13 這血要在你們所住的房屋上作記號、我一見這血、就越過你們去、我擊殺「埃及地」頭生的
時候、災殃必不臨到你們身上滅你們。
12:22 拿一把牛膝草、蘸盆裡的血、打在門楣上、和左右的門框上・你們誰也不可出自己的房門直
到早晨。
12:23 因爲「耶和華」要巡行擊殺「埃及人」、他看見血在門楣上、和左右的門框上、就必越過那
門、不容滅命的進你們的房屋、擊殺你們。
12:29 到了半夜、「耶和華」把「埃及地」所有的「長子」、就是從坐寶座的「法老」、直到被擄
囚在監裡之人的「長子」、以及一切頭生的牲畜、盡都殺了。

12:30「法老」和一切臣僕、並「埃及」衆人、夜間都起來了．在「埃及」有大哀號、無一家不死
一個人的。
12:31 夜間「法老」召了「摩西」「亞倫」來、說、起來。連你們帶「以色列人」、從我民中出
去、依你們所說的、去事奉「耶和華」罷．
12:32 也依你們所說的、連羊群牛群帶著走罷、並要爲我祝福。
12:33「埃及人」催促百姓、打發他們快快出離那地、因爲「埃及人」說、我們都要死了。

在「撒母耳記下」裡，上帝「耶和華」又向「以色列人」發怒，就「激動（moving）」「大衛王」，使他吩咐人去數點「以色列人」和「猶大人」。

這一段經文，意思是上帝「耶和華」對「以色列人」生氣，所以就操控「大衛王」的思想，使他吩咐人去做「全國人口普查」，包括「以色列人」和「猶大人」。然後，接下來的經文，上帝「耶和華」就因爲這件事情不高興，要降災處罰「大衛王」。

眞的很奇怪！這個「人口普查」，是上帝「耶和華」「激動（moving）」「大衛王」去做的，原文「moving」是「促使（某人）採取行動」的意思，根本不是「大衛王」自己的意思，上帝「耶和華」不但誣陷「大衛王」，還要降災處罰他？眞是過分。

更何況，一個國王想要知道自己國內有多少人口，叫人去做「全國人口普查」這就犯下滔天大罪嗎？上帝「耶和華」居然要降下「瘟疫」處罰「以色列人」，民間總共死了七萬人。

● **《舊約聖經》撒母耳記下：**

24:1「耶和華」又向「以色列人」發怒、就「激動（moving）」「大衛」、使他吩咐人去數點

「以色列人」和「猶大人」。
24:2 「大衛」就吩咐跟隨他的元帥「約押」說、你去走遍「以色列」衆支派、從「但直」到「別
是巴」、數點百姓、我好知道他們的數目。
24:4 但「王的命令」勝過「約押」和「衆軍長」、「約押」和「衆軍長」、就從王面前出去、數
點「以色列」的百姓。
24:8 他們走遍全地、過了九個月零二十天就回到「耶路撒冷」。
24:9 「約押」將百姓的總數奏告於王・「以色列」拿刀的勇士有八十萬・「猶大」有五十萬。
24:10 「大衛」數點百姓以後、就心中自責、禱告「耶和華」、說、我行這事大有罪了・「耶和
華」阿、求你除掉僕人的罪孽・因我所行的甚是愚昧。
24:11 「大衛」早晨起來、「耶和華」的話臨到先知「迦得」、就是「大衛」的先見、說。
24:12 你去告訴「大衛」說、「耶和華」如此說、我有三樣災、隨你選擇一樣、我好降與你。
24:13 於是「迦得」來見「大衛」、對他說、你願意「國中有七年的饑荒」呢・是「在你敵人面前
逃跑、被追趕三個月」呢・是「在你國中有三日的瘟疫」呢・現在你要揣摩思想、我好回覆
那差我來的。
24:14 「大衛」對「迦得」說、我甚爲難・我願落在「耶和華」的手裡、因爲他有豐盛的憐憫・我
不願落在人的手裡。
24:15 於是「耶和華」降「瘟疫」與「以色列人」、自早晨到所定的時候・從「但直」到「別是
巴」、民間死了七萬人。

24:16「天使」向「耶路撒冷」伸手要滅城的時候、「耶和華」後悔、就不降這災了、吩咐滅民的「天使」說、夠了、住手罷。那時「耶和華」的使者在耶布斯人「亞勞拿」的「禾場」那裡。

24:17「大衛」看見滅民的「天使」、就禱告「耶和華」、說、我犯了罪、行了惡・但這群羊作了甚麼呢。願你的手攻擊我、和我的父家。

24:25「大衛」在那裡為「耶和華」築了一座壇、獻「燔祭」和「平安祭」。如此「耶和華」垂聽國民所求的、「瘟疫」在「以色列人」中就止住了。

說到「瘟疫」，上帝「耶和華」特別偏愛用「降瘟疫」的方式殺人。我們來看看其它的經文怎麼說。

●**《舊約聖經》出埃及記：**

5:3 他們說、「希伯來人」的 神遇見了我們、求你容我們往曠野去、走三天的路程、祭祀「耶和華」我們的 神、免得他用「瘟疫」、刀兵、攻擊我們。

9:3 「耶和華」的手加在你田間的牲畜上、就是在馬、驢、駱駝、牛群、羊群上、必有重重的「瘟疫」。

9:15 我若伸手用「瘟疫」攻擊你和你的百姓、你早就從地上除滅了。

●**《舊約聖經》利未記：**

26:25 我又要使刀劍臨到你們、報復你們背約的仇・聚集你們在各城內、降「瘟疫」在你們中間、也必將你們交在仇敵的手中。

●《舊約聖經》民數記：

14:12 我要用「瘟疫」擊殺他們、使他們不得承受那地、叫你的後裔成爲大國、比他們強勝。

16:49 除了因可拉事情死的以外、遭「瘟疫」死的、共有一萬四千七百人。

25:9 那時遭「瘟疫」死的、有二萬四千人。

31:16 這些婦女、因「巴蘭」的計謀、叫「以色列人」在「毗珥」的事上得罪「耶和華」、以致
「耶和華」的會衆遭遇「瘟疫」。

●《舊約聖經》申命記：

28:21 「耶和華」必使「瘟疫」貼在你身上、直到他將你從所進去得爲業的地上滅絕。

28:22 「耶和華」要用「癆病、熱病、火症、瘧疾、刀劍、旱風」、（或作「乾旱」）霉爛攻擊
你．這都要追趕你直到你滅亡。

●《舊約聖經》撒母耳記下：

24:15於是「耶和華」降「瘟疫」與「以色列人」、自早晨到所定的時候．從「但直」到「別是
巴」、民間死了七萬人。

●《舊約聖經》歷代志上：

21:12 或三年的饑荒、或敗在你敵人面前、被敵人的刀追殺三個月、或在你國中有「耶和華」的
刀、就是三日的「瘟疫」、「耶和華」的「使者」在「以色列」的四境施行毀滅。現在你要
想一想、我好回覆那差我來的。

21:14 於是「耶和華」降「瘟疫」與「以色列人」．「以色列人」就死了七萬。

21:17「大衛」禱告 神說、吩咐「數點百姓」的不是我麼・我犯了罪、行了惡・但這群羊作了甚
麼呢・願「耶和華」我 神的手攻擊我、和我的父家・不要攻擊你的民、降「瘟疫」與他
們。

●《舊約聖經》詩篇：

78:50 他爲自己的怒氣修平了路、將他們交給「瘟疫」、使他們死亡・
106:29 他們這樣行、惹「耶和華」發怒、便有「瘟疫」流行在他們中間。他們這樣行、惹「耶和
華」發怒、便有「瘟疫」流行在他們中間。

●《舊約聖經》耶利米書：

14:12 他們禁食的時候、我不聽他們的呼求・他們獻「燔祭」和「素祭」、我也不悅納・我卻要用
刀劍、飢荒、「瘟疫」、滅絕他們。
21:6 又要擊打這城的居民、連人帶牲畜都必遭遇大「瘟疫」死亡。
24:10 我必使刀劍、飢荒、「瘟疫」、臨到他們、直到他們從我所賜給他們和他們列祖之地滅絕。
27:8 無論那一邦、那一國、不肯服事這巴比倫王「尼布甲尼撒」、也不把頸項放在「巴比倫王」
的軛下、我必用刀劍、飢荒、「瘟疫」、刑罰那邦、直到我藉「巴比倫王」的手、將他們毀
滅・這是「耶和華」說的。
29:17 萬軍之「耶和華」如此說、看哪、我必使刀劍、飢荒、「瘟疫」、臨到他們、使他們像極壞
的「無花果」、壞得不可喫。
29:18 我必用刀劍、飢荒、「瘟疫」、追趕他們、使他們在天下萬國拋來拋去、在我所趕他們到的

各國中、令人咒詛、驚駭、嗤笑、羞辱。
38:2 「耶和華」如此說、住在這城裡的、必遭刀劍、飢荒、「瘟疫」而死．但出去歸降「迦勒底
人」的、必得存活、就是以自己命爲掠物的、必得存活。
42:17 凡定意要進入「埃及」在那裡寄居的、必遭刀劍、飢荒、「瘟疫」而死、無一人存留、逃脫
我所降與他們的災禍。
42:22 現在你們要確實的知道、你們在所要去寄居之地必遭刀劍、飢荒、「瘟疫」而死。
44:13 我怎樣用刀劍、飢荒、「瘟疫」、刑罰「耶路撒冷」、也必照樣刑罰那些住在「埃及地」的
「猶大人」。

●**《舊約聖經》以西結書：**

5:12 你的民三分之一、必遭「瘟疫」而死、在你中間必因飢荒消滅．三分之一、必在你四圍倒在
刀下．我必將三分之一分散四方、（「方」原文作「風」）並要拔刀追趕他們。
5:17 又要使飢荒和惡獸到你那裡、叫你喪子、「瘟疫」和流血的事、也必盛行在你那裡、我也要
使刀劍臨到你．這是我「耶和華」說的。
6:11 主「耶和華」如此說、你當拍手頓足、說、哀哉、「以色列」家行這一切可憎的惡事．他們
必倒在刀劍、飢荒、「瘟疫」之下。
6:12 在遠處的、必遭「瘟疫」而死、在近處的、必倒在刀劍之下、那存留被圍困的、必因飢荒而
死．我必這樣在他們身上成就我怒中所定的。
7:15 在外有刀劍、在內有「瘟疫」、飢荒、在田野的、必遭刀劍而死、在城中的、必有飢荒、

「瘟疫」、吞滅他。

12:16 我卻要留下他們幾個人得免刀劍、饑荒、「瘟疫」、使他們在所到的各國中、述說他們一切
可憎的事・人就知道我是「耶和華」。

14:19 或者我叫「瘟疫」流行那地、使我滅命（原文作「帶血」）的忿怒傾在其上、好將人與牲畜
從其中剪除。

14:21 主「耶和華」如此說、我將這四樣大災、就是刀劍、饑荒、惡獸、「瘟疫」、降在「耶路撒
冷」、將人與牲畜從其中剪除、豈不更重麼。

28:23 我必使「瘟疫」進入「西頓」、使血流在他街上・被殺的必在其中仆倒、四圍有刀劍臨到
他、人就知道我是「耶和華」。

33:27 你要對他們這樣說、主「耶和華」如此說、我指著我的永生起誓、在荒場中的必倒在刀下・
在田野間的必交給野獸吞喫・在保障和洞裡的必遭「瘟疫」而死。

38:22 我必用「瘟疫」和流血的事刑罰他・我也必將暴雨、大雹、與火、並硫磺降與他和他的軍
隊、並他所率領的眾民。

● **《舊約聖經》阿摩司書：**

4:10 我降「瘟疫」在你們中間、像在「埃及」一樣・用刀殺戮你們的少年人、使你們的馬匹被擄
掠、營中屍首的臭氣撲鼻・你們仍不歸向我・這是「耶和華」說的。

● **《舊約聖經》哈巴谷書：**

3:5 在他前面有「瘟疫」流行、在他腳下有「熱症」發出。

上帝「耶和華」認爲「所多瑪」和「蛾摩拉」，這兩座城市的居民，罪惡甚重，所以要全部摧毀。

●《舊約聖經》創世記：

18:20「耶和華」說、「所多瑪」和「蛾摩拉」的罪惡甚重、聲聞於我。
18:21 我現在要下去、察看他們所行的、果然盡像那達到我耳中的聲音一樣麼．若是不然、我也必
知道。
19:24 當時「耶和華」將硫磺與火、從天上「耶和華」那裡、降與所多瑪和蛾摩拉、
19:25 把那些城、和全平原、並城裡所有的居民、連地上生長的、都毀滅了。
19:27「亞伯拉罕」清早起來、到了他從前站在「耶和華」面前的地方。
19:28 向「所多瑪」、和「蛾摩拉」、與平原的全地觀看．不料、那地方煙氣上騰、如同燒一般。

在《申命記》中，被天火所焚毀的除了「所多瑪」及「蛾摩拉」外，「押瑪」和「洗扁」也遭到相同的命運。

●《舊約聖經》申命記：

29:20「耶和華」必不饒恕他、「耶和華」的「怒氣」、與「憤恨」、要向他發作、如煙冒出、將
這書上所寫的一切「咒詛」、都加在他身上、「耶和華」又要從天下塗抹他的名．
29:21 也必照著寫在「律法書」上約中的一切「咒詛」、將他從「以色列」眾支派中分別出來、使
他受禍。
29:22 你們的後代、就是以後興起來的子孫、和遠方來的外人、看見這地的災殃、並「耶和華」所

降與這地的疾病、
29:23 又看見遍地有硫磺、有鹽鹵、有火跡、沒有耕種、沒有出產、連草都不生長、好像「耶和
華」在忿怒中所傾覆的「所多瑪」、「蛾摩拉」、「押瑪」、「洗扁」一樣・
29:24 所看見的人、連萬國人、都必問說、「耶和華」爲何向此地這樣行呢・這樣「大發烈怒」是
甚麼意思呢。
29:25 人必回答說、是因這地的人離棄了「耶和華」他們列祖的 神、領他們出「埃及地」的時候
與他們所立的約。
29:26 去事奉敬拜「素不認識的別神」、是「耶和華」所未曾給他們安排的。
29:27 所以「耶和華」的怒氣向這地發作、將這書上所寫的一切「咒詛」、都降在這地上。
29:28 「耶和華」在「怒氣、忿怒、大惱恨」中、將他們從本地拔出來、扔在別的地上、像今日一
樣。

「大衛王」派人運送上帝「耶和華」的「約櫃」，途中因爲牛失前蹄，牛車傾覆，負責運送的部下「烏撒」，就趕緊伸手扶住「約櫃」。上帝「耶和華」沒有誇獎他，居然還向「烏撒」發怒，因爲這個錯誤而擊殺他，他就死在「約櫃」旁。

●《舊約聖經》撒母耳記下：

6:2 「大衛」起身率領跟隨他的眾人前往、要從巴拉「猶大」將 神的「約櫃」運來・這「約
櫃」、就是坐在二「基路伯」上萬軍之「耶和華」留名的「約櫃」。
6:3 他們將 神的「約櫃」、從岡上「亞比拿達」的家裡抬出來、放在新車上、「亞比拿達」的

兩個兒子「烏撒」和「亞希約」趕這新車。
6:4 他們將　神的「約櫃」、從岡上「亞比拿達」家裡抬出來的時候、「亞希約」在櫃前行走。
6:5 「大衛」和「以色列」的全家、在「耶和華」面前用松木製造的各樣樂器、和琴、瑟、鼓、
鈸、鑼、作樂跳舞。
6:6 到了「拿艮」的「禾場」、因爲牛失前蹄、（或作「驚跳」）「烏撒」就伸手扶住　神的
「約櫃」。
6:7 神「耶和華」向「烏撒」發怒、因這錯誤擊殺他、他就死在　神的「約櫃」旁。

「埃及法老王」答應「摩西」帶著「以色列人」離開「埃及」，後來又反悔，派兵要把「以色列人」追回。上帝「耶和華」叫「摩西」伸杖，分開「紅海」的海水，讓「以色列人」全數安全通過，再合上海水，淹死全數的「埃及兵」。

●《舊約聖經》出埃及記：

14:26 「耶和華」對「摩西」說、你向海伸杖、叫水仍合在「埃及人」並他們的車輛、馬兵身上。
14:27 「摩西」就向海伸杖、到了天一亮、海水仍舊復原、「埃及人」避水逃跑的時候、「耶和
華」把他們推翻在海中。
14:28 水就回流、淹沒了車輛、和馬兵・那些跟著「以色列人」下海「法老」的全軍、連一個也沒
有剩下。
14:29 「以色列人」卻在海中走乾地、水在他們的左右作了牆垣。
14:30 當日「耶和華」這樣拯救「以色列人」脫離「埃及人」的手、「以色列人」看見「埃及人」

的死屍都在海邊了。

14:31「以色列人」看見「耶和華」向「埃及人」所行的大事、就敬畏「耶和華」、又信服他和他的僕人「摩西」。

上帝「耶和華」親口頒布一些慘無人道的「律法」，如下：

●**《舊約聖經》創世記：**

17:14 但不受「割禮（又名包皮切割）」的男子、必從民中剪除、因他背了我的約。

●**《舊約聖經》出埃及記：**

22:18 行邪術的女人、不可容他存活。

●**《舊約聖經》利未記：**

20:27 無論男女、是「交鬼（指人們向亡魂問卜，或與死者相通之術。）」的、或「行巫術」的、總要治死他們、人必用石頭把他們打死、罪要歸到他們身上。

●**《舊約聖經》出埃及記：**

31:15 六日要作工、但第七日是「安息聖日」、是向「耶和華」守爲聖的、凡在安息日作工的、必要把他治死。

●**《舊約聖經》利未記：**

20:13 人若與「男人」苟合、像與「女人」一樣、他們二人行了可憎的事、總要把他們治死、罪要歸到他們身上。

20:15 人若與「獸」淫合、總要治死他、也要殺那「獸」。

20:16「女人」若與「獸」親近、與他淫合、你要殺那女人和那「獸」、總要把他們治死、罪要歸
到他們身上。
24:16 那褻瀆「耶和華」名的、必被治死、「全會衆」總要用石頭打死他・不管是寄居的、是本地
人、他褻瀆「耶和華」名的時候、必被治死。

●《舊約聖經》申命記：

22:20 但這事若是眞的、「女子」沒有「貞潔」的憑據。
22:21 就要將「女子」帶到他父家的門口、本城的人要用石頭將他打死、因爲他在父家行了淫亂、
在「以色列」中作了醜事・這樣、就把那惡從你們中間除掉。
22:22 若遇見人與有丈夫的婦人行淫、就要將「姦夫、淫婦」、一併治死・這樣、就把那惡從「以
色列」中除掉。
22:23 若有「處女」已經許配丈夫、有人在城裡遇見他、與他行淫。
22:24 你們就要把這二人帶到本城門、用石頭打死、女子是因爲雖在城裡卻沒有喊叫、男子是因爲
玷汙別人的妻・這樣、就把那惡從你們中間除掉。

●《舊約聖經》利未記：

20:18 婦人有「月經」、若與他同房、露了他的下體、就是露了婦人的血源、婦人也露了自己的血
源、二人必從民中剪除。
26:27 你們因這一切的事、若不聽從我、卻行事與我反對、
26:28 我就要發烈怒、行事與你們反對・又因你們的罪、懲罰你們七次。

26:29 並且你們要「喫兒子的肉」、也要「喫女兒的肉」。

「耶弗」向上帝「耶和華」許諾，把在他回家時，我看到的第一人殺了，獻祭給上帝「耶和華」。結果，雖然那個人是他的「愛女」，還是殺了她，以感謝上帝「耶和華」的恩典，而上帝「耶和華」居然沒有阻止這場人間悲劇的發生。

●《舊約聖經》士師記：

11:1 基列人「耶弗」他是個大能的勇士、是妓女的兒子。「耶弗」他是「基列」所生的。
11:4 過了些日子「亞捫人」攻打「以色列」。
11:30「耶弗」他就向「耶和華」許願、說、你若將「亞捫人」交在我手中、
11:31 我從「亞捫人」那裡平平安安回來的時候、無論甚麼人、先從我家門出來迎接我、就必歸
你、我也必將他獻上爲「燔祭」。
11:32 於是「耶弗」他往「亞捫人」那裡去、與他們爭戰．「耶和華」將他們交在他手中。
11:33 他就大大殺敗他們、從「亞羅珥」到「米匿」、直到「亞備勒基拉明」、攻取了二十座城．
這樣「亞捫人」就被「以色列人」制伏了。
11:34「耶弗」他回「米斯巴」到了自己的家．不料、他「女兒」拿著鼓跳舞出來迎接他、「是他
獨生的」．此外無兒無女。
11:35「耶弗」他看見他、就撕裂衣服、說、哀哉、我的「女兒」阿、你使我甚是愁苦、叫我作難
了．因爲我已經向「耶和華」開口許願、不能挽回。
11:36 他「女兒」回答說、父阿、你既向「耶和華」開口、就當照你口中所說的向我行、因「耶和

華」已經在仇敵「亞捫人」身上為你報仇。
11:37 又對「父親」說、有一件事求你允准．容我去兩個月、與同伴在山上、好哀哭我終為「處女」。
11:38「耶弗」他說、你去罷．就容他去兩個月．他便和同伴去了、在山上為他終為「處女」哀哭。
11:39 兩月已滿、他回到「父親」那裡、「父親」就照所許的願向他行了．「女兒」終身沒有親近男子。

在《舊約聖經》裡的上帝「耶和華」，喜怒無常，動不動就大批的殺人過癮。因為，殺人的案件實在是「難以估計」，以下所列舉的經文，只是上帝「耶和華」，「殺人業績」中的一部分。

●《舊約聖經》民數記：

15:35「耶和華」吩咐「摩西」說、總要把那人治死．「全會眾」要在營外用石頭把他打死。
15:36 於是「全會眾」將他帶到營外、用石頭打死他、是照「耶和華」所吩咐「摩西」的。

●《舊約聖經》民數記：

21:4 他們從「何珥山」起行、往「紅海」那條路走、要繞過「以東地」．百姓因這路難行、心中甚是煩躁。
21:5 就怨讟 神和「摩西」、說、你們為麼把我們從「埃及」領出來、使我們死在曠野呢．這裡沒有糧、沒有水、我們的心厭惡這淡薄的食物。
21:6 於是「耶和華」使「火蛇」進入百姓中間、「蛇」就咬他們、「以色列人」中死了許多。

●《舊約聖經》**創世記**：

38:7「猶大」的長子「珥」在「耶和華」眼中看爲惡、「耶和華」就叫他死了。

38:10「俄南」所作的、在「耶和華」眼中看爲惡、「耶和華」也就叫他死了。

●《舊約聖經》**出埃及記**：

22:18 行邪術的女人、不可容他存活。

22:19 凡與獸淫合的、總要把他治死。

●《舊約聖經》**申命記**：

2:15「耶和華」的手也攻擊他們、將他們從營中除滅、直到滅盡。

2:21 那民衆多身體高大、像「亞衲人」一樣、但「耶和華」從「亞捫人」面前除滅他們、「亞捫人」就得了他們的地、接著居住·

17:12 若有人擅敢不聽從那侍立在「耶和華」你　神面前的「祭司」、或不聽從「審判官」、那人就必治死·這樣、便將那惡從「以色列」中除掉。

●《舊約聖經》**約書亞記**：

10:11 他們在「以色列人」面前逃跑、正在「伯和崙」下坡的時候、「耶和華」從天上降大冰雹在他們身上、(「冰雹」原文作「石頭」)直降到「亞西加」、打死他們·被冰雹打死的、比「以色列人」用刀殺死的還多。

●《舊約聖經》**撒母耳記上**：

25:38 過了十天、「耶和華」擊打「拿八」、他就死了。

在《舊約聖經》上，最有名的故事是「挪亞方舟」。而這個故事是上帝「耶和華」殺滅人類最多的一次，連魔鬼「撒但」也自嘆不如。殺完人之後，上帝「耶和華」又後悔了，這也證明了上帝「耶和華」喜怒無常的個性。

●《舊約聖經》創世記：

6:5 「耶和華」見人在地上罪惡很大、終日所思想的盡都是惡·

6:6 「耶和華」就「後悔造人」在地上、心中憂傷。

6:7 「耶和華」說、我要將所造的人、和走獸、並昆蟲、以及空中的飛鳥、都從地上除滅、因爲我造他們後悔了。

6:8 惟有「挪亞」在「耶和華」眼前蒙恩。

7:10 過了那七天、洪水氾濫在地上。

7:12 四十晝夜降大雨在地上。

7:13 正當那日、「挪亞」和他三個兒子、「閃、含、雅弗」、並「挪亞」的妻子、和三個兒婦、都進入「方舟」。

7:14 他們和百獸、各從其類、一切牲畜、各從其類、爬在地上的昆蟲、各從其類、一切禽鳥、各從其類、都進入「方舟」。

7:18 水勢浩大、在地上大大的往上長、「方舟」在水面上漂來漂去。

7:19 水勢在地上極其浩大、天下的高山都淹沒了。

7:20 水勢比山高過十五肘、山嶺都淹沒了。

7:21凡在地上有血肉的動物、就是飛鳥、牲畜、走獸、和爬在地上的昆蟲、以及所有的人都死了。

7:22凡在旱地上、鼻孔有氣息的生靈都死了。

7:23凡地上各類的活物、連人帶牲畜、昆蟲、以及空中的飛鳥、都從地上除滅了、只留下「挪亞」和那些與他同在「方舟」裡的。

7:24水勢浩大、在地上共一百五十天。

8:20「挪亞」爲「耶和華」築了一座壇、拿各類潔淨的牲畜、飛鳥、獻在壇上爲「燔祭」。

8:21「耶和華」聞那「馨香之氣」、就心裡說、我不再因人的緣故咒詛地、（人從小時心裡懷著惡念）也不再按著我纔行的、滅各種的活物了。

總結上帝「耶和華」對人類所做的「殺戮行爲」，可以用一句話來形容「順我者生，逆我者亡。」這一點我無法接受。這也是當初我在選擇「宗教信仰」時，不考慮「基督宗教」的原因。

下面這段，稱謝上帝「耶和華」的經文，我覺得很諷刺，要在萬民中「傳揚祂的作爲」，是「傳揚祂殺人如麻的作爲」嗎？

●《舊約聖經》詩篇：

105:1 你們要稱謝「耶和華」、求告他的名、在萬民中「傳揚他的作爲」。

最後，我給「基督徒」朋友們一個忠告，絕對不可以背叛上帝「耶和華」，否則生命會有危險。

●《舊約聖經》撒母耳記上：

12:14你們若敬畏「耶和華」、事奉他、聽從他的話、不違背他的命令、你們和治理你們的王也都順從「耶和華」你們的 神就好了。

12:15 倘若不聽從「耶和華」的話、違背他的命令、「耶和華」的手必攻擊你們、像從前攻擊你們列祖一樣。

七、上帝「耶和華」是「沒有形像的」？

上帝「耶和華」有沒有形像呢？這個問題，一直在「基督教」各教派之間爭論不休，下面我來詳細分析雙方的論點。

（一）認爲上帝「耶和華」沒有形像的一方

認爲上帝「耶和華」沒有形像的一方，是認爲「神是個靈」，祂是「無形無質的靈」。他們引用《聖經》的經文來證明，《聖經》裡所說的「形像」，意思不是指「外表的形體」，而是指「神內在的涵養」、「神的性情」，就是神的「智慧、聖潔、公義、正直、慈愛、憐恤、誠實、溫柔、良善、忍耐」等等品格，也有「智慧」、「能力」、「謀略」和「知識」。

這些屬性，原來「上帝」造「人」的時候，因爲「人」爲萬物之靈，「人」在萬物中最爲高貴，「人」能與「上帝」發生「靈」裡的關係，而且在「人性」裡面也蘊含著「上帝的形像」和「榮耀上帝的涵意」。

十六世紀「法國」與「瑞士」「基督新教」宗教改革家「加爾文」評論「按著我們的樣式」說：「『上帝』造人，在人的裡面，祂將以和祂自己相似的性格，印入人心；所以『上帝的形像』，是指『人性』超過所有其他動物的一切其他優點而言，是指『亞當』在墮落以前具有的完整品性，是和他的創造者的優點相類似。」

●《新約聖經》歌羅西書：

3:12 所以你們既是　神的選民、「聖潔蒙愛」的人、就要存（原文作「穿下」同）「憐憫、恩慈、謙虛、溫柔、忍耐」的心。

●《舊約聖經》創世記：

24:27 說、「耶和華」我主人「亞伯拉罕」的　神是應當稱頌的、因他不斷的以「慈愛誠實」待我主人・至於我、「耶和華」在路上引領我、直走到我主人的兄弟家裡。

●《舊約聖經》約伯記：

12:13 在　神有「智慧」和「能力」・他有「謀略」和「知識」。

●《舊約聖經》申命記：

32:4 他是「磐石」、他的作爲完全、他所行的無不公平・是「誠實無僞」的　神、又「公義」、又「正直」。

●《舊約聖經》利未記：

11:44 我是「耶和華」你們的　神、所以你們要成爲「聖潔」、因爲我是「聖潔的」・你們也不可在地上的爬物汙穢自己。

●《新約聖經》彼得後書：

1:4 因此他已將又寶貴又極大的「應許」賜給我們、叫我們既脫離世上從情慾來的敗壞、就得與「神的性情」有分。

在《以賽亞書》裡，那位被俘擄的「先知」，警告與他一同被捕的人，要棄絕崇拜「偶像」，因爲「上帝」根本沒有「形像」。

●《舊約聖經》以賽亞書：

40:18你們究竟將誰比　神、用甚麼「形像」與　神比較呢。

40:19「偶像」是「匠人」鑄造、「銀匠」用金包裹、爲他鑄造「銀鍊」。

40:20窮乏獻不起這樣供物的、就揀選不能朽壞的「樹木」、爲自己尋找「巧匠」、立起不能搖動的「偶像」。

《新約聖經》裡說，「耶穌基督」原來是那「不能看見」之神的形像，他本有神的形像，他是道成了肉身，將神的「性情、榮耀」表明出來，完全顯明給世人看。

因此，人要倣法「耶穌基督」，才能滿有「上帝」的「聖潔、良善、公義、憐恤、誠實、溫柔、忍耐」等品格，而且在「基督」裡成爲「新造的人」，那就會有「上帝的形像」了。

●《新約聖經》歌羅西書：

1:15「愛子」是那不能看見之　「神的像」、是首生的、在一切被造的以先．

●《新約聖經》腓立比書：

2:6 他本有「神的形像」、不以自己與　神同等爲強奪的．

●《新約聖經》約翰福音：

1:18從來沒有人看見　神．只有在父懷裡的「獨生子」將他表明出來。

●《新約聖經》希伯來書：

1:3 他是　神榮耀所發的光輝、是　「神本體的眞像」、常用他權能的命令托住萬有、他洗淨了
人的罪、就坐在高天至大者的右邊。

●《新約聖經》以弗所書：

4:24並且穿上「新人」．這「新人」是照著　「神的形像」造的、有「眞理」的「仁義」、和
「聖潔」。

「上帝」是個「靈」，不管是「偉人銅像」，「塑造藝術」，或「圖畫藝術」的製品，都不能代表「上帝」。因爲，當這些東西變成崇拜的對象時，種種迷信的行動做作，也就隨之產生了。

●《新約聖經》約翰福音：

4:24神是個「靈」．（或「無」個字）所以拜他的、必須用「心靈」和「誠實」拜他。

（二）認爲上帝「耶和華」有形像的一方

認爲上帝「耶和華」有形像的一方，是認爲《舊約聖經》「創世記」一開始就提到，「神照著自己的形像造人」，祂是「照著他的形像造男造女」。

●《舊約聖經》創世記：

1:26神說、「我們要照著我們的形像」、「按著我們的樣式」造人、使他們管理海裡的魚、空中
的鳥、地上的牲畜、和全地、並地上所爬的一切昆蟲。
1:27神就「照著自己的形像」造人、乃是「照著他的形像」造男造女。
5:1「亞當」的後代、記在下面。當　神造人的日子、是「照著自己的樣式」造的、
9:6 凡流人血的、他的血也必被人所流、因爲　神造人、是「照自己的形像」造的。

●《新約聖經》哥林多前書：

11:7「男人」本不該蒙著頭、因爲他是 「神的形像」和榮耀、但「女人」是「男人」的榮耀。

另外，在《舊約聖經》創世記第十八章裡，詳細的描述「亞伯拉罕」和上帝「耶和華」面對面的互動過程。

●《舊約聖經》創世記：

18:1「耶和華」在「幔利橡樹」那裡、向「亞伯拉罕」顯現出來．那時正熱、「亞伯拉罕」坐在帳棚門口。

18:2 舉目觀看、見有「三個人」在對面站著．他一見、就從帳棚門口跑去迎接他們、俯伏在地。

18:3 說、我主、我若在你眼前蒙恩、求你不要離開「僕人」往前去。

18:4 容我拿點水來、你們洗洗腳、在樹下歇息歇息。

18:5 我再拿一點餅來、你們可以加添心力、然後往前去、你們既到「僕人」這裡來、理當如此。他們說、就照你說的行罷。

18:6「亞伯拉罕」急忙進帳棚見「撒拉」說、你速速拿三「細亞細麵」調和作餅。

18:7「亞伯拉罕」又跑到牛群裡、牽了一隻又嫩又好的「牛犢」來、交給「僕人」、僕人急忙預備好了。

18:8「亞伯拉罕」又取了奶油和奶、並預備好的牛犢來、擺在他們面前、自己在樹下站在旁邊、「他們就喫了」。

18:9 他們問「亞伯拉罕」說、你妻子「撒拉」在那裡、他說、在帳棚裡。

18:10三人中有一位說、到明年這時候、我必要回到你這裡、你的妻子「撒拉」必生一個兒子・
「撒拉」在那人後邊的帳棚門口、也聽見了這話。
18:11「亞伯拉罕」和「撒拉」年紀老邁、「撒拉」的「月經」已斷絕了。
18:12「撒拉」心裡暗笑、說、我既已衰敗、我主也老邁、豈能有這喜事呢。
18:13「耶和華」對「亞伯拉罕」說、「撒拉」爲甚麼暗笑、說、我既已年老、果眞能生養嗎。
18:14「耶和華」豈有難成的事麼・到了日期、明年這時候、我必回到你這裡、「撒拉」必生一個
兒子。
18:15「撒拉」就害怕、不承認、說、我沒有笑・那位說、不然、你實在笑了。
18:16三人就從那裡起行、向「所多瑪」觀看、「亞伯拉罕」也與他們同行、要送他們一程。
18:17「耶和華」說、我所要作的事、豈可瞞著「亞伯拉罕」呢・
18:18「亞伯拉罕」必要成爲強大的國、地上的萬國都必因他得福。
18:19我眷顧他、爲要叫他吩咐他的衆子、和他的眷屬、遵守我的道、秉公行義、使我所應許「亞
伯拉罕」的話都成就了。
18:20「耶和華」說、「所多瑪」和「蛾摩拉」的罪惡甚重、聲聞於我。
18:21我現在要下去、察看他們所行的、果然盡像那達到我耳中的聲音一樣麼・若是不然、我也必
知道。
18:22二人轉身離開那裡、向「所多瑪」去、但「亞伯拉罕」仍舊站在「耶和華」面前。

● **《舊約聖經》創世記：**

24:26 那人就低頭向「耶和華」下拜。
24:27 說、「耶和華」我主人「亞伯拉罕」的　神是應當稱頌的、因他不斷的以「慈愛誠實」待我
主人・至於我、「耶和華」在路上引領我、直走到我主人的兄弟家裡。
24:48 隨後我低頭向「耶和華」下拜、稱頌「耶和華」我主人「亞伯拉罕」的　神、因爲他引導我
走合式的道路、使我得著我主人兄弟的孫女、給我主人的兒子爲妻。
24:52 「亞伯拉罕」的「僕人」聽見他們這話、就向「耶和華」俯伏在地。

還有，在《舊約聖經》「出埃及記」裡，「摩西」也見過上帝「耶和華」，下面是經文的描述。

●《舊約聖經》出埃及記：

3:1 「摩西」牧養他岳父「米甸」祭司「葉忒羅」的羊群、一日領羊群往野外去、到了　神的
山、就是「何烈山」。
3:2 「耶和華」的「使者」從「荊棘裡火焰」中向「摩西」顯現・「摩西」觀看、不料、「荊
棘」被火燒著、卻沒有燒燬。
3:3 「摩西」說、我要過去看這大異象、這「荊棘」爲何沒有燒壞呢。
3:4 「耶和華」　神見他過去要看、就從「荊棘」裡呼叫說、「摩西、摩西」・他說、我在這
裡。
3:5 神說、不要近前來、當把你腳上的鞋脫下來、因爲你所站之地是聖地。
3:6 又說、我是你父親的　神、是「亞伯拉罕」的　神、「以撒」的　神、「雅各」的　神。
「摩西」蒙上臉、「因爲怕看　神」。

●《舊約聖經》出埃及記：

6:28當「耶和華」在「埃及地」對「摩西」說話的日子、

6:29他向「摩西」說、我是「耶和華」、我對你說的一切話、你都要告訴埃及王法老。

6:30「摩西」在「耶和華」面前說、看哪、我是拙口笨舌的人、法老怎肯聽我呢。

7:1 「耶和華」對「摩西」說、我使你在「法老」面前代替　神、你的哥哥「亞倫」是替你說話的。

●《舊約聖經》出埃及記：

19:18「西乃」全山冒煙、因爲「耶和華」在火中降於山上、山的煙氣上騰、如燒一般．遍山大大的震動。

19:19角聲漸漸的高而又高、「摩西」就說話、　神有聲音答應他。

19:20「耶和華」降臨「西乃山」頂上、「耶和華」召「摩西」上山頂、「摩西」就上去。

●《舊約聖經》出埃及記：

28:35「亞倫」供職的時候、要穿這袍子．他進「聖所」到「耶和華」面前、以及出來的時候、袍上的響聲必被聽見、使他不至於死亡。

29:10你要把「公牛」牽到「會幕」前、「亞倫」和他兒子要按手在「公牛」的頭上。

29:11你要在「耶和華」面前、在「會幕」門口、宰這「公牛」．

31:18「耶和華」在「西乃山」和「摩西」說完了話、就把兩塊「法版」交給他、是　「神用指頭寫的石版」。

●《舊約聖經》出埃及記：

33:7 「摩西」素常將帳棚支搭在營外、離營卻遠、他稱這帳棚爲「會幕」．凡求問「耶和華」
的、就到營外的「會幕」那裡去。
33:8 當「摩西」出營到「會幕」去的時候、百姓就都起來、各人站在自己帳棚的門口、望著「摩
西」、直等到他進了「會幕」。
33:9 「摩西」進「會幕」的時候、「雲柱」降下來、立在「會幕」的門前、「耶和華」便與「摩
西」說話。
33:10 衆百姓看見「雲柱」立在「會幕」門前、就都起來各人在自己帳棚的門口下拜。
33:11 「耶和華」與「摩西」面對面說話、好像人與「朋友」說話一般．「摩西」轉到營裡去、惟
有他的幫手一個少年人「嫩」的兒子「約書亞」、不離開「會幕」。
33:14 「耶和華」說、我必「親自和你同去」、使你得安息。

●《舊約聖經》出埃及記：

34:4 「摩西」就鑿出兩塊石版、和先前的一樣．清晨起來、照「耶和華」所吩咐的上「西乃山」
去、手裡拿著兩塊石版。
34:5 「耶和華」在雲中降臨、和「摩西」一同站在那裡、宣告「耶和華」的名。
34:6 「耶和華」在他面前宣告說、「耶和華、耶和華」、是有憐憫、有恩典的　神、不輕易發
怒、並有豐盛的慈愛和誠實。
34:7 爲千萬人存留慈愛、赦免罪孽、過犯、和罪惡．萬不以有罪的爲無罪、必追討他的罪、白父

及子、直到三四代。

34:8「摩西」急忙伏地下拜、

●《舊約聖經》申命記：

31:14「耶和華」對「摩西」說、你的死期臨近了、要召「約書亞」來、你們二人站在「會幕」裡、我好囑咐他·於是「摩西」和「約書亞」去站在「會幕」裡。

31:15「耶和華」在「會幕」裡「雲柱」中顯現、「雲柱」停在「會幕」門以上。

31:16「耶和華」又對「摩西」說、你必和你列祖同睡·這百姓要起來、在他們所要去的地上、在那地的人中、隨從外邦神行邪淫、離棄我、違背我與他們所立的約。

對於兩方的論說，我認爲上帝「耶和華」是有形像的。證據就在下面的經文，描述得太生動逼眞，太活靈活現了。而且，上帝「耶和華」和祂身邊的兩位天使，還會吃「亞伯拉罕」款待祂們的奶油、奶和牛犢（小牛）肉。

●《舊約聖經》創世記：

18:8「亞伯拉罕」又取了奶油和奶、並預備好的牛犢來、擺在他們面前、自己在樹下站在旁邊、「他們就喫了」。

18:22二人轉身離開那裡、向「所多瑪」去、但「亞伯拉罕」仍舊站在「耶和華」面前。

●《舊約聖經》出埃及記：

33:11「耶和華」與「摩西」面對面說話、好像人與「朋友」說話一般·「摩西」轉到營裡去、惟有他的幫手一個少年人「嫩」的兒子「約書亞」、不離開「會幕」。

34:5 「耶和華」在雲中降臨、和「摩西」一同站在那、宣告「耶和華」的名。

八、上帝「耶和華」是「猶太人的上帝」？

「基督徒」常說：「神愛世人」，但是「神愛世人」是「有階段性」的。

●《新約聖經》約翰福音：

3:16「神愛世人」、甚至將他的「獨生子」賜給他們、叫一切信他的、不至滅亡、反得永生。

沒想到一研讀《舊約聖經》，才知道原來「神愛世人」這句話，是「有條件的」。剛開始，上帝「耶和華」只愛「猶太人（以色列人）」，其他的人種稱爲「外邦人」，是沒有資格信奉上帝「耶和華」的。

後來因爲「猶太人（以色列人）」一再的背叛上帝「耶和華」，違背上帝「耶和華」制定的律法。所以，上帝「耶和華」轉而去愛「外邦人」。後來，直到使徒「保羅」出現，才全力開始向「外邦人」傳教。

什麼是「外邦人」？「外邦人」這個名詞，在《舊約聖經》和《新約聖經》都出現許多次。在《舊約聖經》泛指「猶太人（以色列人）」以外的民族，在《新約聖經》主要是指「希臘人」和「羅馬人」，當然還包括其他的「非猶太人」。

「外邦人」這個名詞，主要是用來區別相信上帝「耶和華」的人和未信的人。剛開始，是指「以色列人」和「非以色列人」。因爲，「以色列人」是上帝「耶和華」的選民，所以其他的民族就成了「外邦人」。

「猶太人（以色列人）」是上帝「耶和華」特選的子民，但是，因爲他們效法「外邦人」的惡俗，惹上帝「耶和華」發怒，遭受亡國之苦。後來，他們自知己過，嚴禁與異族通婚往來，並視「外邦人」爲俗而不潔。

「猶太人（以色列人）」是上帝「耶和華」的選民，他們看不起「外邦人」，認爲「外邦人」沒有受過「割禮」，不能進入上帝「耶和華」的聖殿敬拜。除非「外邦人」也受「割禮」，加入「猶太國籍」，才可以與「猶太人」來往，才可以進入「聖殿」。因爲，很少「外邦人」願意接受「割禮」和「摩西的律法」，因此「猶太人」與「外邦人」之間，仍然十分隔膜。

我一開始就說「神愛世人」是有「階段性」的，而且上帝「耶和華」的神格，也是有「階段性」的。

上帝「耶和華」的演化，以及轉變成「全人類的神」，這個過程如下：

（一）舊約時期：「猶太人（以色列人）」的「家神」。

（二）新約時期：「耶穌」幫「外邦人」治病趕鬼。

（三）新約時期：使徒「彼得」首傳「福音」給外邦人「哥尼流」。

（四）新約時期：使徒「保羅」向「外邦人」廣傳「福音」。

下面我就來詳細解說這四個過程，讓讀者了解，上帝「耶和華」是如何由「猶太人（以色列人）」的「家神」，進化成「全人類的神」。

（一）舊約時期：「猶太人（以色列人）」的「家神」

翻開《舊約聖經》，你會發現「猶太人（以色列人）」是上帝「耶和華」特選的子民，特愛的人類。這一點讓我很反感，全世界各種不同的種族，不都是上帝「耶和華」創造出來的嗎？爲什麼不能「博愛」？而要「偏愛」一個特定的種族？上帝「耶和華」可說是，世界上「種族歧視」的始祖。

上帝「耶和華」不但偏愛「猶太人（以色列人）」，對於殺滅「外邦人」的行爲，就好像是「人類」在殺滅「蟑螂、螞蟻」一樣。所以，我才認爲上帝「耶和華」，其實只是「猶太人（以色列人）」的「家神」。因爲，當時「外邦人」信仰各種不同的神，甚至「外邦人」不認識上帝「耶和華」是誰？

●《舊約聖經》出埃及記：

5:2 「法老」說、「耶和華」是誰、使我聽他的話、容「以色列人」去呢、我不認識「耶和華」、也不容「以色列人」去。

起初的時候，上帝「耶和華」的角色，只是「猶太人（以色列人）」的「家神」而已。因爲，在《舊約聖經》裡的經文，一再的出現「以色列的 神」這句話。

●《舊約聖經》歷代志上：

17:24 願你的名永遠堅立、被尊爲大、說、萬軍之「耶和華」是「以色列的 神」・是治理「以色列的 神」。這樣、你僕人「大衛」的家、必在你面前堅立。

●《舊約聖經》申命記：

6:4 「以色列」阿、你要聽・「耶和華」我們 神是獨一的主。

●《舊約聖經》民數記：

15:41 我是「耶和華」你們的 神、曾把你們從「埃及地」領出來、要作你們的 神・我是「耶和華」你們的　神。

●《舊約聖經》利未記：

18:1 「耶和華」對「摩西」說、
18:2 你曉諭（明白告知）（明白告知）「以色列人」說、我是「耶和華」你們的　神。

●《舊約聖經》撒母耳記上：

15:1 「撒母耳」對「掃羅」說、「耶和華」差遣我膏你爲王、治理他的百姓「以色列」・所以你
當聽從「耶和華」的話。

●《舊約聖經》出埃及記：

34:10 「耶和華」說、我要立約、要在百姓面前行奇妙的事、是在遍地「萬國」中所未曾行的・在
你四圍的「外邦人」、就要看見「耶和華」的作爲、因我向你所行的是可畏懼的事。
34:23 你們一切男丁、要一年三次朝見主「耶和華」「以色列的　神」。

●《舊約聖經》列王記上：

17:14 因爲「耶和華」「以色列的　神」如此說、罈內的麵必不減少、瓶裡的油必不缺短、直到
「耶和華」使雨降在地上的日子。

●《舊約聖經》列王記下：

22:15 他對他們說、「耶和華」「以色列的　神」如此說、你們可以回覆那差遣你們來見我的人、
說。

●《舊約聖經》約書亞記：

10:42「約書亞」一時殺敗了這些王、並奪了他們的地・因爲「耶和華」「以色列的　神」爲「以
色列」爭戰。
13:33只是「利未」支派、「摩西」沒有把產業分給他們・「耶和華」「以色列的　神」是他們的
產業・正如「耶和華」所應許他們的。
14:14所以「希伯崙」作了基尼洗族「耶孚尼」的兒子「迦勒」的產業、直到今日・因爲他專心跟
從「耶和華」「以色列的　神」。
22:24我們行這事並非無故、是特意作的、說、恐怕日後你們的子孫對我們的子孫說、你們與「耶
和華」「以色列的　神」、有何關涉呢。
24:14現在你們要敬畏「耶和華」、誠心實意地事奉他・將你們列祖在大河那邊和在「埃及」所事
奉的神除掉、去事奉「耶和華」。
24:15若是你們以事奉「耶和華」爲不好、今日就可以選擇所要事奉的、是你們列祖在大河那邊所
事奉的神呢、是你們所住這地的「亞摩利人」的神呢。至於我、和我家、我們必定事奉「耶
和華」。
24:16百姓回答說、我們斷不敢離棄「耶和華」去事奉別神。
24:31「約書亞」在世、和「約書亞」死後、那些知道「耶和華」爲「以色列人」所行諸事的「長
老」、還在的時候、「以色列人」事奉「耶和華」。

那爲什麼上帝「耶和華」，會挑選「猶太人（以色列人）」來做自己的子民呢？「摩西」有解釋原因。

●《舊約聖經》申命記：

7:6 因爲你歸「耶和華」你　神爲聖潔的民、「耶和華」你　神「從地上的萬民中揀選你、特作自己的子民」。

7:7 「耶和華」專愛你們、揀選你們、並非因你們的人數多於別民、原來你們的人數、在萬民中是最少的。

7:8 只因「耶和華」愛你們、又因要守他向你們列祖所起的誓、就用大能的手領你們出來、從爲奴之家救贖你們、脫離「埃及」王「法老」的手。

上帝「耶和華」，這位「猶太人（以色列人）」的「家神」，非常討厭「外邦人」，祂似乎忘了「外邦人」也是祂所創造的。上帝「耶和華」對於趕走、擊殺和滅盡「外邦人」，經常樂此不疲，而且手段殘忍。

●《舊約聖經》撒母耳記下：

22:45 「外邦人」要投降我、一聽見我的名聲、就必順從我。

22:46 「外邦人」要衰殘、戰戰兢兢的出他們的營寨。

●《舊約聖經》以西結書：

37:28 我的「聖所」在「以色列人」中間、直到永遠、「外邦人」就必知道我是叫「以色列」成爲聖的「耶和華」。

●《舊約聖經》申命記：

23:20 借給「外邦人」可以取利、只是借給你弟兄不可取利‧這樣、「耶和華」你　神必在你所去得爲業的地上、和你手裡所辦的一切事上、賜福與你。
32:43 你們「外邦人」、當與主的百姓一同歡呼、因他要伸他僕人流血的冤、報應他的敵人、潔淨
他的地、救贖他的百姓。

●《舊約聖經》列王紀上：

8:41 論到不屬你民「以色列」的「外邦人」、爲你名從遠方而來、
8:42（他們聽人論說你的大名、和大能的手、並伸出來的膀臂）向這殿禱告、
8:43 求你在天上你的居所垂聽、照著「外邦人」所祈求的而行、使「天下萬民」都認識你的名、
敬畏你像你的民「以色列」一樣．又使他們知道我建造的這殿、是稱爲你名下的。

●《舊約聖經》出埃及記：

12:43「耶和華」對「摩西」「亞倫」說、「逾越節」的例是這樣、「外邦人」都不可喫這「羊
羔」。
34:10「耶和華」說、我要立約、要在百姓面前行奇妙的事、是在遍地「萬國」中所未曾行的．在
你四圍的「外邦人」、就要看見「耶和華」的作爲、因我向你所行的是可畏懼的事。
34:24 我要從你面前趕出「外邦人」、擴張你的境界．你一年三次上去朝見「耶和華」你 神的時
候、必沒有人貪慕你的地土。

●《舊約聖經》列王記上：

8:41 論到不屬你民「以色列」的「外邦人」、爲你名從遠方而來、
8:42（他們聽人論說你的大名、和大能的手、並伸出來的膀臂）向這殿禱告、

8:43 求你在天上你的居所垂聽、照著「外邦人」所祈求的而行、使「天下萬民」都認識你的名、敬畏你像「你的民以色列」一樣．又使他們知道我建造的這殿、是稱爲你名下的。

14:24 國中也有孌童．「猶大人」效法「耶和華」在「以色列人」面前所趕出的「外邦人」、行一切可憎惡的事。

● 《舊約聖經》約書亞記：

11:6 「耶和華」對「約書亞」說、你不要因他們懼怕．明日這時、我必將他們交付「以色列人」全然殺了．你要砍斷他們馬的蹄筋、用火焚燒他們的車輛。

11:7 於是「約書亞」率領一切兵丁、在「米倫」水邊突然向前、攻打他們。

11:8 「耶和華」將他們交在「以色列人」手裡、「以色列人」就擊殺他們、追趕他們到「西頓大城」、到「米斯利弗瑪音」、直到東邊「米斯巴」的平原、將他們擊殺、沒有留下一個。

11:9 「約書亞」就照「耶和華」所吩咐他的去行、砍斷他們馬的蹄筋、用火焚燒他們的車輛。

● 《舊約聖經》申命記：

2:31 「耶和華」對我說、從此起首、我要將「西宏」和他的地、交給你、你要得他的地爲業。

2:32 那時「西宏」和他的衆民、出來攻擊我們、在「雅雜」與我們交戰。

2:33 「耶和華」我們的　神、將他交給我們、我們就把他和他的兒子、並他的衆民都擊殺了。

2:34 我們奪了他的一切城邑、將有人煙的各城、連女人帶孩子、盡都毀滅、沒有留下一個。

2:35 惟有牲畜、和所奪的各城、並其中的財物、都取爲自己的掠物。

2:36 從「亞嫩谷」邊的「亞羅珥」、和谷中的城、直到「基列」、「耶和華」我們的　神都交給我們了、沒有一座城高得使我們不能攻取的。

●《舊約聖經》申命記：

3:2 「耶和華」對我說、不要怕他、因我已將他和他的衆民、並他的地、都交在你手中、你要待
他像從前待住「希實本」的亞摩利王「西宏」一樣。
3:3 於是「耶和華」我們的 神、也將巴珊王「噩」、和他的衆民、都交在我們手中、我們殺了
他們、沒有留下一個。
3:4 那時我們奪了他所有的城、共有六十座、沒有一座城不被我們所奪、這爲「亞珥歌伯」的全
境、就是「巴珊地」、「噩王」的國。
3:5 這些城都有堅固的高牆、有門有閂．此外還有許多無城牆的鄉村。
3:6 我們將這些都毀滅了、像從前待希實本王「西宏」一樣、把有人煙的各城、連女人帶孩子、
盡都毀滅。
3:7 惟有一切牲畜、和城中的財物、都取爲自己的掠物。

●《舊約聖經》列王記下：

16:3 卻效法「以色列」諸王所行的、又照著「耶和華」從「以色列人」面前趕出的「外邦人」所
行可憎的事、使他的兒子經火．
17:8 隨從「耶和華」在他們面前所趕出「外邦人」的風俗、和「以色列」諸王所立的條規。
17:11 在「丘壇」上燒香、效法「耶和華」在他們面前趕出的「外邦人」所行的、又行惡事惹動
「耶和華」的怒氣。

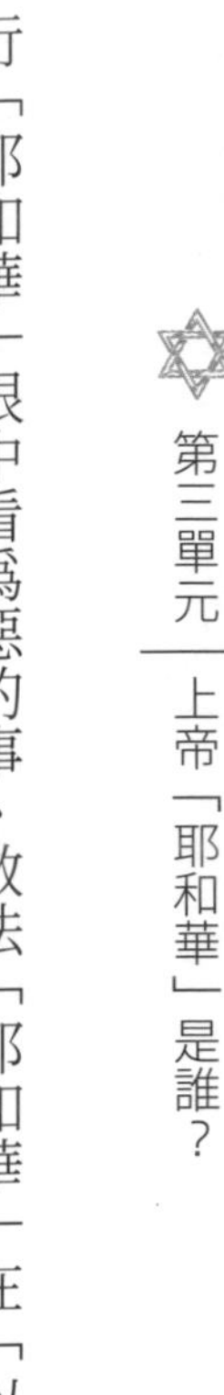

21:2 「瑪拿西」行「耶和華」眼中看爲惡的事、效法「耶和華」在「以色列人」面前趕出的「外邦人」所行可憎的事。

●《舊約聖經》歷代志下：

6:32論到不屬你民「以色列」的「外邦人」、爲你的大名、和大能的手、並伸出來的膀臂、從遠方而來、向這殿禱告。

6:33求你從天上你的居所垂聽、照著「外邦人」所祈求的而行．使「天下萬民」都認識你的名、敬畏你、像「你的民以色列」一樣．又使他們知道我建造的這殿、是稱爲你名下的。

28:3 並且在「欣嫩子谷」燒香、用火焚燒他的兒女、行「耶和華」在「以色列人」面前所驅逐的「外邦人」那可憎的事。

33:2 他行「耶和華」眼中看爲惡的事、效法「耶和華」在「以色列人」面前趕出的「外邦人」那可憎的事。

爲什麼上帝「耶和華」，會那麼討厭「外邦人」人呢？因爲「外邦人」忘記上帝「耶和華」。

●《舊約聖經》詩篇：

9:17「惡人」、就是忘記　神的「外邦人」、都必歸到「陰間」。

9:19「耶和華」阿、求你起來、不容人得勝．願「外邦人」在你面前受審判。

10:16「耶和華」永永遠遠爲王．「外邦人」從他的地已經滅絕了。

44:2 你曾用手趕出「外邦人」、卻栽培了我們列祖．「你苦待列邦」、卻叫我們列祖發達。

有一件事情，我百思不解。上帝「耶和華」口口聲聲要將「迦南地」賜給「猶太人（以色列人）」，可是「迦南地」早就有「迦南人、亞摩利人、赫人、比利洗人、希未人、耶布斯人」等等的「原住民」住在那邊。

上帝「耶和華」所謂把「迦南地」賜給「猶太人（以色列人）」，不是叫「猶太人（以色列人）」直接遷移過去，而是要「猶太人（以色列人）」用武力去攻打這些「原住民」，把他們趕走，而且「猶太人（以色列人）」也要付出傷亡的代價。這是哪門子的「賜給」，實際上就是「強搶民地的行爲」，而上帝「耶和華」是主謀，也是幫兇。

●《舊約聖經》出埃及記：

33:1「耶和華」吩咐「摩西」說、我曾起誓應許「亞伯拉罕」、「以撒」、「雅各」說、要將「迦南地」賜給你的後裔．現在你和你從「埃及地」所領出來的百姓、要從這裡往那地去。

33:2 我要差遣「使者」在你前面、攆出「迦南人、亞摩利人、赫人、比利洗人、希未人、耶布斯人」。

●《舊約聖經》民數記：

33:50「耶和華」在「摩押」平原「約但河」邊、「耶利哥」對面曉諭（明白告知）（明白告知）「摩西」說、

33:51 你吩咐「以色列人」說、你們過「約但河」進「迦南地」的時候、

33:52 就要從你們面前「趕出那裡所有的居民」、「毀滅他們」一切鏨成的石像、和他們一切鑄成的「偶像」、又拆毀他們一切的丘壇。

33:53 你們要「奪那地住在其中」、因「我把那地賜給你們爲業」。

●**《舊約聖經》申命記：**

7:1「耶和華」你　神領你進入要得爲業之地、從你面前趕出許多國民、就是「赫人、革迦撒人、亞摩利人、迦南人、比利洗人、希未人、耶布斯人」、共七國的民、都比你強大。

7:2「耶和華」你　神將他們交給你擊殺、那時你要把他們滅絕淨盡、不可與他們立約、也不可憐恤他們。

7:3 不可與他們結親、不可將你的女兒嫁他們的兒子、也不可叫你的兒子娶他們的女兒。

7:4 因爲他必使你兒子轉離不跟從主、去事奉別神、以致「耶和華」的怒氣向你們發作、就速速的將你們滅絕。

7:5 你們卻要這樣待他們、拆毀他們的祭壇、打碎他們的柱像、砍下他們的木偶、用火焚燒他們雕刻的偶像。

（二）新約時期：「耶穌」幫「外邦人」治病趕鬼

到了「新約時期」，「耶穌」開始幫上帝「耶和華」，從「猶太人（以色列人）」的「家神」升級到「全人類的上帝」。這個過程大約花了二百多年的時間，從「耶穌」、使徒「彼得」到使徒「保羅」，才眞正轉型成功。

原本「猶太人（以色列人）」是很看不起「外邦人」的，當「耶穌」要傳「新福音」給「猶太人（以色列人）」時，遭受到「猶太教」高層的排斥，所以「耶穌」轉向「外邦人」施恩。

其實，「耶穌」在小孩子的時候，就有人預言他將成爲「外邦人的光」。

●**《新約聖經》路加福音：**

2:25在「耶路撒冷」有一個人名叫「西面」・這人又公義又虔誠、素常盼望「以色列」的「安慰
者」來到、又有「聖靈」在他身上。
2:26他得了「聖靈」的啟示、知道自己未死以前、必看見主所立的「基督」。
2:27他受了「聖靈」的感動、進入「聖殿」・正遇見「耶穌」的父母抱著孩子進來、要照律法的
規矩辦理。
2:28「西面」就用手接過他來、稱頌　神說、
2:29主阿、如今可以照你的話、釋放「僕人」安然去世。
2:30因爲我的眼睛已經看見你的救恩、
2:31就是你在「萬民」面前所預備的。
2:32是照亮「外邦人的光」、又是你民「以色列的榮耀」。

「耶穌」遭受到「猶太教」高層的排斥，所以他退到「外邦人」的境內，轉向「外邦人」施恩，並治好「迦南」婦人的女兒和許多病人。「耶穌」出來傳道的時候，起初只是傳給「猶太人」，後來才傳給「外邦人」。

●《新約聖經》馬太福音：

15:21「耶穌」離開那裡、退到「推羅」「西頓」的境內去。
15:22有一個「迦南」婦人、從那地方出來、喊著說、主阿、「大衛」的子孫、可憐我・我女兒被
鬼附得甚苦。
15:23「耶穌」卻一言不答。門徒進前來、求他說、這婦人在我們後頭喊叫・請打發他走罷。

15:24「耶穌」說、我奉差遣、不過是到「以色列」家迷失的羊那裡去。
15:25 那婦人來拜他、說、主阿、幫助我。
15:26 他回答說、不好拿兒女的餅、丟給狗喫。
15:27 婦人說、主阿、不錯・但是狗也喫他主人桌子上掉下來的碎渣兒。
15:28「耶穌」說、婦人、你的信心是大的・照你所要的、給你成全了罷。從那時候、他女兒就好了。
15:29「耶穌」離開那地方、來到靠近「加利利」的海邊、就上山坐下。
15:30 有許多人到他那裡、帶著瘸子、瞎子、啞吧、有殘疾的、和好些別的病人、都放在他腳前・他就治好了他們。
15:31 甚至衆人都希奇・因爲看見「啞吧說話」「殘疾的痊愈」、「瘸子行走」、「瞎子看見」、他們就歸榮耀給「以色列的 神」。

「耶穌」說：「不好拿兒女的餅，丟給狗喫。」古時「猶太人」稱「外邦人」爲「狗」，原屬一種蔑視的稱呼，但是後來成爲一種口頭禪。這裡「耶穌」隱含一個意思，「兒女的餅」暗示爲「猶太人」的「生命糧食」；「狗」暗示爲「外邦人」。耶穌」此時因爲「猶太人」的棄絕，而退到「推羅、西頓」的境內，所以他有如從桌子上掉下來的「碎渣兒」。

「耶穌」並不是蔑視那爲「迦南」婦人，而是藉此表明他「傳福音」的次序，他來原是要「救恩」，先臨到「猶太人」，然後才輪到「外邦人」。「耶穌」因爲被「猶太人」棄絕，故轉向「外邦人」，使「外邦信徒」得蒙「救恩」。

後來「耶穌」進一步的說明，若不藉著他，沒有人能到父那裡去。他提到的「沒有人」，是包括「猶太人」和「外邦人」。「猶太人」雖然是上帝「耶和華」的選民，但是必須透過「耶穌」，才能得救。

●《新約聖經》約翰福音：

14:6 「耶穌」說、我就是「道路、真理、生命」．若不藉著我、「沒有人」能到父那裡去。

●《新約聖經》馬太福音：

24:14 這「天國的福音」、要傳遍天下、對「萬民」作見證、然後「末期」纔來到。

其實，在《舊約聖經》的一些經文，已經提到崇拜上帝「耶和華」的「外邦人」，是可以信奉上帝「耶和華」的，比如說「路得記」。

「路得記」是《舊約聖經》中的篇章，這一篇是《舊約聖經》中，以「女性」爲主人公的內容之一。這本書講述「大衛」的「曾祖父」和「曾祖母」的故事，圍繞「路得」這一位人物展開。說到「外邦人」藉著「基督」的救贖而與「基督」聯結，與神的選民「以色列」同樣蒙恩得救。

雖然「猶太律法」禁止「以色列人」與崇拜偶像的「迦南人」及「摩押人」通婚，但這並不包括一些像「路得」一樣崇拜「耶和華」的「外邦人」。「路得記」一書詳細描述有關「購贖」及「娶兄弟遺孀」的律法安排。

「波阿斯」是個上了年紀的財主。這一天，他留意到「路得」，並關懷「路得」，就像關懷自己的女兒一樣。他還稱讚「路得」照顧年長的婆婆，也讚賞她投靠真神「耶和華」，留在「耶和華」的翅膀底下。

●《舊約聖經》路得記：

2:10「路得」就俯伏在地叩拜、對他說、我既是「外邦人」、怎麼蒙你的恩、這樣顧恤我呢。
2:11「波阿斯」回答說、自從你丈夫死後、凡你向婆婆所行的、並你離開父母和本地、到素不認
識的民中、這些事人全都告訴我了。
2:12 願「耶和華」照你所行的賞賜你、你來投靠「耶和華」「以色列　神」的翅膀下、願你滿得
他的賞賜。
2:13「路得」說、我主阿、願在你眼前蒙恩、我雖然不及你的一個「使女」、你還用慈愛的話安
慰我的心。

「哈該書」提到上帝「耶和華」應許所有國籍或種族的「兒女」，只要懷具信心、表現順服，就能夠享有光明的前途，上帝「耶和華」把這些人描述爲「萬國的珍寶」。

●《舊約聖經》哈該書：

2:7 我必震動「萬國」．「萬國」的珍寶、必都運來．（或作「萬國所羨慕的必來到」）我就使
這殿滿了榮耀．這是萬軍之「耶和華」說的。

以色列王「大衛」指出，上帝「耶和華」不但擁有「以色列地」，「地和其中所充滿的，世界和住在其間的」，都屬「耶和華」。

●《舊約聖經》詩篇：

24:1（「大衛」的詩。）地和其中所充滿的、世界、和住在其間的、都屬「耶和華」。

上帝「耶和華」跟「亞伯拉罕」立的契約，應許上帝「耶和華」會祝福所有國族的人，表明上帝

「耶和華」關心「全人類」的福利。

●《舊約聖經》創世記：

12:1 「耶和華」對「亞伯蘭」說、你要離開本地、本族、父家、往我所要指示你的地去。

12:2 我必叫你成爲大國．我必賜福給你、叫你的名爲大、你也要叫別人得福．

12:3 爲你祝福的、我必賜福與他、那咒詛你的、我必咒詛他、「地上的萬族」都要因你得福。

（三）新約時期：使徒「彼得」首傳「福音」給外邦人「哥尼流」

「百夫長哥尼流」是在「羅馬帝國」猶太行省，凱撒利亞「義大利營」的一位「羅馬百夫長」，他是最早皈依「基督教」的「外邦人」之一。他皈依「基督教」之前，相當虔誠，全家敬畏上帝「耶和華」，常常禱告，又多多賙濟百姓。曾在「異象」中見到「天使」告訴他，他的禱告和賙濟已蒙垂聽，要派人去「約帕」請「彼得」前來「該撒利亞」。

「哥尼流」打發的人尚未到時，「彼得」自己也見到了另一個「異象」；在「彼得」的「異象」中，他看見天上降下一個器皿，裡面有各種「四足的走獸」和「天空的飛鳥」，有聲音命令「彼得」宰了吃。「彼得」無法接受，因爲根據《舊約聖經》的律法，這些不屬於符合教規的食物，不能食用。於是又有聲音告訴「彼得」：神所潔淨的，不可當作「俗物」。

正在「彼得」困惑的時候，「哥尼流」派來的人到達門外，於是「彼得」領悟這個「異象」是允許「外邦人」的皈依。

當「哥尼流」見到「彼得」，「哥尼流」俯伏在他腳前拜他。「彼得」便拉「哥尼流」起來歡迎他。兩人分享各自的「異象」後，「彼得」開始傳講關於「耶穌」的工作和復活。

這時候，「聖靈」降臨到在場的每個人身上。他們當中的「猶太人」驚訝於「哥尼流」等「外邦人」，也得到「聖靈」的恩賜，並開始說「方言」，讚美上帝「耶和華」。於是，「彼得」爲「哥尼流」等人施行了「浸禮」。

「哥尼流」全家信主，是「福音外傳」的關鍵，而上帝「耶和華」藉此使「初期的使徒們」，明白「神的旨意」，正式打開「外邦傳道之門」。

●《新約聖經》使徒行傳：

10:1 在「該撒利亞」有一個人、名叫「哥尼流」、是「義大利營」的「百夫長」。
10:2 他是個虔誠人、他和全家都敬畏 神、多多賙濟百姓、常常禱告 神。
10:3 有一天、約在「申初」、他在異象中、明明看見 神的一個「使者」進去、到他那裡、說、
「哥尼流」。
10:4 「哥尼流」定睛看他、驚怕說、主阿、甚麼事呢。「天使」說、你的禱告、和你的賙濟、達
到 神面前已蒙記念了。
10:5 現在你當打發人往「約帕」去、請那稱呼「彼得」的「西門」來・
10:6 他住在海邊一個硝皮匠「西門」的家裡・房子在海邊上。
10:7 向他說話的「天使」去後、「哥尼流」叫了兩個家人、和常伺候他的一個虔誠兵來・
10:8 把這事都述說給他們聽、就打發他們往「約帕」去。
10:9 第二天、他們行路將近那城、「彼得」約在午正、上房頂去禱告。
10:10 覺得餓了、想要喫・那家的人正預備飯的時候、「彼得魂遊象外」。

10:11看見天開了、有一物降下、好像一塊大布．繫著四角、縋在地上。
10:12裡面有地上各樣四足的走獸、和昆蟲、並天上的飛鳥。
10:13又有聲音向他說、「彼得」、起來、宰了喫。
10:14「彼得」卻說、主阿、這是不可的、凡「俗物」、和「不潔淨的物」、我從來沒有喫過。
10:15第二次有聲音向他說、　「神所潔淨的」、你不可當作「俗物」。
10:16這樣一連三次、那物隨卽收回天上去了。
10:17「彼得」心裡正在猜疑之間、不知所看見的「異象」是甚麼意思、「哥尼流」所差來的人、
已經訪問到「西門」的家、站在門外、
10:18喊著問、有稱呼「彼得」的「西門」住在這裡沒有。
10:19「彼得」還思想那「異象」的時候、「聖靈」向他說、有三個人來找你．
10:20起來、下去、和他們同往、不要疑惑．因爲是我差他們來的。
10:21於是「彼得」下去見那些人、說、我就是你們所找的人．你們來是爲甚麼緣故。
10:22他們說、百夫長「哥尼流」是個「義人」、敬畏　神、爲「猶太」通國所稱讚、他蒙一位
「聖天使」指示、叫他請你到他家裡去、聽你的話。
10:23「彼得」就請他們進去、住了一宿。次日起身和他們同去、還有「約帕」的幾個弟兄同著他
去。
10:24又次日、他們進入「該撒利亞」。「哥尼流」已經請了他的親屬密友、等候他們。
10:25「彼得」一進去、「哥尼流」就迎接他、俯伏在他腳前拜他。

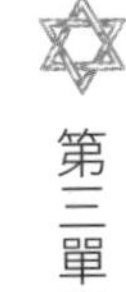

10:26「彼得」卻拉他說、你起來．我也是人。
10:27「彼得」和他說著話進去、見有好些人在那裡聚集、
10:28 就對他們說、你們知道「猶太人」、和「別國的人」親近來往、本是不合例的．但　神已經指示我、無論甚麼人、都不可看作「俗而不潔淨的」．
10:29 所以我被請的時候、就不推辭而來．現在請問、你們叫我來有甚麼意思呢。
10:30「哥尼流」說、前四天這個時候、我在家中守著申初的禱告、忽然有一個人、穿著光明的衣裳、站在我面前、
10:31 說、「哥尼流」、你的禱告、已蒙垂聽、你的賙濟、達到　神面前已蒙記念了。
10:32 你當打發人往「約帕」去、請那稱呼「彼得」的「西門」來、他住在海邊一個硝皮匠「西門」的家裡。
10:33 所以我立時打發人去請你、你來了很好．現今我們都在　神面前、要聽主所吩咐你的一切話。
10:34「彼得」就開口說、我眞看出　「神是不偏待人」．
10:35 原來各國中、那敬畏主行義的人、都爲主所悅納。
10:36 神藉著「耶穌基督」（他是萬有的主）傳「和平的福音」、將這道賜給「以色列人」。

「哥尼流」一家信主後，「猶太信徒」就開始向「外邦人」傳福音。

（四）新約時期：使徒「保羅」向「外邦人」廣傳「福音」

「保羅（Paul）」，本名「掃羅（Saul）」，他是「早期教會」最具有影響力的「傳教士」之

一，「基督徒」的「第一代領導者」之一，因爲他首創向「非猶太人」轉播「基督的福音」，所以被奉爲「外邦人的使徒」。

●《新約聖經》使徒行傳：

13:9 「掃羅」又名「保羅」、被「聖靈」充滿、定睛看他、

《新約聖經》諸書，大約有一半是由「保羅」所寫。他在整個「羅馬帝國」的「早期基督教」社群之中，傳播「耶穌基督」的「福音」，是第一位「安提約基雅主教」。

自三十幾歲至五十幾歲，他在「小亞細亞」建立了好幾個「教會」，在「歐洲」建立了至少三個「教會」。他一生中至少進行了三次漫長的「宣教之旅」，足跡遍至「小亞細亞、希臘、義大利」各地，在「外邦人」中建立了許多「教會」，影響深遠。

「保羅」出身「猶太人」家庭，屬於「便雅憫」支派。他從小受到嚴格的「猶太律法」教育，曾在「耶路撒冷」著名的學者「迦瑪列」門下學習，對《舊約聖經》有深入了解。

在成爲「基督徒」之前，「保羅」起初認爲，傳「耶穌」的「福音」是違背傳統「猶太教」信仰的「異端」，極力迫害「基督徒」。

但是，後來「保羅」在往「大馬色（大馬士革）」迫害「基督徒」的途中，有「大光」從天上四面照著他，他就撲倒在地，聽見有聲音對他說：「掃羅、掃羅，你爲什麼逼迫我？」他說：「主啊，你是誰？」主說：「我就是你所逼迫的『耶穌』。起來，進城去，你所應當做的事，必有人告訴你。」

與「保羅」同行的人站著說不出話來，聽見聲音，卻看不見人。「保羅」從地上起來，睜開眼卻

不能看見什麼。有人拉著他的手，領他進了「大馬色」，他三日不能看見，也不吃，也不喝。

在「大馬色」，主所差的弟兄，按手在「保羅」身上並說：「在你來的路上向你顯現的『耶穌』，就是『主』，差我來叫你能看見，又被『聖靈』充滿。」

「保羅」的眼睛上，好像有「鱗」立刻掉了下來，他就能看見，恢復了視力，並且「受浸」。之後成爲「教會」主要的「傳教者」之一，將「基督教信仰」推廣到「地中海」各地。透過他的傳道和寫作，他最終改變了「地中海」周圍的宗教信仰和哲學。

●《新約聖經》使徒行傳：

9:1「掃羅」仍然向「主的門徒」、口吐威嚇兇殺的話、去見「大祭司」、

9:2 求文書給「大馬色」的各會堂、若是找著「信奉這道的人」、無論男女、都准他捆綁帶到「耶路撒冷」。

9:3「掃羅」行路、將到「大馬色」、忽然從天上發光、四面照著他。

9:4 他就仆倒在地、聽見有聲音對他說、「掃羅、掃羅」、你爲甚麼逼迫我。

9:5 他說、主阿、你是誰。主說、我就是你所逼迫的「耶穌」。

9:6 起來、進城去、你所當作的事、必有人告訴你。

9:7 同行的人、站在那裡、說不出話來、聽見聲音、卻看不見人。

9:8「掃羅」從地上起來、睜開眼睛、竟不能看見甚麼．有人拉他的手、領他進了「大馬色」。

9:9 三日不能看見、也不喫、也不喝。

9:10當下在「大馬色」、有一個「門徒」、名叫「亞拿尼亞」．主在異象中對他說、「亞拿尼

亞」．他說、主、我在這裡。
9:11主對他說、起來、往直街去、在「猶大」的家裡、訪問一個大數人名叫「掃羅」．他正禱
告。
9:12又看見了一個人、名叫「亞拿尼亞」、進來按手在他身上、叫他能看見。
9:13「亞拿尼亞」回答說、主阿、我聽見許多人說、這人怎樣在「耶路撒冷」多多苦害你的聖
徒。
9:14並且他在這裡有從「祭司長」得來的權柄捆綁一切求告你名的人。
9:15主對「亞拿尼亞」說、你只管去．「他是我所揀選的器皿」、要在「外邦人」和君王並「以
色列人」面前、宣揚我的名。
9:16我也要指示他、為我的名必須受許多的苦難。
9:17「亞拿尼亞」就去了、進入那家、把手按在「掃羅」身上說、兄弟「掃羅」、在你來的路
上、向你顯現的主、就是「耶穌」、打發我來、叫你能看見、又被「聖靈」充滿。
9:18「掃羅」的眼睛上、好像有鱗立刻掉下來、他就能看見、於是起來受了洗。
9:19喫過飯就健壯了。「掃羅」和「大馬色」的門徒同住了些日子。
9:20就在各會堂裡宣傳「耶穌」、說他是 「神的兒子」。
9:21凡聽見的人、都驚奇說、在「耶路撒冷」殘害求告這名的、不是這人麼．並且他到這裡來、
特要捆綁他們帶到「祭司長」那裡。
9:22但「掃羅」越發有能力、駁倒住「大馬色」的「猶太人」、證明「耶穌」是「基督」。

9:23 過了好些日子、「猶太人」商議要殺「掃羅」。
9:24 但他們的計謀、被「掃羅」知道了。他們又晝夜在城門守候要殺他。

「猶太人」看見那麼多的「外邦人」，要聽使徒「保羅」和另一位使徒「巴拿巴」傳「道」聽「福音」，就滿心嫉妒，硬駁和毀謗「保羅」所說的話。

「保羅」和「巴拿巴」回答說，「神的道」先講給你們「猶太人」，原是應當的。只因爲你們「猶太人」棄絕這個「道」，斷定自己不配得永生，我們就轉向「外邦人」去。因爲，主曾這樣吩咐我們說，『我已經立你作「外邦人」的光、叫你施行救恩直到「地極」。

●《新約聖經》使徒行傳：

10:34「彼得」就開口說、我眞看出　神是不偏待人。
10:35 原來各國中、那敬畏主行義的人、都爲主所悅納。
10:36 神藉著「耶穌基督」（他是萬有的主）傳和平的「福音」、將這道賜給「以色列人」。
10:43 衆「先知」也爲他作見證、說、凡信他的人、必因他的名、得蒙赦罪。
10:45 那些奉「割禮」和「彼得」同來的「信徒」、見「聖靈」的恩賜也澆在「外邦人」身上、就
都希奇。
10:46 因聽見他們說「方言」、稱讚　神爲大。
10:47 於是「彼得」說、這些人既受了「聖靈」、與我們一樣、誰能禁止用水給他們施洗呢。
10:48 就吩咐奉「耶穌基督」的名給他們「施洗」。他們又請彼得住了幾天。
11:1 「使徒」和在「猶太」的衆弟兄、聽說「外邦人」也領受了　神的道。

11:16 我就想起主的話說、「約翰」是「用水施洗」、但你們要受「聖靈的洗」。
11:17 神既然給他們恩賜、像在我們信主「耶穌基督」的時候、給了我們一樣、我是誰、能攔阻
神呢。
11:18 衆人聽見這話、就不言語了．只歸榮耀與　神、說、這樣看來、　神也賜恩給「外邦人」、
叫他們悔改得生命了。
13:16 「保羅」就站起來、舉手說、「以色列人」、和一切敬畏　神的人、請聽。
13:23 從這人的後裔中、　神已經照著所應許的、爲「以色列人」立了一位救主、就是「耶穌」。
13:24 在他沒有出來以先、「約翰」向「以色列」衆民宣講悔改的「洗禮」。
13:25 「約翰」將行盡他的程途說、你們以爲我是誰、我不是「基督」．只是有一位在我以後來
的、我解他腳上的鞋帶、也是不配的。
13:26 弟兄們、「亞伯拉罕」的子孫、和你們中間敬畏　神的人哪、這救世的道、是傳給我們的。
13:38 所以弟兄們、你們當曉得、赦罪的道是由這人傳給你們的。
13:39 你們靠「摩西」的律法、在一切不得「稱義」的事上、信靠這人、就都得「稱義」了。
13:42 他們出會堂的時候、衆人請他們到下安息日、再講這話給他們聽。
13:44 到下「安息日」、「合城」的人、幾乎都來聚集、要聽　「神的道」。
13:45 但「猶太人」看見人這樣多、就滿心嫉妒、硬駁「保羅」所說的話、並且毀謗。
13:46 「保羅」和「巴拿巴」放膽說、　神的道先講給你們、原是應當的、「只因你們棄絕這
道」、斷定自己不配得永生、我們就轉向「外邦人」去。

13:47 因爲主會這樣吩咐我們說、『我已經立你作外邦人的光、叫你施行救恩直到「地極」。
13:48 「外邦人」聽見這話、就歡喜了、讚美　神的道・凡預定得永生的人都信了。
14:27 到了那裡、聚集了會衆、就述說　神藉他們所行的一切事、並　神怎樣爲「外邦人」開了信
道的門。
15:3 於是「教會」送他們起行、他們經過「腓尼基」、「撒瑪利亞」、隨處傳說「外邦人歸主的
事」、叫衆弟兄都甚歡喜。
15:4 到了「耶路撒冷」、「教會」和「使徒」並「長老」、都接待他們、他們就述說　神同他們
所行的一切事。
15:5 惟有幾個「信徒」是「法利賽教門」的人、起來說、必須給「外邦人」行「割禮」、吩咐他
們遵守「摩西的律法」。
15:6 「使徒」和「長老」、聚會商議這事。
15:7 辯論已經多了、「彼得」就起來、說、諸位弟兄、你們知道　神早已在你們中間揀選了我、
叫「外邦人」從我口中得聽「福音之道」、而且相信。
15:8 知道人心的　神、也爲他們作了見證・賜聖靈給他們、正如給我們一樣。
15:9 又藉著信潔淨了他們的心、並不分他們我們。
15:10 現在爲甚麼試探　神、要把我們祖宗和我們所不能負的軛、放在門徒的頸項上呢。
15:11 我們得救、乃是因主「耶穌」的恩、和他們一樣、這是我們所信的。
15:12 衆人都默默無聲、聽「巴拿巴」和「保羅」、述說　神藉他們在「外邦人」中所行的神蹟奇

事。
15:13他們住了聲、「雅各」就說、諸位弟兄、請聽我的話。
15:14方纔「西門」述說　神當初怎樣眷顧「外邦人」、從他們中間選取百姓歸於自己的名下。
15:15衆「先知」的話、也與這意思相合。
15:16正如經上所寫的、『此後我要回來、重新修造大衛倒塌的帳幕、把那破壞的、重新修造建立起來。
15:17叫餘剩的人、就是凡稱爲我名下的「外邦人」、都尋求主。
15:18這話是從「創世」以來、顯明這事的主說的。』
15:19所以據我的意見、「不可難爲那歸服　神的外邦人」。
18:6　他們既抗拒、毀謗、「保羅」就抖著衣裳說、你們的罪歸到你們自己頭上、(「罪」原文作「血」)與我無干、(原文作「我卻乾淨」)從今以後、我要往「外邦人」那裡去、
21:25至於信主的「外邦人」、我們已經寫信擬定、叫他們謹忌那祭偶像之物、和血、並勒死的牲畜、與姦淫。
22:21主向我說、你去罷．我要差你遠遠的往「外邦人」那裡去。
26:23就是「基督」必須受害、並且因從死裡復活、要首先把光明的道、傳給百姓和「外邦人」。
28:28所以你們當知道、　神這「救恩」、如今傳給「外邦人」、他們也必聽受。(有「古卷」在此有)
使徒「保羅」引述古代「希伯來」先知「約珥」的話，表示不單是「猶太人」，「凡呼求耶和華

名字的人，都會得救」。

下面是節錄使徒「保羅」，向「外邦人」廣傳「福音」的精彩章節和名句。可以說，沒有使徒「保羅」向「外邦人」廣傳「福音」的努力和熱誠，就沒有今日的「基督教」盛況。

● **《新約聖經》羅馬書：**

2:24 神的名在「外邦人」中、因你們受了褻瀆、正如經上所記的。

3:29 難道 神只作「猶太人的 神」麼．不也是作「外邦人的 神」麼．是的、也作「外邦人的神」。

9:24 這器皿就是我們被 神所召的、不但是從「猶太人」中、也是從「外邦人」中、這有甚麼不可呢。

9:30 這樣、我們可說甚麼呢．那本來不追求「義」的「外邦人」、反得了「義」、就是「因信而得的義」。

9:31 但「以色列人」追求「律法的義」、反得不著「律法的義」。

10:12 「猶太人」和「希利尼人」、並沒有分別．因爲衆人同有一位主、他也厚待一切求告他的人。

10:13 因爲『凡求告主名的、就必得救。』

10:15 若沒有「奉差遣」、怎能「傳道」呢．如經上所記、「報福音傳喜信的人、他們的腳蹤何等佳美。」

1:16 我不以「福音」爲恥．這「福音」本是 神的「大能」、要救一切相信的、先是「猶太人」、後是「希利尼人」。
11:13 我對你們「外邦人」說這話・因我是「外邦人」的「使徒」、所以敬重我的職分。（「敬
重」原文作「榮耀」。）
15:8 我說、「基督」是爲　神「眞理」作了受「割禮」人的「執事」、要證實所應許列祖的話。
15:9 並叫「外邦人」、因他的憐憫、榮耀　神・如經上所記、「因此我要在外邦中稱讚你、歌頌
你的名。」
15:10 又說、「你們外邦人、當與主的百姓一同歡樂。」
15:11 又說、「外邦阿、你們當讚美主・萬民哪、你們都當頌讚他。」
15:12 又有「以賽亞」說、「將來有耶西的根、就是那興起來要治理外邦的・外邦人要仰望他。」
15:16 使我爲「外邦人」作「基督耶穌」的僕役、作　「神福音」的「祭司」、叫所獻上的「外邦
人」、因著「聖靈」、成爲聖潔、可蒙悅納。
15:18 除了「基督」藉我作的那些事、我甚麼都不敢提・只提他藉我言語作爲、用神蹟奇事的能
力、並「聖靈」的能力、使「外邦人」順服。
15:19 甚至我從「耶路撒冷」、直轉到「以利哩古」、到處傳了「基督的福音」。

●《新約聖經》加拉太書：

2:1 過了十四年、我同「巴拿巴」又上「耶路撒冷」去、並帶著「提多」同去。
2:2 我是奉「啓示」上去的、把我在「外邦人」中所傳的「福音」、對弟兄們陳說・卻是背地裡
對那有名望之人說的・惟恐我現在、或是從前、徒然奔跑。

3:8 並且「聖經」既然預先看明、 神要叫「外邦人」「因信稱義」、就早已傳「福音」給「亞伯拉罕」、說、「萬國都必因你得福。」
3:14 這便叫「亞伯拉罕」的福、因「基督耶穌」可以臨到「外邦人」、使我們因信得著所應許的「聖靈」。

●《新約聖經》**提摩太前書：**

2:7 我爲此奉派、作「傳道」的、作「使徒」、作「外邦人」的「師傅」、教導他們相信、學習「眞道」。我說的是眞話、並不是謊言。

●《舊約聖經》**約珥書：**

2:32 到那時候、凡求告「耶和華」名的就必得救．因爲照「耶和華」所說的、在「錫安山」「耶路撒冷」必有逃脫的人、在剩下的人中必有「耶和華」所召的。

●《新約聖經》**帖撒羅尼迦前書：**

2:14 弟兄們、你們曾效法「猶太」中、在「基督耶穌」裡 神的各「教會」．因爲你們也受了本地人的苦害、像他們受了「猶太人」的苦害一樣。
2:15 這「猶太人」殺了「主耶穌」和「先知」、又把我們趕出去．他們不得 神的喜悅、且與衆人爲敵。
2:16 不許我們傳道給「外邦人」使「外邦人」得救、常常充滿自己的罪惡． 神的忿怒臨在他們身上已經到了極處。

●《舊約聖經》**阿摩司書：**

9:11 到那日、我必建立「大衛」倒塌的「帳幕」、堵住其中的破口、把那破壞的建立起來、重新
修造、像古時一樣。
9:12 使「以色列人」得「以東」所餘剩的和所有稱爲我名下的國．此乃行這事的「耶和華」說
的。

●《新約聖經》以弗所書：

2:11 所以你們應當記念、你們從前按肉體是「外邦人」、是稱爲沒受「割禮」的這名原是那些憑
人手在肉身上稱爲受「割禮」之人所起的。
2:12 那時、你們與「基督」無關、在「以色列國」民以外、在所應許的諸約上是「局外人」．並
且活在世上沒有指望、沒有 神。
2:13 你們從前遠離 神的人、如今卻在「基督耶穌」裡、靠著他的血、已經得親近了。
2:14 因他使我們「和睦」、（原文作「因他是我們的和睦」）將兩下合而爲一、拆毀了中間隔斷
的牆。
2:15 而且以自己的身體、廢掉冤仇、就是那記在律法上的規條．爲要將兩下、藉著自己造成一個
新人、如此便成就了「和睦」。
2:16 既在「十字架」上滅了「冤仇」、便藉這「十字架」、使兩下歸爲一體、與 神和好了．
2:17 並且來傳「和平的福音」給你們遠處的人、也給那近處的人。
2:18 因爲我們兩下藉著他被一個「聖靈」所感、得以進到父面前。
2:19 這樣、你們不再作外人、和客旅、是與「聖徒」同國、是 神家裡的人了。

2:20並且被建造在「使徒」和「先知」的根基上、有「基督耶穌」自己爲「房角石」。
2:21各（或作「全」）房靠他聯絡得合式、漸漸成爲主的「聖殿」。
2:22你們也靠他同被建造成爲　神藉著「聖靈」居住的所在。
3:1 因此、我「保羅」爲你們「外邦人」作了「基督耶穌」被囚的、替你們祈禱。（此句乃照對
十四節所加）
3:2 諒必你們曾聽見　神賜恩給我、將關切你們的職分託付我、
3:3 用「啟示」使我知道「福音的奧祕」、正如我以前略略寫過的。
3:4 你們念了、就能曉得我深知「基督的奧祕」。
3:5 這「奧祕」在以前的世代、沒有叫人知道、像如今藉著「聖靈」啟示他的「聖使徒」和「先
知」一樣。
3:6 這「奧祕」就是「外邦人」在「基督耶穌」裡、藉著「福音」、得以同爲後嗣、同爲一體、
同蒙應許。
3:7 我作了這「福音」的「執事」、是照　神的「恩賜」·這「恩賜」是照他運行的大能賜給我
的。
3:8 我本來比衆「聖徒」中最小的還小·然而他還賜我這「恩典」、叫我把「基督」那測不透的
豐富、傳給「外邦人」。

九、上帝「耶和華」眞的是「外星人」嗎？

近一兩百年來，科學有突飛猛進的進步，許多過去被認爲是不可理解的「神蹟」，都逐漸能夠以較爲客觀、理性的方式來詮釋。

曾任美國航空太空總署科長的「杜恩寧（Barry Dunning）」，在經過長期的研究之後，於一九六八年出版《上帝是外星人》一書，指出《聖經》中的上帝「耶和華」其實是上古時代，來到地球的「外星太空船指揮官」，「天使們」其實就是其他的「外星太空人」。這個全新的觀點，引起西方世界宗教信仰上的一大風暴。

例如：「我們要照著我們的形象、按著我們的式樣造人」這一句話，很明顯就是「外星人指揮官」對「全體外星太空人」的指示。

●《舊約聖經》創世記：

1:26 神說、我們要照著「我們的形像」、按著「我們的樣式」造人、使他們管理海裡的魚、空中的鳥、地上的牲畜、和全地、並地上所爬的一切昆蟲。

1:27 神就照著「自己的形像」造人、乃是照著「他的形像」造男造女。

例如：「外星太空人」看到地球女子美貌的，就娶來爲妻，他們結合所生的後代，就是「外星混血兒」，成了上古英武有名的人。

●《舊約聖經》創世記：

6:2 「神的兒子們」看見「人的女子」美貌、就隨意挑選、娶來爲妻。

《舊約聖經》裡也有很多「不明發光體」飛行和降落的描述，例如：在「荊棘的火焰中」，這個

「火焰」不會燒人，「摩西」也進了「火焰」裡面，因此「荊棘的火焰」就是「發光的飛碟」。

●《舊約聖經》創世記：

3:2 「耶和華」的「使者」從「荊棘裡火焰中」向「摩西」顯現．「摩西」觀看、不料、「荊棘」被火燒著、卻沒有燒燬。

3:3 「摩西」說、我要過去看這大異象、這「荊棘」為何沒有燒壞呢。

3:4 「耶和華」　神見他過去要看、就從「荊棘」裡呼叫說、「摩西、摩西」．他說、我在這裡。

3:5 神說、不要近前來、當把你腳上的鞋脫下來、因為你所站之地是聖地。

「摩西」帶領「以色列人」離開「埃及」時，日間「耶和華」在「雲柱」中領他們的路，夜間在「火柱」中光照他們，使他們日夜都可以行走。如果將「日間雲柱、夜間火柱」改為白天不發光、夜間發光的長柱形太空飛船，這一段描述不是變得一清二楚了嗎！

●《舊約聖經》出埃及記：

13:21 日間「耶和華」在「雲柱」中領他們的路、夜間在「火柱」中光照他們、使他們日夜都可以行走。

13:22 日間「雲柱」、夜間「火柱」、總不離開百姓的面前。

在《舊約聖經》出埃及記的第十九章裡，有下列這些句子的描述：

(1)「耶和華」對「摩西」說、我要在「密雲」中臨到你那裡、

(2)「西乃全山冒煙」、因為「耶和華」在「火中」降於山上、「山的煙氣」上騰、如燒一般．遍

山大大的震動。

(3)「耶和華的榮耀」停於「西乃山」、「雲彩」遮蓋山六天・第七天他從「雲中」召「摩西」。

(4)「耶和華的榮耀」在山頂上、在「以色列人」眼前、形狀如「烈火」。

(5)「摩西」進入「雲中」上山、在山上四十晝夜。

這些句子中的「密雲、火中、榮耀、雲中、榮光」，若改用「發光飛碟」的新觀點來重讀，整篇文章不是顯得相當通俗明白嗎？

●《舊約聖經》出埃及記：

19:9 「耶和華」對「摩西」說、我要在「密雲」中臨到你那裡、叫百姓在我與你說話的時候可以
聽見、也可以永遠信你了。於是「摩西」將百姓的話奏告「耶和華」。
19:10「耶和華」又對「摩西」說、你往百姓那裡去、叫他們今天明天自潔、又叫他們洗衣服・
19:11 到第三天要預備好了、因爲第三天「耶和華」要在衆百姓眼前降臨在「西乃山」上。
19:12 你要在山的四圍給百姓定「界限」、說、你們當謹慎、不可上山去、也不可摸山的「邊
界」、凡摸這山的、必要治死他。
19:13 不可用手摸他、必用石頭打死、或用箭射透、無論是人、是牲畜、都不得活・到「角聲拖長
的時候」、他們纔可到「山根」來。
19:14「摩西」下山往百姓那裡去、叫他們自潔、他們就洗衣服。
19:15 他對百姓說、到第三天要預備好了、不可親近女人。
19:16 到了第三天早晨、在「山上有雷轟、閃電、和密雲」・並且「角聲甚大」・營中的百姓盡都

發顫。
19:17「摩西」率領百姓出營迎接　神、都站在山下。
19:18「西乃全山冒煙」、因爲「耶和華」在「火中」降於山上、「山的煙氣」上騰、如燒一般．遍山大大的震動。
19:19「角聲」漸漸的高而又高、「摩西」就說話、　神有聲音答應他。
19:20「耶和華」降臨在「西乃山」頂上、「耶和華」召「摩西」上山頂、「摩西」就上去。
19:21「耶和華」對「摩西」說、你下去囑咐百姓、「不可闖過來到我面前觀看」、「恐怕他們有多人死亡」。
19:22 又叫「親近我的祭司自潔」、恐怕「我忽然出來擊殺他們」。
19:23「摩西」對「耶和華」說、百姓不能上「西乃山」、因爲你已經囑咐我們說、要在山的四圍定「界限」、叫山成聖。
19:24「耶和華」對他說、下去罷、你要和「亞倫」一同上來、只是「祭司」和百姓「不可闖過來上到我面前」、恐怕「我忽然出來擊殺他們」。

●《舊約聖經》出埃及記：

24:12「耶和華」對「摩西」說、你上山到我這裡來住在這裡、我要將「石版」、並我所寫的「律法」、和「誡命」、賜給你、使你可以教訓百姓。
24:13「摩西」和他的幫手「約書亞」起來、上了　神的山、
24:14「摩西」對「長老」說、你們在這裡等著、等到我們再回來、有「亞倫」、「戶珥」與你們

同在、凡有爭訟的、都可以就近他們去。

24:15 「摩西」上山、有「雲彩」把山遮蓋。

這些「發光飛碟」的例子太多了，整部《舊約聖經》都有，可見改用「外星人」的角度來銓釋《舊約聖經》，完全可以把二千年來，「神學家」無法解釋的「異象」，很容易的通通解釋清楚，而且完全貫通。

在《舊約聖經》以西結書中，對「飛碟」的描述，相當詳細。

「以西結書」是《舊約聖經》中的一部「先知書」，作者是猶太先知「以西結」。在公元前五九八年，猶大王「約雅斤」連同「耶路撒冷」一起向「尼布甲尼撒」投降。「尼布甲尼撒」把該國的精英以及「耶和華聖殿」和王宮的寶物一併擄到「巴比倫」去。被擄的人包括王室成員、衆首領、大能的勇士、技工、建築工人，以及祭司「布西」的兒子「以西結」。

「以西結」是個常見「異象」的「先知」，他雖然住在「巴比倫」被擄的「猶太人」當中，但是他透過「神的靈」得與「巴勒斯坦」的「猶太人」聯繫，因爲得到「神的異象」，而向「耶路撒冷」的百姓說「預言」。

以下就來研讀「以西結」對於看到「上帝太空船」景象的描述。

●《舊約聖經》以西結書：

1:1 當三十年四月初五日、「以西結」〔原文作「我」〕在「迦巴魯河」邊、被擄的人中、天就
開了、得見 神的異象。
1:2 正是「約雅斤王」被擄去第五年四月初五日、

1:3 在「迦勒底人」之地、「迦巴魯河」邊、「耶和華」的話特臨到「布西」的兒子祭司「以西
結」．「耶和華的靈」（原文作「手」）降在他身上。
1:4 我觀看、見狂風從北方颳來、隨著有「一朵包括閃爍火的大雲」、「周圍有光輝」、從其中
的火內發出好像「光耀的精金」。
1:5 又從其中、顯出「四個活物的形像」來、他們的形狀是這樣、有「人的形像」。
1:6 各有「四個臉面」、「四個翅膀」。
1:7 他們的「腿是直的」、「腳掌好像牛犢之蹄」、都「燦爛如光明的銅」。
1:8 在四面的「翅膀」以下有「人的手」．這「四個活物」的「臉和翅膀」、乃是這樣。
1:9 「翅膀」彼此相接、行走並不轉身、俱各直往前行。
1:10 至於「臉的形像」、前面各有「人的臉」、右面各有「獅子的臉」、左面各有「牛的臉」、
後面各有「鷹的臉」。
1:11 各展開上邊的兩個「翅膀」相接、各以下邊的兩個「翅膀」遮體。
1:12 他們俱各直往前行、「靈」往那裡去、他們就往那裡去、行走並不轉身。
1:13 至於「四活物」的形像、就如「燒著火炭」的形狀、又如「火把」的形狀．火在「四活物」
中間上去下來、這火有光輝、從火中發出「閃電」。
1:14 這「活物」往來奔走、好像「電光一閃」。
1:15 我正觀看「活物」的時候、見「活物」的臉旁、各有「一輪」在地上。
1:16 輪的形狀和顏色、（原文作「作法」）好像「水蒼玉」．「四輪」都是一個樣式、形狀和作

法、好像「輪中套輪」。
1:17輪行走的時候、向四方都能直行、並不掉轉。
1:18至於「輪輞」、高而可畏・四個「輪輞」周圍「滿有眼睛」。
1:19「活物」行走輪也在旁邊行走・「活物」從地上升、輪也都上升。
1:20「靈」往那裡去、「活物」就往那裡去・「活物」上升、輪也在「活物」旁邊上升・因爲
「活物的靈」在輪中。
1:21那些行走、這些也行走、那些站住、這些也站住、那些從地上升、輪也在旁邊上升、因爲
「活物的靈」在輪中。
1:22「活物」的頭以上、有「穹蒼」的形像、看著像「可畏的水晶」、鋪張在「活物」的頭以
上。
1:23「穹蒼」以下、「活物」的「翅膀」直張、彼此相對・每「活物」有兩個「翅膀」遮體。
1:24「活物」行走的時候、我聽見「翅膀」的響聲、像「大水」的聲音、像「全能者」的聲音、
也像「軍隊鬨嚷」的聲音、「活物」站住的時候、便將「翅膀」垂下。
1:25在他們頭以上的「穹蒼」之上有聲音・他們站住的時候、便將「翅膀」垂下。
1:26在他們頭以上的「穹蒼」之上、有「寶座的形像」、彷彿「藍寶石」・在「寶座形像」以
上、有彷彿「人的形狀」。
1:27我見從他腰以上、有彷彿「光耀的精金」、周圍都有「火的形狀」、又見從他腰以下、有彷
彿「火的形狀」、周圍也有「光輝」。

1:28「下雨」的日子、「雲中虹」的形狀怎樣、周圍「光輝的形狀」也是怎樣．這就是「耶和
華」「榮耀的形像」．我一看見就俯伏在地、又聽見一位說話的聲音。

現在我們用看到「外星人太空船」的角度，來重新詮釋這一段經文。

經文是說，「火箭引擎」的隆隆聲，使「以西結」抬頭看去。當時，他看到有「火焰」從「白雲」中噴出，伴隨著令人盲目的閃光與震耳的聲音，天空似乎被燒開了。

在雲中，有艘「外星人太空船」出現，正在往下偵察，可以看出直直的腿，和「圓如牛犢的蹄」。接著，「外星人太空船」的「火箭引擎」噴出火焰向下停息，「火箭引擎」的「火焰」就消失了。「外星人太空船」具有會轉動的翅膀，在翅膀之下，又有手臂垂下來。

這艘「外星人太空船」離開「外星人太空母船」之後，就往地球前進。當「外星人太空船」通過地球的「大氣層」時，它的速度因爲受到「空氣阻力」的影響而降低，飛到低高度時，一具「火箭引擎」開始噴出「反重力火焰，以降低「外星人太空船」著陸的速度，並且改用「垂直翼」緩緩降下。

這艘「外星人太空船」著陸的經過，都被「以西結」目擊，並且記錄下來。不過，這艘「外星人太空船」並未馬上著陸，而是在空中盤旋了一會兒，以便尋找適當的降落地點，那時控制「火箭引擎」的焰火噴了出來，「以西結」認爲這是天空中的「精金（指金剛石）」」。

這艘「外星人太空船」終於著陸了，在「垂直翼」的下方，有些輪子伸出來碰觸地面，「直直的腿」與「牛犢狀的圓蹄」，都「燦爛如光明的銅」。

「四個活物」其實就是四個「登陸器」，形狀是長的，貼地的一端是寬的圓盤，發亮似銅的金屬做的，「翅膀彼此連接成四方形」指的是同軸的「螺旋槳」，有四個葉片。當它滑行時，只要轉動輪

子卽可，所以說「不必轉身」。

「以西結」描述「外星人太空船的輪子」說，它們的顏色好像是淡青色的，每個輪子各有所屬的輪子。一般來講，當「輪子」要改變方向的時候，整個輪子必須轉到新的方向去。但是，「以西結」所看到那艘「外星人太空船」，在移動的時候，卻不需要將輪子轉向，就可以朝任何方向行進。

「以西結」抬起頭來，注視著「外星人太空船」的翅膀，看到它的上面有一種圓弧狀的圓頂蓋。這時候，「外星人太空船」的上、下兩對翅膀不再旋轉。「以西結」聽到很大的聲響，但是自從「翅膀」停止旋轉以後，響聲也減弱了。

「以西結」看見在圓弧的邊緣，閃耀著光芒，在最上方的寶座上，有一個人坐在那兒。這個人當然就是「外星人太空船」的「船長」，但是在「以西結」看來，這個坐在寶座上的人，自然就是上帝「耶和華」了。

此外，在《舊約聖經》出埃及記第廿五章一至七節中，曾經記載著上帝「耶和華」要求「以色列人」祭祀一事：

●《舊約聖經》出埃及記：

25:1　「耶和華」曉諭（明白告知）（明白告知）「摩西」說。

25:2　你告訴「以色列人」當爲我送禮物來、凡甘心樂意的、你們就可以收下歸我。

25:3　所要收的禮物、就是「金、銀、銅、」。

25:4　藍色紫色朱紅色「線、細麻、山羊毛」。

25:5　染紅的「公羊皮、海狗皮、皂莢木」。

25:6 「點燈的油」、並作膏油和香的「香料」。
25:7 「紅瑪瑙」、與別樣的「寶石」、可以鑲嵌在「以弗得」和胸牌上。

奇怪！萬能的上帝「耶和華」要這些東西做什麼用？但是，若是「外星人太空船」的「指揮官耶和華」，要和「古猶太人」要一些修理「外星人太空船」機器裝置的必需品，那就可以解釋得通了。

例如：如「金、銀、銅」等金屬，是製造「電線」的材料；「各色的線、細麻與山羊毛」是用來纏繞「電線」的材料；「動物的皮」是用來做「電線」的絕緣體；「油與香料」可以做機械的「潤滑油」或「燃料」；「瑪瑙」與「寶石」則可以製做成「電晶體」。

所以，上帝「耶和華」的這個要求，有可能是「外星人太空船」的部分機械有損害的問題，所以「指揮官耶和華」才會透過「摩西」，取得所需要的維修材料。

由以上的推論可以得知，《舊約聖經》中的一些無法理解的現象，或許是「外星人」的傑作。在「創世紀」裡，「亞當」與「夏娃」可能就是「外星人科學家」用「基因科技」造出來的，而有些「地球人」是「外星人」的「混血後裔」。

在「出埃及記」中，那爲賦與「摩西」大能，協助「以色列人」渡過「紅海」，並且在「西奈山」上授與「摩西」「十誡」的上帝「耶和華」，可能就是「外星人太空船」的「指揮官耶和華」。

而在《舊約聖經》創世紀裡，提到創造人類的「神（God）」，在原始「希伯來」文字記載爲「耶洛因（Elohim）」，意指「從天上來的人」，是一個複數形字眼。

總而言之，《舊約聖經》中的許多神祕而難解的現象，都能夠以「外星人」的角度去詮釋。

十、上帝「耶和華」所謂的「義人」？

「義」這個字，最早出現在《舊約聖經》的時候，是在「創世紀」的第十五章的第六節。

●《舊約聖經》創世記：

15:6 「亞伯蘭」信「耶和華」，「耶和華」就以此爲他的「義」。

世人把「義」這個字，用在「法律」上面。在「法律」上面，是指像法官判案時，一切按照法律，不偏不倚，不徇私情，非常公正的。所以，《舊約聖經》稱一個人爲「義人」，就是說這個人過著非常正直的生活，不偏不倚的生活。

而這個「不偏不倚」的「標準」在哪裡呢？「標準」就是上帝「耶和華」的法律。所以，上帝「耶和華」的「法律」，被稱爲「義」。一個按照上帝「耶和華」的「法律」去生活的人，我們稱爲「義人」。

在《聖經》裡，上帝耶和華」時常提到「義人」這個名詞。「義人」的原文「Righteous」是「正義的；公正的；正當的」的意思，但是《聖經》裡的「義人」並不是指「一個人的道德行爲很好」，也不是指「正義的人」，而是指「此人必須先和神有『約』的關係，並且遵守神的律法。」也就是說「一個人因爲『信神』，導致他會遵守神的律法。」

但是，「義人」不是在道德上毫無瑕疵的人，許多被上帝「耶和華」稱爲「義人」的人，《聖經》都記載了，他們有許多道德上的瑕疵，例如：約伯、摩西、大衛、以利亞、參孫等人。即使「義人」犯錯，但是《聖經》卻說上帝「耶和華」卻聽「義人」的禱告。

●《舊約聖經》箴言：

15:29「耶和華」遠離「惡人」．卻聽「義人」的禱告。

因爲，一個與神有「聖約」關係的人，由於他是按照神的「誡命」跟「應許」來祈求的，於是他被視爲「義人」，而他的「禱告」必蒙垂聽。

例如：「大衛」犯下許多很嚴重的罪，爲什麼還能「稱義」呢？因爲他知道，他所得罪的是，唯有神能夠拯救他，赦免他的罪。

「羅馬書」引用《舊約聖經》說，沒有「義人」是對的。理由很簡單，眞的沒有一個靠自己的「善行」來「稱義」的人，連一個也沒有。凡是不求告主名的人，都不是「義人」。

●《新約聖經》羅馬書：

3:10就如經上所記、「沒有義人、連一個也沒有」。

因此，「保羅」說「沒有義人，連一個也沒有。」就是從這個本質上說的。人想要靠「守律法」來成全「救恩」，是無效的。

另外，有一個很重要的觀念，大家必須知道。我們所說的「好人、善人」，是不能上「天堂」的。上帝「耶和華」只接納「義人」，而「好人、善人」從來不是上「天堂」的條件。

這是爲什麼呢？因爲人世間所謂的「好」，是人類自己所訂定的標準，不是上帝耶和華」所認定的。

●《新約聖經》哥林多前書：

4:4 我雖「不覺得自己有錯」、卻也「不能因此得以稱義」。但「判斷我的乃是主」。

6:9 你們豈不知、「不義的人」不能承受　「神的國」麼。不要自欺．無論是淫亂的、「拜偶像的」、姦淫的、作孌童的、親男色的。
6:10偷竊的、貪婪的、醉酒的、辱罵的、勒索的、都不能承受　「神的國」。
6:11你們中間也有人從前是這樣．但如今你們「奉主耶穌基督的名」、並藉著我們　「神的
靈」、已經洗淨、「成聖稱義」了。

因此，一個人是否能被上帝「耶和華」接納，取決的要點只有「義」。因爲《舊約聖經》中，「義」的標準是來自於上帝「耶和華」的誡律與要求。

說到這裡，「讀者們」應該會覺得，人是可以達到《舊約聖經》所說的「義」，而且很簡單，就是「願意相信上帝的話」，就是「義人」；而「不願意相信上帝的話」就是「不義」，就是「惡人」。

在「末日審判」的時候，「相信上帝」的「義人」，就可以上「天堂」；而「不相信上帝」的「惡人」，就要下「火湖地獄」。也就是說「順上帝者生，逆上帝者亡。」

而且你不能質疑爲什麼是這樣？因爲這是上帝「耶和華」的定律，祂是造物主，祂說的話就是「誡律」，你不能質疑和辯解。

●《舊約聖經》詩篇：

9:17「惡人」、就是「忘記　神的外邦人」、都必歸到「陰間」。

●《新約聖經》路加福音：

1:6 他們二人、在　神面前都是「義人」、遵行主的一切誡命禮儀、沒有可指摘的。

●《舊約聖經》傳道書：

3:17我心裡說、 神必審判「義人」和「惡人」．因爲在那裡、各樣事務、一切工作、都有定時。

●《舊約聖經》瑪拉基書：

3:18那時你們必歸回、將「善人」和「惡人」、「事奉 神的」和「不事奉 神的」、分別出來。

●《新約聖經》馬太福音：

13:49世界的末了、也要這樣．「天使」要出來從「義人」中、把「惡人」分別出來。

「保羅」提出「因信稱義」以解決「外邦人問題」，「因信稱義」是「基督教」的核心教義，「稱義」在於「相信耶穌基督」。而這也是今日「基督信仰」所傳道的核心，「耶穌基督」是所有人可以來到「父神」面前，蒙悅納「稱義」的絕對保證，除他之外，別無拯救。

當一個人承認自己的罪，願意悔改並且願意相信接受「耶穌基督」成爲個人的救世主。那麼，他就被神定義爲「義人」，享有一個「榮耀的身分」，而這樣寶貴的身分，卻透過如此簡單的方式獲得所以，《聖經》上說，這是人的「福音」。在這個世界上，你要成爲「義人」，要比成爲「好人」容易許多。

下面節錄《聖經》裡，談到關於「義人」的經文。

●《新約聖經》羅馬書：

1:17因爲 「神的義」、正在這「福音」上顯明出來．「這義是本於信」、以致於信．如經上所記、『義人必因信得生。』

3:23因爲世人都犯了罪、虧缺了　「神的榮耀」。
3:24如今卻蒙　「神的恩典」、因「基督耶穌」的「救贖」、就白白的「稱義」。
3:25神設立「耶穌」作「挽回祭」、是憑著「耶穌的血」、藉著「人的信」、要顯明　「神的
義」・因爲他用忍耐的心、寬容人先時所犯的罪。
3:26好在今時顯明「他的義」、使人知道他自己爲「義」、也稱「信耶穌的人」爲「義」。
3:27既是這樣、那裡能誇口呢・沒有可誇的了。用何法沒有的呢、是用立功之法麼・不是、乃用
「信主之法」。
3:28所以（有古卷作「因爲」）我們看定了、「人稱義」是「因著信」、不在乎「遵行律法」。
3:29難道　神只作「猶太人的　神」麼・不也是作「外邦人的　神」麼・是的、也作「外邦人的
神」。
5:1 我們既「因信稱義」、就藉著我們的主「耶穌基督」、得與　神相和。
5:2 我們又藉著他、「因信」得進入現在所站的這「恩典」中、並且歡歡喜喜盼望　「神的榮
耀」。
5:8 惟有「基督」在我們還作「罪人」的時候爲我們死、　「神的愛」就在此向我們顯明了。
5:9 現在我們既「靠著他的血稱義」、就更要藉著他免去　「神的忿怒」。
10:9 你若口裡「認耶穌爲主」、「心裡信　神」叫他從死裡復活、「就必得救」。
10:10因爲「人心裡相信、就可以稱義」・「口裡承認、就可以得救」。

●《新約聖經》加拉太書：

2:16既知道人「稱義」、「不是因行律法」、乃是「因信耶穌基督」、連我們也信了「基督耶穌」、使我們「因信基督稱義」、「不因行律法稱義」．因爲凡有血氣的、沒有一人「因行律法稱義」。

3:8 並且「聖經」既然預先看明、 神要「叫外邦人因信稱義」、就早已傳「福音」給「亞伯拉罕」、說、「萬國都必因你得福。」

3:11沒有一個人「靠著律法」在 神面前「稱義」、這是明顯的．因爲經上說、「義人必因信得生。」

十一、什麼是「三位一體」？

「三位一體（TRINITY）」是「基督教」的術語，是上帝「耶和華」的神學理論，建立於第一次「尼西亞公會議」的《尼西亞信經》。

「三位一體論」主張：聖父、聖子、聖神（「天主教會」翻譯爲「聖神」，「東正教會」和「新教（基督教）」則翻譯爲「聖靈」）三個不同的「位格」爲同一「本體」、同一「本質」、同一「屬性」，是一位「上帝」，他們以「同本體論」來表達他們之間的關連。

要了解「三位一體」的意思，就必須先了解「本體」和「位格」這兩個名詞。

(1)本體／實體（substance）：源自拉丁詞substantia，就是獨一，不可分割的質性，做爲「根基（本體）」的東西。」就好像一個人若沒有「靈魂」，那這個人就不是「活人」，「靈魂」就是一個「活人」最眞實的「本體（實體）」，最眞實的本質。

(2)位格（person）：源自拉丁詞persona，是指他是有性格（personality），即有理智、有情感、有決定力及行動的。所以，「人」有位格，「天使」有位格，「動植物」沒有位格，「桌椅」沒有位格。「聖父」、「聖子」及「聖靈」乃是分別的個體，每一位都有理智、有情感、有決定力及行動的，所以每一位都是有「位格」的。

所謂「三位一體」，就是說「上帝」有三個「位格」，存在於同一的「本體」中的意思。「上帝」有三個「位格」，即「聖父、聖子、聖靈」。三個「位格」的神性「本體」只有一個，就是「上帝」。「聖父」不是「聖子」，「聖子」不是「聖靈」，「聖靈」也不是「聖父」；但是，「聖父、聖子、聖靈」都是「上帝」。

「三位一體」把《聖經》中，所記述的對「上帝」本性的認識的三個中心要素放在一起，即：「神」創造世界、「神」藉著「耶穌基督」救助人類、「神」藉著「聖靈」與「基督徒」同在。「三位一體」是說，「聖父、聖子、聖靈」這三個要素，繫於「同一位神」。而不是說「有一位神」創造世界，「另一位神」施行救贖，又有「第三位神」與「基督徒」同在，而是說「同一位神」，做這三件最重要的事情。

神是獨一的，只有一位神。「聖子」是「聖父」的化身和彰顯，「聖靈」是「聖父」和「聖子」的實際和實化。

在《舊約聖經》創世記中，有提到「三位一體」的概念，《新約聖經》爲「三位一體」的「教義」提供了信仰根據，主要見於「約翰福音」和「馬太福音」等部分，這一個「教義」是經過幾個世

「三位一體」的論點，在「基督教」各教派之間，是有爭議性的。我們先來看「三位一體」的起源歷史。

(1)在「基督教」的「教會」成立初期，《聖經》所記載的歷史，沒有記錄「耶穌」和「使徒」討論「三位一體」的問題。

(2)第一世紀的「基督徒」敬拜「耶穌基督」和崇拜「天父」，奉「父、子、聖靈」的名受洗（受浸），卻沒有使用「三位一體」這個名詞。

(3)第一、二世紀的「教父（如創辦「耶穌會」的「伊納爵」、在「羅馬」殉教的「游斯丁」等）」運用「三位一體」的概念，但是沒有使用這個名稱。

(4)從公元二至五世紀，「基督教」的教父們，根據《聖經》再結合「古希臘」和「古羅馬」哲學的學說（包括「新柏拉圖學派」和「斯多葛學派」的學說），形成了一派「神學」，即所謂「亞歷山大派的神學」，建立出一套屬於「基督教」的「教父哲學」。

(5)第一位使用「三位一體」一詞的，是拉丁教父「特士良（Tertullian）」。他用「本體（essence）」來說明「神性」及「神性」所包括的一切，指「聖父、聖子、聖靈」同有相同本質，只是相互關係的不同。

「特士良」是第一位使用「三一（拉丁文Trinitas）」的神學家，是第一個用「位格（person）」一詞來分析「三位一體論」關係的作者。他首先用拉丁字trinitas（三位一體）來指「上帝」，並且最早發展出「三個位格，一個實體（one substance in three persons）」的公式語。後來，「三位一體（Trinitas）」這個名詞，一直被「教會」所採用。

(6)公元三世紀，「亞歷山太學派」的的希臘教父「俄利根（Origenes Adamantius）」和教宗「狄約尼削（Sanctus Dionysius PP.）」都支持「三位一體」的論點。

(7)在公元四世紀初，當時有一位名叫「亞流（Arius）」的亞歷山太長老，在公元三一八年左右，和亞歷山太主教「亞他那修」發生意見衝突。他主張只有「聖父」是眞神，「聖子」在「本質」上不同，「聖子」是受造的，只是與神有相似的「本質（homoiousios）」，不是與神同樣的「本質」。這激發當時的「教會」，不得不特別召開「尼西亞會議」來澄清這教義。

(8)「亞流教派（Arianism）」，即「亞流主義」，是公元四世紀「亞歷山大港正教會」的「包加里教區」長老「亞流」及其支持者的「基督徒」派別，故稱「亞流派」。「亞流派」認爲《聖經》的啟示說明，「耶穌」次於「天父」。「亞流」派拒絕使用「本體相同」這個名詞，去描述「耶穌基督」與「父神」的關係，而是採用「本體相異」來描述。

「亞流」倡言只有「聖父」才是完全的上帝。「聖子」，是在創造萬物之先被造的。「亞流」擔心如果「聖子」與「聖父」同樣有完全的「神性」，那就變成了「兩位上帝」。因此，他對信徒的教導是「耶穌基督」雖然像「上帝」，但祂並不全然是「上帝」。在當時有許多「東方教會」的領袖，支持「亞流」的說法，也有一些是強烈反對他的。

(9)「亞他那修（Athanásios Alexandrías）」是「東方教會」的「教父」之一，是「埃及亞歷山大城」的「主教」，被列爲「基督教」聖人之一。

當時的「亞流主義」強調「基督」是「受造物」，是被「上帝」造成，而且是非人也非神的

「半神」。「亞他那修」和他們爭論，如果「基督」是「受造者」，他怎能成為我們的救主呢？

此外，「亞他那修」也指出，在公元四世紀時，「基督徒」聚會常公開的向「耶穌」敬拜、讚美、禱告如同敬拜神一樣；若「基督」是「受造物」，「基督徒」的聚會，便有「拜偶像的罪」。

⑽公元三二五年，羅馬皇帝「君士坦丁大帝」在拜占庭「尼西亞（今土耳其布爾薩省伊茲尼克）」召集「第一次基督教大公會議」（後世稱為第一次尼西亞公會議），此會議乃「基督教」歷史第一次的歐洲世界性「主教會議」，確立了一些影響深遠的「宗教法規」和現今普遍「基督教會」接納的「傳統教義」。

會議主要是解決「亞歷山大港教會」中，「耶穌」與「天父」關係，理解上的分歧：「耶穌」與「天父」是「同質」，還是「異質」？

會議中，「亞流派」拒絕「永遠生出」的概念，而「亞他那修」卻堅稱此點。「亞流派」說，「聖子」是從無中被創造出來的，而「亞他那修」則主張，他是從「聖父」的「本質」中而生出來的。

「亞流派」主張，「聖子」與「聖父」並非是「同質的」，而「亞他那修」堅稱，「聖子」是與「聖父」同質的。」。

會議最後，表決通過《尼吉亞信經》，並採用了關鍵性字詞「聖子與聖父同質（homoousios）」，公認「耶穌」和「聖父」是同一個本質，是同等的。

《尼西亞－君士坦丁堡信經》，又稱《尼吉亞信經》，是西方教會三大信經之一、「東方教會」唯一的《信經》，也是「基督教」最古老的「祈禱文」之一。

《尼西亞信經》是第一和第二次「大公會議」關於「基督教」信仰的一項基本議決，主張「聖子」和「聖靈」出於「眞神」而爲「眞神」，「受生」和「發出」而非「受造」；確定了「神」乃「三位一體」的理論，卽所謂「聖父、聖子、聖靈」，三位的「神本質」爲一，而並無分裂。接受並且信奉此《信經》的有「天主教會」、「正教會」、「東方正統教會」以及其他「新教」主要教派（包括「聖公會」和「信義宗（路德宗）」）。

會議宣告「三位一體」爲正統，還譴責反對的「亞流派」，將「亞流派」判爲「異端」。但是，會議的決定並沒有止息爭端，只是成爲爭端的開始。這個鬥爭持續了多個世紀，直到中世紀，人們再用「哲學」和「心理學」去解釋教義，「三位一體」至此完全確立。

⑾在「宗教改革時期」，「新教」改革家「克爾文」進一步說明「三位一體」的教義，故此這也是「新教」信仰的一部分。直到現代，傳統「基督宗教」均恪守「三位一體」爲傳統的重要教義。

其實，在《新約聖經》裡，並沒有明確使用「三位一體」這個名詞，「三位一體」的理論基礎，建基於一些《聖經》的經文。

其中包括在經文用「名」是單數，「三位一體」的支持者指「父、聖子、聖靈」，「聖」乃共用「上帝」的名。一些經文被視爲「隱含三位一體」的思想，而「教父」和「護教士」加以立論及宣講。

在「創世紀」第一章第二十六節，神說：「我們要照著我們的形象，按著我們的樣式造人」經文中，神自稱「我們」。在第三章第二十二節，神又再度自稱「我們」。

●《舊約聖經》創世記：

1:26 神說、「我們」要照著「我們」的形像、按著「我們」的樣式造人、使他們管理海裡的魚、空中的鳥、地上的牲畜、和全地、並地上所爬的一切昆蟲。

3:22「耶和華」　神說、那人已經與「我們」相似、能知道善惡．現在恐怕他伸手又摘「生命樹」的果子喫、就永遠活著。

另外，在「創世記」第十一章第六至八節，又再次提到「我們」。

●《舊約聖經》創世記：

11:6「耶和華」說、看哪、他們成爲一樣的人民、都是一樣的言語、如今既作起這事來、以後他們所要作的事、就沒有不成就的了。

11:7「我們」下去、在那裡變亂他們的口音、使他們的言語、彼此不通。

11:8 於是「耶和華」使他們從那裡分散在全地上．他們就停工、不造那城了。

注意：第六節「耶和華」，既是一位，怎麼又說「我們下去……」？既說「我們下去」，下文第八節卻仍是一位「耶和華」，可見這「獨一的神」是合一的「我們」。

另外，在「以賽亞書」第六章第八節，又提到「我們」。

●《舊約聖經》以賽亞書：

6:8 我又聽見主的聲音說、我可以差遣誰呢、誰肯爲「我們」去呢．我說、我在這裡、請差遣我。

在此，這位單一的「主」用了單數的「我」，同時又用雙數的「我們」，可見這「獨一的神」所顯示給人的是，可以同時用「我」或「我們」的。這是《聖經》提到「三位一體」之神時，獨特的用法。

在《新約聖經》「馬太福音」第二十八章第十九節，有提到「父、子、聖靈」的名字。

●《新約聖經》馬太福音：

28:19所以你們要去、使「萬民」作我的「門徒」、奉「父子聖靈」的名、給他們施洗。（或作「給他們施洗歸於父子聖靈的名」）

經文中，在此「奉……的名」，「名」字在原文是「單數」，而「奉父子聖靈的名、給他們施洗．」，也清楚顯示了「三一神」的眞理。

使徒「保羅」爲「哥林多」信徒祝福時，也把「父、子、聖靈」合在一起，成爲今日教會最常用的祝詞：「願主耶穌基督（聖子）的恩惠，神（聖父）的慈愛，聖靈的感動，常與你們衆人同在。」。

●《新約聖經》哥林多後書：

13:14願主「耶穌基督」的恩惠、「神」的慈愛、「聖靈」的感動、常與你們衆人同在。

在「哥林多前書」第十二章四至六節，和「以弗所書」第四章四至六節中，明白指出「聖靈，聖子，聖父」三位，卻又是同在衆人心裡運行的神。

●《新約聖經》哥林多前書：

12:4 「恩賜」原有分別、「聖靈」卻是一位。

12:5 「職事」也有分別、「主」卻是一位。

12:6 「功用」也有分別、 「神」卻是一位、在眾人裡面運行一切的事。

●《新約聖經》以弗所書：

4:4 「身體」只有一個、「聖靈」只有一個、正如你們蒙召、同有一個指望、

4:5 一主、一信、一洗、

4:6 一 神、就是「眾人的父」、超乎「眾人」之上、貫乎「眾人」之中、也住在「眾人」之內。

綜合以上所說，我們可以得知，「基督教」所謂的「三位一體論」，在《舊約聖經》和《新約聖經》的經文裡，都沒有提到，純粹只是後人的臆測。而且至今，「基督教」本身還分成「贊成」和「反對」兩大派，仍然爭論不休。

有趣的是，在「佛教」也有「三位一體論」，只是名稱不同，稱爲「三身」。我們來看看「佛光大辭典」是怎麼解釋的。

●名相：三身

◎釋文：梵語 traya。又作「三身佛、三佛身、三佛」。「身」即「聚集」之義，聚集諸法而成身，故「理法之聚集」稱爲「法身」，「智法之聚集」稱爲「報身」，「功德法之聚集」稱爲「應身」。

各經論所舉「三身」之名稱與解釋不一。

（一）《十地經論》等諸經所說之「三身」，即：

⑴法身，爲證顯「實相眞如」之理體，無二無別，常住湛然，稱爲「法身」。

⑵報身，酬報因「行功德」而顯現相好莊嚴之身。

⑶應身，順應所化「衆生之機性」而顯現之身。

（二）《金光明經》所說之「三身」，即：「法身、應身、化身」。

⑴「如來」昔在「因地」修行中，爲一切衆生修種種法至修行滿，因「修行力」故，「得自在」而能隨應衆生現種種身，稱爲「化身」。

⑵「諸佛如來」爲令「諸菩薩」得通達，並體得「生死涅槃」一味，以爲「無邊佛法」而作本，故示現此具足「三十二相」、「八十種好」、「項背圓光」之身，稱爲「應身」。

⑶爲滅除「一切諸煩惱」等障而具足一切之諸善法故，唯有如如如如智，稱爲「法身」。

（三）《解深密經》卷五所說之「三身」，即「法身、解脫身、化身」。其中：

⑴「化身」指「八相示現」之身；

⑵「解脫身」指「五分法身」；

⑶「法身」指於諸地「波羅蜜多」，善修「出離轉依成滿」之妙果。

（四）禪宗「六祖惠能」以「自性」來解釋「三身」：

⑴清淨法身佛，謂「吾人之身」卽是「如來法身」，故吾人之「自性」本卽清淨，並能生出一切諸法。

⑵圓滿報身佛，謂「自性」所生之「般若之光」若能滌除一切「情感欲望」，則如一輪明日高懸於萬里晴空之中，光芒萬丈，圓滿無缺。

⑶自性化身佛，謂吾人若能堅信「自性之力」勝於一切「化身佛」，則此心向惡，便入「地獄」，若起毒害之心，便變為「龍蛇」；若此心向善，便生「智慧」，若起「慈悲之心」便變為「菩薩」。

第四單元 《舊約聖經》的內容

《塔納赫》（Tanakh），是「猶太教」正統版本的《希伯來聖經》，是「猶太教」的第一部重要經典。後來的「基督教」，全盤收納爲《聖經》全書的前部分，稱爲《希伯來聖經》或是《舊約聖經》。但是，在「猶太人」來說，《塔納赫》並不是「舊的約」，而是「始終如一的約」。

有「學者」認爲，《舊約聖經》是由「巴比倫之囚時期」開始撰寫，直到公元前一世紀爲止，在此大約二百四十年的期間寫成。

《舊約聖經》在「耶穌」誕生之前，已經被輯錄成書，在「基督教」的教義來看，與「耶穌」誕生之後成書的《新約聖經》連成一脈。

《舊約聖經》通常被分類爲「摩西五經」、「歷史書」、「詩歌智慧書」、和「大先知書」和「小先知書」五個部分，內容略述如下：

(1)摩西五經：

①創世記②出埃及記③利未記④民數記⑤申命記。

(2)歷史書：

①約書亞記②士師記③路得記④撒母耳記上⑤撒母耳記下⑥列王紀上⑦列王紀下⑧歷代志上⑨歷代志下⑩以斯拉記⑪尼希米記⑫以斯帖記。

(3)詩歌智慧書：

①約伯記②詩篇③箴言④傳道書⑤雅歌。

(4)大先知書：

①以賽亞書②耶利米書③耶利米哀歌④以西結書⑤但以理書。

(5)小先知書：

①何西阿書②約珥書③阿摩司書④俄巴底亞書⑤約拿書⑥彌迦書⑦那鴻書⑧哈巴谷書⑨西番雅書⑩哈該書⑪撒迦利亞書⑫瑪拉基書。

下面略述每本書的內容如下：

一、摩西五經

(1)創世記：

《創世記》是《摩西五經》的第一本書，內容包括「耶和華創造天地」、「人類墮落的原因」、「該隱的嫉妒與謀殺親弟弟亞伯」、「耶和華降下洪水」、「巴別塔與人類語言的變亂」、「耶和華與亞伯拉罕的交往」、「雅各與他的十二個兒子」、「約瑟的事跡」等。

(2)出埃及記：

《出埃及記》是《摩西五經》的第二本書，主要是講述「以色列人」如何在「埃及」受到迫害，然後由「摩西」帶領他們離開「埃及」的故事。

(3)利未記：

《利未記》是《摩西五經》中的第三本書，整本書的內容，主要是記述有關上帝「耶和華」指派的「利未族」「祭司團」，所需要謹守的一切律例，後來「猶太人」也把此書稱爲「祭司的手冊」。「利未人」是「雅各」的第三子「利未」的後裔，負責「以色列人」的「祭祀」工作，不參與「分配土地」，不算入「以色列十二支派」之一。「利未人」對神忠心，被上帝「耶和華」揀選爲事奉祂的支派。所有的「祭司」都屬於「利未支派」，他們的工作是協助料理「會幕」，並向百姓講解「律法」。

(4)民數記：

《民數記》是《摩西五經》中的第四本書，是「以色列人」的第一次「人口普查」文獻，其普查時間在「以色列人」離開「西乃山」之前。四十年後，又舉行了一次普查，同時也記錄了「以色列」遷居的過程。

(5)申命記：

《申命記》是《摩西五經》中的第五本書，「以色列人」在曠野中流浪了四十年之後，「摩西」寫下此書，來闡述他們的未來，關於他們在「約旦河」的對岸會遭遇的困難，和「摩西」向百姓提出最後訓示。

二、歷史書

(1)約書亞記：

《約書亞記》記錄了「以色列人」由「約書亞」帶領，進入應許之地的過程。

(2)士師記：

《士師記》內容記述魔鬼的宗教，如何纏繞爲害以色列民，以及上帝「耶和華」怎樣借助他所任命的「士師」，來憐憫悔改的百姓，拯救他們。這個時期共有十二位的「士師」，他們也包括「陀拉」、「睚珥」、「以比讚」、「以倫」和「押頓」。上帝「耶和華」爲「士師」爭戰，以祂的「靈」幫助他們作戰。

(3)路得記：

《路得記》這一篇，是《舊約聖經》中，少數以「女性」爲主角的內容。這本書講述「大衛王」的曾祖父和曾祖母的故事，圍繞在「路得」這一位人物中展開。

(4)撒母耳記上：

《撒母耳記上》將「以色列」四位領袖的生平，分別作出完整或部分的介紹，他們分別是：大祭司「以利」、預言者「撒母耳」、「以色列王國」的首任君王「掃羅」以及第二任君王「大衛」。本書雖然以「撒母耳」命名，但他顯然不是這本書的作者，因爲他的離世，記錄在《撒母耳記上》結束之前，他不可能記載下卷提及的大衛王以後的事蹟。

(5)撒母耳記下：

《撒母耳記下》原和《撒母耳記上》合併爲一冊，主要記錄「以色列王國」第二位國王「大衛」執政其間的歷史。

(6)列王紀上：

《列王紀上》記載「以色列」從「大衛」去世之後的一段的歷史，與《列王紀下》一起構成《列王紀》。在《列王紀上》，「以色列王國」分裂爲北方十個支派的「以色列王國」和南方二個支派的「猶大王國」。

(7)列王紀下：

《列王紀下》原本和《列王紀上》是一本《列王紀》，後來根據「希臘語譯本」拆分爲兩冊。《列王紀下》一書，繼續記述「以色列國」和「猶大國」的動亂情況。有越來越多的「以色列」君王深陷於罪惡之中，直到北部的「以色列王國」於公元前七四〇年，遭到「亞述的國」傾覆爲止。南部的「猶大王國」有幾位傑出的國君，他們曾經一度遏止了叛道趨勢的蔓延。但是，到了公元前六〇七年，「尼布甲尼撒二世」執行了上帝「耶和華」的判決，終於摧毀了「耶路撒冷」、「聖殿」以及「猶大王國」的國境。這一切都應驗了上帝「耶和華」的預言，使他的聖名獲得洗雪。

(8)歷代志上：

《歷代志》在《希伯來聖經》中是一本書，後來《舊約聖經》被翻譯成「希臘文」的時候，才分爲兩部分。關於本書的作者是誰，到今天還沒有肯定的結論。本書的大綱是「族譜」：「由亞當到大衛」、「大衛的傳統」、「所羅門的傳統」、「猶大列王的傳統」。

(9)歷代志下：

《歷代志下》繼《歷代志上》，記述「猶大王國」列王的歷史，從「所羅門」登基作王起，建造「聖殿」，直到「西底家」被擄至「巴比倫」，以及波斯王「古列」下詔重建「聖殿」爲止。《歷代志下》記載五次「國家的復興」和「神四次的拯救」，也有四次記述「國王因成功而驕傲，遭到不幸。」。

(10)以斯拉記：

《以斯拉記》是由「以斯拉」在公元前四六〇年左右完成，他是「祭司」的後裔，文獻中將「以斯拉」稱爲「文士以斯拉」，是「猶太教」中一個德高望重的人物。

《以斯拉記》描述在「波斯帝國」摧毀「巴比倫帝國」之後，他如何領導原本住在「巴比倫」，大約有一千五百名的「猶太人」返回到家鄉「耶路撒冷」，並且執行對《摩西五經》的遵守，以及淨化「異族通婚」的社會。《以斯拉記》就是記述「以斯拉」在這段時期的經歷。

(11)尼希米記：

《尼希米記》講述「耶路撒冷」城牆的重建，以及神繼續見證「選民的恢復」，以完成祂的經綸。「尼希米」是《尼希米記》的中心人物，該書記載他重建「耶路撒冷」和淨化「猶太社區」的工作。他是「哈迦利亞」之子，可能屬於「猶大支派」。

波斯王「阿爾塔薛西斯一世」在位第二十年（公元前四四五），「尼希米」擔任國王的「酒政」（在王喝酒之前，先爲他試過酒是否有毒。）。當他聽說「耶路撒冷」的城牆被毀，便向國王請求返回重建城牆，「阿爾塔薛西斯一世」任命他爲「猶大總督」，使命是「重建城牆」。

(12)以斯帖記：

《以斯帖記》是以「以斯帖」命名的，「以斯帖」是「猶大人」，是個孤女。在「書珊城」有一個「猶大人」，名叫「末底改」，是「便雅憫人」。從前巴比倫王「尼布甲尼撒」，將猶大王「耶哥尼雅」和百姓從「耶路撒冷」擄去，「末底改」也在其中。「末底改」撫養他叔叔的女兒「哈大沙」（後來改名爲「以斯帖」），這個女子容貌俊美，她父母雙亡，「末底改」就收養她爲自己的女兒。

後來，「波斯帝國」國王「亞哈隨魯」立「以斯帖」爲王后。在遭遇「以色列人」的民族危難之際，她勇敢擔起使命，和「以色列人」全族禁食三天，在上帝「耶和華」的保護下，運用自己的智慧，揭露「哈曼」的「滅猶太族陰謀」，拯救「以色列人」免於滅族之災，此後二千四百年中，一支「猶太人」的支派一直住在「波斯」。

三、詩歌智慧書

(1)約伯記：

《約伯記》是第一部詩篇性著作，也是《聖經》全書中最古老的書籍，大約寫於公元前二〇〇〇至一八〇〇年之間。

有個地方叫「烏斯」，那裡住著一個崇拜上帝「耶和華」的富人，名叫「約伯」。「約伯」正直又良善，喜歡幫助貧窮的人也幫助孤兒寡婦。在天堂裡，魔鬼「撒但」來找上帝「耶和華」。

上帝「耶和華」對「撒但」說：「你看看我的僕人約伯！地上沒有人像他那麼好。他聽從我的話，做正確的事。」「撒但」回答說：「你保護他，賜福給他，給了他很多土地和牲口，他當然服從你了。如果把這些都拿走，他肯定不會再崇拜你了。」上帝「耶和華」說：「好！你可以考驗約伯，但不准你傷害他的性命。」

於是「撒但」開始不斷給「約伯」製造災禍。首先是痛失家人和所有財物，「撒但」還沒有罷休，他讓「約伯」得了嚴重的皮膚病。「約伯」全身的皮膚都爛了，非常痛苦，他不知道自己爲什麼遇到這麼多災難，但他還是崇拜上帝「耶和華」。上帝「耶和華」看到他忠心耿耿，感到非常欣慰。

後來，「約伯」的考驗結束了。上帝「耶和華」治好「約伯」的病，讓他擁有的比以前更多。「約伯」又過著快樂的日子，活了很久。

(2)詩篇：

《詩篇》是古代「以色列人」對上帝「耶和華」眞正敬拜者所記錄的一輯受感示的詩歌集，包括一百五十首可用音樂伴唱的神聖詩歌，供人在「耶路撒冷」的「聖殿」中對主作公開崇拜時唱詠之用。

這些詩歌除了對主的頌讚之外更含有許多禱告，也透露對主充滿信賴的心聲。《詩篇》的作者和作品如下：「希幔與以探的訓誨詩（八十九篇）」、「大衛總共作了七十三篇的詩」、「亞薩所寫的十二篇」、「可拉後裔的十一篇」、「耶杜頓撰寫的三篇」、「所羅門撰寫的兩篇」及「摩西寫的一篇」。

(3)箴言：

《箴言》的意思是「智慧的話」，教導人如何行事爲人。本書主要是教導人過智慧而且正確的生活。這裡所指的「智慧」，不是指「人的智力」；敬畏神和順從祂的律法，才是眞智慧的實質。

《箴言》的大綱如下：「頌揚智慧」、「所羅門箴言第一集」、「智慧人的箴言」、「所羅門箴言第二集」、「亞古珥的箴言」、「利慕伊勒王的箴言」和「附錄」。

(4)傳道書：

《傳道書》成書於公元前一千年。書中並沒有特別提及所羅門的名字，但有幾段經文頗明確地顯示他便是這書的執筆者。作者自稱爲：「在耶路撒冷作王、大衛的兒子」（卽所羅門）。

《傳道書》討論「生命的意義」及「最佳生活方式」。他宣稱人類所有活動都是內在的「虛空」、「無用」、「捕風」，無論智慧愚拙，人終有一死。「傳道人」明確表示，「智慧」是有助於過好塵世人生。在不知不覺中，人應該享受每日簡單的快樂，如吃喝勞作，這都是上帝的恩典。

⑸雅歌：

《雅歌》這個名字，取自書中的首句：「所羅門的歌，是歌中的雅歌。」根據希伯來文的逐字譯法，這個名字是「歌中之歌」，意卽卓越絕倫的歌。《雅歌》的作者應該是「大衛」的兒子「所羅門王」，因爲書中七次提到「所羅門」的名字。《雅歌》寫作的日期，推斷爲「以色列王國」分裂以前的時期。

《雅歌》是以「歌頌兩性的愛」爲主：「兩人互道稱讚，與對對方的渴求，並奉獻自身的欣賞。」在現代「猶太教」中，《雅歌》會在「逾越節」期間，在「安息日」讀出，標誌著豐收之始和作爲離開「埃及」的紀念。「猶太」傳統認爲它把「二人愛侶的關係」，寓意著「神和以色列的關係」。

四、大先知書

⑴以賽亞書：

《以賽亞書》由先知「以賽亞」執筆，大約在公元前七二三年之後完成。記載關於「猶大國」和「耶路撒冷」的背景資料，以及當時「猶大國」的人民在上帝「耶和華」面前所犯的罪，並且透露上帝「耶和華」將要採取判決與拯救的行動。在第五十三章裡，整章描述大約在七百年之後，將來臨的

「彌賽亞」的遭遇與人格特質。

(2)耶利米書：

《耶利米書》的內容，主要是先知「耶利米」的講辭。這些單元的內容都應該是出自先知「耶利米」的口述，但記錄者未必是他本人。

本書大綱有：「先知蒙召」、「神對猶大的審判」、「耶利米與假先知的爭論」、「安慰之書」、「約雅敬，西底家年間史事。」、「耶路撒冷淪陷史事」、「論及列國的信息」、「記載補篇，耶路撒冷淪陷，巴比倫王恩待約雅斤。」等。

(3)耶利米哀歌：

《耶利米哀歌》的寫作背景是，在公元前五八六年，巴比倫王「尼布甲尼撒」把「耶路撒冷」夷爲平地。這首哀歌爲「上帝的選民」，在歷史上所經歷的慘痛毀滅，發出深切的哀悼。一般都認爲，此書應該在「耶路撒冷」陷落後不久寫成。

城市受敵人圍困，繼而被烈火焚燒，這種可怕的經歷，在「耶利米」的腦海中印象猶新。他把自己的痛苦淋漓盡致地描述出來。此書沒有道出作者的名字，但是「猶太人」的傳統，一向都主張《耶利米哀歌》是「耶利米」執筆的。

(4)以西結書：

《以西結書》的作者，普遍認爲是猶太先知「以西結」。《以西結書》中有很多異象和使徒「約翰」所寫的《啟示錄》，有很多類似的地方。這本書分爲三部分，書中大部分的「預言」，都按照年代先後和題目而編排。

第一部分，由第一至二十四章，記載有「耶路撒冷」必遭毀滅的警告信息；第二部分，第二十五至三十二章，記載有多個「外邦國家」必遭毀滅的預言；最後部分，第三十三至四十八章，含有許多關於「以色列民族復興」的預言，最後包括「新聖殿」和「聖城」的異象。《以西結書》和《啟示錄》的內容，以另外的角度來詮釋，就是「外星人」在地球的活動描述。

⑸但以理書：

《但以理書》是公元前六世紀的作品，作者是先知「但以理」。本書的大綱：「但以理與友人的見證（但以理為尼布甲尼撒二世解巨人像之夢、解大樹之夢解粉牆之文字）」和「但以理所見的異象（四獸的異象、公綿羊和公山羊的異象、七十個七的異象、南王、北王的異象）」。

五、小先知書

⑴何西阿書：

《何西阿書》的作者，是北方「以色列國」的先知「何西阿」。上帝「耶和華」差遣「何西阿」往「以色列」作祂的「預言者」。「以色列」背棄與上帝「耶和華」所立的約，參與「巴力」崇拜。

「以色列」在應許之地成為農耕民族，他們不但採納了「迦南人」的生活方式，同時也採納了「迦南人」的宗教而崇拜象徵大自然生殖力的「巴力神」。

「耶羅波安二世」死後，北方「以色列王國」進入歷史上相當可悲的時期，有好幾個國王先後被人暗殺，直到公元前七四〇年整個國家遭「亞述人」擄去。在這段時期中，國內兩個派系屢動干戈，一方想與「埃及」結盟，另一方則要與「亞述」聯手，雙方都沒有信賴上帝「耶和華」。

《何西阿書》的第一節透露「何西阿」以「預言者」的身分爲上帝「耶和華」服務了一段很長的時間，從以色列王「耶羅波安二世」統治的末期，直至猶大王「希西家」統治的日子，即由公元前八○四年開始，至公元前七四五年之後，前後超過五十九年。

(2)約珥書：

《約珥書》主要的信息，是爲預言上帝「耶和華」對「猶大」審判的日子要臨到，勸他們及早悔改回轉，並使人知道上帝「耶和華」是掌管一切的神，而祂對悔改者有恩典和豐盛的慈愛。

《約珥書》指出「蝗災」更加可怕，在「蝗蟲」之外還有「剪蟲、蝻子、螞蚱」，有如裝備完善的軍隊。牙齒鋒利如「獅子，對農作物極具有破壞力，所到之處，沒有半點青綠的東西可留下，剎那間能把地上的植物都啃清光。

這個「預言」的範圍很廣，可說是從先知「約珥」時代起，一直到末期。「蝗災」一面預示神要使一個空前的災禍臨到「猶大地」，一面預示無數「外邦」侵略者將要像「蝗蟲」一般成群結隊而來。

(3)阿摩司書：

《阿摩司書》的作者自稱是一位「牧人」，他來自猶大的提哥亞，蒙上帝「耶和華」的選召，不僅在本國「猶大」說預言，更要前往北部的「以色列王國」作「先知」，「阿摩司」就是《列王紀下》所提及的「衆先知」之一。

● **《舊約聖經》阿摩司書：**

7:14「阿摩司」對「亞瑪謝」說、我原不是「先知」、也不是「先知的門徒」〔原文作「兒子」」我是「牧人」、又是修理桑樹的。
7:15「耶和華」選召我、使我不跟從羊群、對我說、你去向我民「以色列」說預言。

《阿摩司書》裡，有很多針對不同國家的預言，但其主要對象是當時的「以色列王國」。本書論及上帝「耶和華」是公義審判的主，北國「以色列王國」及其鄰國，惡貫滿盈，不肯誠心悔改。

在第一段（第一到二章）中提出對他們最後的警告，並宣告嚴厲審判卽將到來。接著第二段（第三到六章）宣告「以色列王國」人民的罪行，亦卽神審判的原因。第三段（第七到九章）「先知」將所見異象描述出來，藉此來宣告眞神怎樣進行審判與刑罰。最後（第九章）預言，「義人」的結果，並論及「以色列」的復興。

(4)俄巴底亞書：

《俄巴底亞書》是《希伯來聖經》中，篇幅最短的一本，僅有的二十一節經文裡，它一方面宣布上帝「耶和華」的審判信息，預告他行將把一個國家毀滅，另一方面則預言上帝的王國，必定贏得最後的勝利。

經文開宗明義的說，「俄巴底亞所見的異象。至於他生於何時何地，屬於色列王國」哪個支派，他的生平事跡，這一切都不詳。

●《舊約聖經》俄巴底亞書：

1:1 「俄巴底亞」得了「耶和華」的默示。論「以東」說、我從「耶和華」那裡聽見信息、並有
「使者」被差往列國去、說、起來罷、一同起來與「以東」爭戰。

「以東人」是「雅各（後來改名爲以色列）」的兄長「以掃」的後代，因此他們與「以色列人」

被視爲「兄弟」。可是「以東人」的行徑卻沒有表現出兄弟之情，反而充滿敵意。

這種敵視態度，在公元前六〇七年達到頂點。當時「巴比倫」大軍一舉毀滅「耶路撒冷」，「以東人」不但幸災樂禍，甚至更煽動征服者把該城夷爲平地。當劫後餘生的「猶太人」，試圖逃離國境時，「以東人」竟堵塞去路，截住「猶太人」而把他們交給仇敵。

《俄巴底亞書》所記載的不利判決，是基於「以東人」在「耶路撒冷」遭受毀滅時的暴行而發出的。「以東」本身也在「耶路撒冷」被毀後五年，受「尼布甲尼撒」所擄掠蹂躪。

(5)約拿書：

《約拿書》的作者「約拿」，大約在公元前約七六〇年完成此書，他可以說是《舊約聖經》中，眾多「先知」裡的特殊人物。「約拿」在得到上帝「耶和華」給予的任務後，居然逃跑不去執行任務。「約拿」做「先知」是在「耶羅波安二世」作王之前，後來這個國王頗有建樹，而且按照先知「約拿」的預言，收回一些失城。

但是，「亞述帝國」非常強悍，仍然造成威脅。因此，當先知「約拿」接到上帝「耶和華」的命令，要他到「尼尼微城」傳警告時，居然因爲害怕而抗命，想要逃往「他施」。但是，最後在上帝「耶和華」的管教之下，先知「約拿」仍要前往，而「尼尼微人」出乎意料的悔改蒙恩。但是，後來「尼尼微人」仍然陷在自大與罪惡之中，最後亡於「新巴比倫」，如「那鴻」先知所預言的。

(6)彌迦書：

《彌迦書》中的許多預言，在時隔幾百年後，獲得驚人的應驗。本書的作者是「彌迦」，「彌迦」雖是南國「猶大國」的先知，但是他的信息是針對南北國的。

「彌迦」在「約坦、亞哈斯、希西家」諸王在位時作「預言者」，與「以賽亞」和「何西阿」同一時期。「彌迦」預示「以色列王國」和「猶大王國」的毀滅卽將來臨，「以色列王國」充滿不道德和拜偶像的事情，以致後來這個國家給「亞述帝國」滅了。

「猶大國」在「約坦」統治時期，緊守正道，到悖逆的「亞哈斯」作王時，轉而效法「以色列王國」的惡行，後來又在「希西家」統治期期，把弊端糾正過來。上帝「耶和華」興起「彌迦」，向他的百姓發出強烈警告，指出他卽將在他們身上施行嚴厲懲罰。

(7)那鴻書：

《那鴻書》開頭稱作者爲「那鴻」，主要內容爲關於「亞述帝國」首都「尼尼微」的預言。「那鴻」大約在公元前六三二年之前，在「猶大」完成本書。

《那鴻書》的預言篇幅雖短，內容卻引人入勝。這本書的風格別樹一幟，內容簡潔，敍述有力，描寫細膩，感情豐富，富於戲劇性，用辭莊重得體，比喻淸晰，措辭生動有力。《那鴻書》預言「亞述帝國」首都「尼尼微」城的傾覆、傾覆的景況和傾覆的原因。

(8)哈巴谷書：

《哈巴谷書》是先知「哈巴谷」所寫的預言書，分爲三章。前兩章是「哈巴谷」與上帝「耶和華」之間的對話，一方面論及「迦勒底人」的勢力，同時指出「巴比倫帝國」增添不屬自己的財物，爲本家積聚不義之財，以人血建城及崇拜雕刻的偶像，因此必自招滅亡。

第三章描述上帝「耶和華」在大日子的爭戰時，所顯現的威榮。這章的寫作風格慷慨激昂，生動有力。它是一篇以輓歌爲體裁的禱告，而且被譽爲「希伯來詩歌中最優美壯麗的作品之一」。

(9)西番雅書：

《西番雅書》記載「猶大王國」末期的貴族子弟「西番雅」的預言和相關情況。「猶大王國」的國王「約西亞」在位的早期，當時國內的「巴力」崇拜十分猖獗，一群「異神祭司」帶頭從事違反「摩西律法」的崇拜。

這本書警告「猶太人」不要離棄他們祖先的上帝「耶和華」，否則他們將會失去上帝子民的地位。這本書的信息影響了「猶大王國」的國王「約西亞」，在全國開展了一場規模宏大的廢除偶像崇拜運動。

(10)哈該書：

《哈該書》的作者是「哈該」，生活在「巴比倫」滅亡後的時代。公元前五八七年，「巴比倫帝國」的大軍攻陷「耶路撒冷」，「猶大王國」淪亡，百姓被擄，「第一聖殿」被毀。

公元前五三九年，「巴比倫帝國」被「波斯帝國」所滅。波斯王「居魯士」在公元前五三七年，下令容許「猶太人」返回故土重建上帝「耶和華」的「聖殿」。

在公元前五三六年，「聖殿」的根基尚未奠好，當地的「非猶太籍」人民，反對和擾亂「猶太人」重建「聖殿」。他們賄賂謀士，在公元前五二二年，這些「非猶太籍」的反對者，終於獲得成功，政府下令禁止「聖殿工程的進行。於是，「哈該」在波斯王「大流士」作王的次年，即公元前五二〇年，開始說預言，鼓勵「猶太人」恢復建殿的工作。

鄰省的總督就此事向「大流士王」參奏，請國王定奪。最後，「大流士」重申「居魯士」的詔令，吩咐「猶太人」無須理會敵人的反對，繼續建殿的工程。

⑾撒迦利亞書：

《撒迦利亞書》所包含的時間至少爲期兩年，「撒迦利亞」開始說預言的時候，在「耶路撒冷」建造「耶和華聖殿」的工程完全陷於停頓。

「猶太人」重返「耶路撒冷」已有十七年之久，但是「聖殿」的落成，仍然遙遙無期。「亞達薛西」下令禁止建造「聖殿」之後，建殿的工程便完全停頓下來。

上帝「耶和華」任用「哈該」和「撒迦利亞」去勉勵百姓重新展開建殿工程，直至「聖殿」落成爲止。於是百姓便不顧政府的禁令，恢復建殿的工作。

上帝「耶和華」任用「撒迦利亞」去敦促「猶太人」留意上帝「耶和華」現時的旨意，以及未來甚至更偉大的旨意，藉此強化他們努力完成當前的工作。他們的祖先毫無體會之心，他們絕不能蹈其覆轍。

⑿瑪拉基書：

《瑪拉基書》的作者是先知「瑪拉基」，這本書是《舊約聖經》的最後一本書。在本書裡有很多預言跟「耶穌基督」有關聯。這些預言在四百多年後得到應驗。

《瑪拉基書》以神對「雅各」家立約的愛開始，說明神如何厚待祂的子民，可惜「猶太人」沒有履行他們的責任，「祭司」背棄了神與「利未人」的約。由於他們篾視神，悖逆神的命令，所以他們不蒙祝福。

然而神仍不棄絕祂的百姓，一方面勉勵他們堅守神昔日頒佈的律例典章，另一方面預言神的日子要來到，屆時神要施行煉淨和審判的工作。

在《希伯來聖經》中，《瑪拉基書》是最後一本書，這本書指向與「彌賽亞」來臨有關的事件。「彌賽亞」在四個世紀之後出現，這件事成為撰寫《新約聖經》的理由。上帝「耶和華」在《瑪拉基書》應許說，祂必差遣先知「以利亞」到你們那裡去。

● **《舊約聖經》瑪拉基書：**

4:5 看哪、「耶和華」大而可畏之日未到以前、我必差遣先知「以利亞」到你們那裡去。
4:6 他必使父親的心轉向兒女、兒女的心轉向父親、免得我來咒詛遍地。

這位「以利亞」就是「耶穌」和向「撒迦利亞」顯現的「天使」，指出的施浸者「約翰」，表明他便是「復興萬事」的那位。他要「為主預備合用的百姓」，使他們能接受「彌賽亞」。

第五單元 「猶太教」的派別

十九世紀以後，由於「政治」和「宗教」的原因，「猶太教」分裂成「正統派（約佔百分之十四）」、「改革派（約佔百分之四十）」和「保守派（約佔百分之三十五）」等三個派別。下面是這三個派別的差異分析。

一、歷史的原由

⑴正統派：

「正統派」猶太教的歷史，可以追溯到「古猶太教」的律法典籍《他勒目》。《他勒目》是十八世紀以及「改革派」猶太教興起之前，唯一的「猶太人」信仰實踐依據。今日的「正統派」猶太教，仍設法保存古典或傳統的「猶太教」思想。

「猶太教」的律法典籍《他勒目（Talmud）》，又譯作《塔木德》，希伯來文的意思是「教導、研究、學習」，指「猶太教法典」，是《摩西五經》的註釋。在「猶太社群」的「公民生活」以及「宗教律法」方面，發揮指導的作用，是僅次於《舊約聖經》的權威經典。

⑵保守派：

「保守派」猶太教興起於十九世紀的「德國」，是對當時「改革派」猶太教的「極端民族同化主義」傾向的反應。它試圖中立，一方面維持基本傳統，一方面適應現代生活。

(3)改革派：

「改革派」猶太教興起於十八世紀後期，當「猶太人」被迫聚居的生活得到解放之後，「改革派」猶太教興起，目的在於將「猶太教」現代化，以遏止「德國猶太人」被同化的威脅。

二、對於《舊約聖經》的看法

(1)正統派：

《塔納赫》（Tanakh），又譯作《泰納克》，是「猶太教」正統的《希伯來聖經》，是「猶太教」的第一部重要經籍。後來的「基督教」稱之爲《希伯來聖經》或《舊約聖經》，但是對於「猶太人」來說，《塔納赫》顯然不是「舊的約」，而是「始終如一的約」。

《妥拉》（Torah），是指《塔納赫》二十四部經中的「前五部」，也就是一般常稱的《摩西五經》。《妥拉》的字面上意思是「指引、教導、律法」，爲「猶太教」的核心。

《妥拉》是「眞理」，必須相信其所涵蘊的要義。一個眞正的「猶太教信徒」，必須完全相信源自於神的口授以及成文的《妥拉》。

(2)保守派：

《塔納赫（舊約聖經）》是神與人的對話，它所「默示」和「啟示」的內涵，不僅止於「傳統意義」，而是具有「進化意義」的一個不斷進行的過程。

(3)改革派：

「啟示」是一項連續的過程。《妥拉（摩西五經）》是一份人類的文獻，保存了人類的歷史、文化、傳統與盼望，對於道德與倫理的教導，是有價值的。

三、對於「神」的看法

⑴正統派：

神是個「靈體」而不是「形體」，是有「位格」的神，祂無所不能，無所不知，無所不在，永遠常存及慈愛的。

⑵保守派：

認爲神並沒有「位格」，以及是不可言喻的。

⑶改革派：

認同對「神的概念」是可以廣泛闡釋的，可以從「自然主義」、「神祕主義」、「超自然主義」或「宗教性人文主義」等來闡釋，因爲人類確實不知道祂的眞理。

四、對於「人」的看法

⑴正統派：

人在「道德」上是有「善與惡」的，人有能力克服「惡念」，並藉努力遵行律法，來使自己達到完善。

⑵保守派：

不太贊成「人文主義」，認爲「完美」可以來自「悟性」，人與神是「伙伴關係」。「人文主義」是一種注重人類「本性」，尤其是「理性」和「仁慈」的哲學主義，強調維護人類的「人性尊嚴」，提倡「寬容的世俗文化」，反對「暴力與歧視」，主張「自由平等」和「自我價値」。

(3)改革派：

「人性」基本上是「善的」，藉著「教育」、「鼓勵」與「演進」，人們能發揮其已有的潛能，人類可以是神。

五、對於「原罪」的看法

(1)正統派：

不相信「原罪」，認爲人是因爲違背了《妥拉（摩西五經）》所訂定的誡命，才陷於罪。

(2)保守派：

不相信「原罪」，認爲人是因爲違反道德與社交活動而犯罪。

(3)改革派：

不相信「原罪」，「罪」被重新解釋，認爲是一種社會的病態。

六、對於「救贖」的看法

(1)正統派：

認爲相信神的憐憫、悔改、禱告與遵守律法，是得救的必要條件。

(2)保守派：

認爲必須維持「猶太人」的身分。

(3)改革派：

認爲「救恩」可以透過自己與社會的改進而得到。

七、對於「傳統與律法」的看法

(1)正統派：

認爲《妥拉（摩西五經）》構成「猶太教」的實質，對人的生命及意義具有權威性。人的一生要完全遵行「口頭遺傳」，才可以更加親近神。

(2)保守派：

認爲「適應現實環境」是無可避免，但是對於「道德的要求」是絕對的，「個別律法條目」是相對的。

(3)改革派：

認爲《妥拉（摩西五經）》要適應永遠在動的世代，主張「宗教禮儀」若與「文明社會的公正」有所牴觸時，便要摒除。

八、對於「彌賽亞（救世主）」的看法

「彌賽亞（Messiah）」意指受上帝指派，來拯救世人的「救世主」。「基督教」主張拿撒勒

人「耶穌」就是「彌賽亞」，因爲「耶穌」的出現，應驗了許多《舊約聖經》中的預言」，而「猶太教」信徒則予以否認，並且仍然期待他們心中「彌賽亞」的來臨。

⑴正統派：

「彌賽亞（救世主）」具有「位格」，而且超越人類，但不是神。他會重建「猶太王國」，並且伸展其公義的統治於全地，他會執行審判。

⑵保守派：

「保守派」與「改革派」的觀點，大致相同。

⑶改革派：

不相信「彌賽亞（救世主）」是人或神，寧願憧憬人類會不斷進步，然後到達「烏托邦」的理想國。

九、對於「死亡後生命」的看法

⑴正統派：

人死亡後，肉體會復活，「義者（信神者）」跟隨神永遠活在「新伊甸園」裡，「不義者（不信神者）」會受苦，但對其最終的命運仍有爭議。

⑵保守派：

「保守派」的觀點傾向「改革派」，但是受到「東方思想」的影響較少。

⑶改革派：

沒有「死後歸何處」的思想，他們認爲一個人會繼續活於其成就或他人的記憶之中，這一點很明顯受到重視個人品德的「東方思想」所影響。

「東方思想」是指以印度、中國、日本爲中心的「東方世界」所特有的思想與思惟型態。自西方觀之，「歐洲」以東之地，所成立之思想，總稱爲「東方思想」。

「東方人」比較缺乏「邏輯思考」、「理性思考」的精神，而傾向於「非合理的、情緒的思惟」。此亦意味積極的「自我意志」較貧乏，而易於服從「權威性」，並容忍多種思想的存在，且其妥協、折衷的「無定性質」也特別強烈。

十、對於「會堂敬拜」的看法

⑴正統派：

「會堂」是「禱告」的場所，偶然也會當做「學習和社交」的場所。所有「禱告」都以「希伯來文」來進行，男女分坐，「主禮人」與「會衆」同向而坐。

⑵保守派：

「會堂」被視爲「猶太人」生活的基本象徵，「保守派」也認同「改革派」對「崇拜」所作的改革，只是程度較少而已。

⑶改革派：

「會堂」被稱爲「聖殿」，精簡「儀式」，「禱告」時「英語」及「希伯來語」並用，男女同坐，有「詩歌班」及「樂器奏樂」。

國家圖書館出版品預行編目資料

看懂猶太教／呂冬倪著. --初版.--臺中市：白象文化事業有限公司，2023.12
面； 公分
ISBN 978-626-364-159-4（平裝）
1.CST: 猶太教
260 112017091

看懂猶太教

作　　者　呂冬倪
校　　對　呂冬倪
發 行 人　張輝潭
出版發行　白象文化事業有限公司
412台中市大里區科技路1號8樓之2（台中軟體園區）
出版專線：（04）2496-5995　傳真：（04）2496-9901
401台中市東區和平街228巷44號（經銷部）
購書專線：（04）2220-8589　傳真：（04）2220-8505
專案主編　陳逸儒
出版編印　林榮威、陳逸儒、黃麗穎、陳媁婷、李婕、林金郎
設計創意　張禮南、何佳諠
經紀企劃　張輝潭、徐錦淳、張馨方、林尉儒
經銷推廣　李莉吟、莊博亞、劉育姍、林政泓
行銷宣傳　黃姿虹、沈若瑜
營運管理　曾千熏、羅禎琳
印　　刷　基盛印刷工場
初版一刷　2023年12月
定　　價　500元